鸣谢

教育部人文社会科学研究青年基金支持
（项目批准号：13YJC820107）

辽宁省高等学校杰出青年学者成长计划支持
（项目编号：WJQ2015025）

Jurisprudence

A Study on the Theory of Western Children's
Rights and Its Contemporary Value

# 西方儿童权利理论及其
# 当代价值研究

张 杨 著

中国社会科学出版社

图书在版编目（CIP）数据

西方儿童权利理论及其当代价值研究／张杨著 . —北京：中国社会科学
出版社，2016.12（2017.4 重印）
ISBN 978 - 7 - 5161 - 9663 - 2

Ⅰ.①西…　Ⅱ.①张…　Ⅲ.①未成年人保护法—研究—西方国家
Ⅳ.①D912.704

中国版本图书馆 CIP 数据核字（2016）第 319530 号

出 版 人　赵剑英
责任编辑　许　琳
责任校对　韩天炜
责任印制　李寡寡

出　　　版　中国社会科学出版社
社　　　址　北京鼓楼西大街甲 158 号
邮　　　编　100720
网　　　址　http://www.csspw.cn
发 行 部　010 - 84083685
门 市 部　010 - 84029450
经　　　销　新华书店及其他书店

印刷装订　北京市兴怀印刷厂
版　　　次　2016 年 12 月第 1 版
印　　　次　2017 年 4 月第 2 次印刷

开　　　本　710×1000　1/16
印　　　张　14.5
字　　　数　223 千字
定　　　价　56.00 元

# 目　录

# 引　言

## 一　研究缘起

### (一) 最初的启示

本书的论题根本上缘起于对儿童道德地位和法律地位的深刻反思。无可否认，我们生活的世界是一个由成人主宰的世界，儿童的行动规则完全是由成人为其制定的。诚如约翰·密尔（John Mill）所言："现在的一代对于未来的一代，既是施行训练的主持人，也是全部环境的主导者。"① 当我们习惯于把儿童当作成人世界所支配的对象或是附属物的时候，成人世界对于儿童的漠视就变得那样地自然而然了。从过去到现在，人们更多的是把儿童当作柔弱、缺乏理性思考能力的保护对象来看待，儿童基本就等同于非理性。基于这样的认识，成人往往将自己的意志和价值观强加给儿童，而很少从儿童自身的角度出发来考虑其需要和愿望。事实上，儿童具有高贵的美德、良好的天赋和无限的发展潜能，他们具有主动性和积极性，并不是消极和被动地接受成人世界的训导和主宰，他们有自己独特的需求和愿望。作为有独立人格的个体，他们的个性需求和权利诉求应当得到成人世界的尊重，儿童也应当拥有权利。

笔者对于儿童道德地位和法律地位的深刻反思最早受到密尔的启发，密尔在其久负盛名的著作《论自由》中明确宣称他的理论"只适用于能力已达到成熟的人类"，对于未成年人等"尚处在需要他人加以照管的状态的人们"，② 社会还只能对他们进行强制性的保护。我们看到，密尔的自由原则只适用于理智健全的成年人，并不适用未成年人。

---

① ［英］约翰·密尔：《论自由》，许宝骙译，商务印书馆1959年版，第98页。

② 同上书，第11页。

那么我们不禁要问，未成年人有没有自由呢？如果有，未成年人的自由该用何种原则来指导呢？约翰·罗尔斯（John Rawls）在《正义论》中对儿童自由的问题略有关注，其主张儿童的自由问题适用于"家长制统治"，即"子女"比"家长"拥有更少的自由和权利。在其看来，"家长制"仅仅是一种保护性措施，它必须服从两个条件：第一，被保护者的理性和意识必须具有明显的缺陷；第二，家长的决定受被保护者的利益所指导。① 但是罗尔斯对于儿童的自由问题没有更多详尽的论述。事实上，关于儿童自由的问题，在自由主义传统中历来都没有受到过普遍的关注。对于儿童自由问题的真正关注始于20世纪60年代以后的儿童权利运动。随着儿童权利运动的蓬勃兴起，对儿童的对待和儿童权利的关注开始由对儿童保护的问题转向儿童自治的问题，儿童作为独立于其父母和家庭的意象，作为权利持有者的观念真正地确立起来了。至此，儿童权利观念获得了丰富的内涵和重要的发展，儿童权利概念呈现出多重和复杂的面向。

"儿童②权利"是一个涉及多重面向的复杂问题，从儿童权利观念产生和发展的历程上看，"儿童权利"包含了太多的含义，其在解释和运用过程中也总是出现混乱和模糊。儿童权利在理论层面上通常在三种意义上使用：（1）指一种制度安排，即在法律的层面上建构起保护儿童利益和福祉的制度框架，包括一系列具体的权利、义务规则、原则及实现机制和救济制度等，这种意义上使用的儿童权利是一种实然层面或法定的权利；（2）指一种正当合理的要求，即上述儿童权利的制度架构应当建立并得到维护和尊重，这种意义上使用的儿童权利是一种应然

---

① 参见姚大志《现代之后》，东方出版社2000年版，第42页。

② 关于儿童的定义，1989年联合国《儿童权利公约》确认"儿童系指18岁以下的任何人"。对于儿童、未成年人、少年和青少年称谓的使用及年龄界限的划分，国际和各国均未做统一明确的界定。我国的未成年人保护法与《儿童权利公约》一致，将18岁以下者均视为未成年人。事实上，对于儿童的理解包含着不同文化背景的冲突。在不同的文化中，对儿童的区分方式不尽相同，更多的文化传统中是用年龄来做区分的，但也有很多是不以年龄做区分的，例如我国古代曾经以身高作为判断是否成年的标志，认为达到一定的高度就具有了成年人的气力。此外，很多学者在探讨儿童权利时也意识到在儿童与成人之间还应当区分出婴儿、幼童、青少年等等。本书所谓的"儿童"依《儿童权利公约》的规定，即指18岁以下的任何人，其中对儿童、未成年人、孩子、子女的使用范围不做严格的界分，意义基本一致。

层面或道德的权利；（3）指一种社会运动，即指 20 世纪中后期在西方社会兴起的儿童权利运动，这个运动中实际上混杂着多种流派，各流派之间存在着诸多的冲突与矛盾。尤金·维尔希伦（Eugeen Verhellen）曾经指出所谓的"儿童权利运动"（Children's Rights Movement）实际上包含着三种流派：改革派（the reform stream），他们主张我们的社会实际上低估了儿童作出理性决定的能力；激进派（the radical stream），他们就是儿童权利的解放者，主张儿童应当与成人享有平等的权利；实用派（the pragmatic stream），他们质疑赋予儿童属于成人的所有权利的实际后果，除非能够证明儿童有能力运用他们被赋予的权利。① 这三种流派实际上复杂地混合在一起，留给儿童权利研究者的是复杂的儿童权利面向。半个多世纪以来，西方学者围绕着儿童权利最为核心的理论问题，诸如儿童到底有没有权利？儿童是否和成人一样拥有人权？如果有，那么儿童是否有能力独立主张这些权利？如何保障儿童行使他们的权利等问题展开了深入的讨论和研究，产生了很多富有成效的研究成果。鉴于此，笔者试图回到西方儿童权利的理论脉络中，深入探讨儿童权利观念的形成以及儿童权利重大理论问题，期待这些探讨可以为我国儿童权利理论的发展和实践提供有益的指导。

（二）现实的考虑

我国是一个拥有近四亿儿童的大国，儿童的生存和发展状况对于我国的整体发展水平至关重要，对儿童及其权利的关注，就是对中国未来的关注。然而，在我国，儿童权利的观念是极度匮乏的。对很多中国人而言，儿童权利是生疏而又不可思议的，这与我国特有的以"孝"为核心的人伦色彩极为浓重的文化体系是密不可分的，这种文化体系的重要特质之一便是对儿童的压制和对儿童主体性的消解，这与西方突出儿童主体性的价值体系恰恰是相反的。在当代中国，人们对于儿童的认识仍然没有发生质的变化，封建家长制形成的父权至上的价值观仍然占据着支配地位，因此，儿童权利问题的研究在我国显得尤为紧迫和必要。

就我国未成年人保护的现状而言，我国对于未成年人的保护更多是

---

① See Philip E. Veerman, *The Rights of the Child and the Changing Image of Childhood*, Martinus Nijhoff Publishers, 1992, p. 149.

外部性的保护。例如监护制度的设计，其初衷是将家长和孩子看为一个整体，主要是防止孩子受到来自家庭之外的侵害，却没有足够关注家长对于孩子自由的侵害。尤其在我国孝道文化极为深厚的传统下，家长都会有一种支配性的倾向，即按照自己的生活理想为孩子设计生活模式，将自己的意愿强加给孩子，甚至将自己没有实现的愿望让孩子来延续的思想非常浓厚。这就产生一个问题：家长对于子女的生活图景的设计往往与孩子自己的生活图景是相互冲突的。这就涉及家长在什么样的范围内进行教育是适当的，什么时候家长的权威和支配会侵害到孩子的自由。本书一个重要的想法就是要在家长教育、保护和引导子女的成长与子女的自由之间划定一个界限，即未成年人之于家长的自由界限。

不仅如此，在现实生活中，父母子女之间发生冲突的案件也时有发生，但法院每每碰到此类案件时总是会遇到难以想象的困难，这不得不让我们深入地思考这类特殊案件的性质。下面笔者试图从以下两个典型的涉及父母子女冲突的案件来考察一下法院在审理此类案件时所面临的尴尬与困难。①

案例一：

年仅 8 岁的广州小女孩嘉嘉，本该在父母的照顾下无忧无虑地成长，却承受了太多常人无法想象的苦难：在母亲的干涉下，嘉嘉没有上过学，不仅要独自照顾年幼的弟弟，还承担了家里所有繁重的家务活，稍有差错，迎接她的便是一顿毒打……

母亲的狠心虐待，使嘉嘉根本不愿待在这个没有一丝温暖的家里，常常离家出走来到外公家里躲避，但由于外公年事已高，根本没有办法照顾嘉嘉，无奈之下，外公只好再三将嘉嘉送回母亲的身边。在母亲最后一次暴打之后，嘉嘉离家出走。

"不能让孩子再受这种罪了！"无奈之下，嘉嘉的姑妈找到了广东省妇联法律援助中心，希望通过法律手段撤销嘉嘉母亲的监护

---

① 两个案件的选取和对案情的分析主要参照陈苏《撤销监护人资格问题研究》，载佟丽华主编《未成年人法学（家庭保护卷）》，法律出版社 2007 年版。以下引用和参考部分不再一一注释。

资格，由姑妈代理监护。

"我们四处寻求了足够的证据，证明其母亲确实有虐待孩子的行为，并对孩子的身心造成了严重的影响，已经完全符合撤销其监护人资格的条件，但当起诉书递交到法院的时候，却被法院驳回了"。省妇联副厅巡视员、省法律援助处妇女权益部主任黄淑美律师告诉记者，当时法院不愿受理的原因，是"我们这里没有这个先例"，此类涉及未成年人监护权的案子"不能这么轻易地下判决"。

案例二：

新浪网曾经刊登过这样一个案例：儿子一不听话，父亲就解开皮带追着孩子打。16岁的小刚（化名）忍受不了这种教育方式，自己写了一份诉状递到法院，要求只有一条：撤销父亲的监护人资格。昨天，南汇区法院一审判决，认为家长打骂孩子的行为情节尚属一般，没有造成严重后果，不符合撤销监护人资格的法定条件。而且，父亲在法庭上也已经认识到了错误，保证今后不再打骂儿子，其态度尚属可取。因此，法院判决，依法不能撤销父亲的监护人资格。

以上两个案例都是当事人申请撤销监护人资格的案件，是涉及父母子女冲突的典型案件。两个案件的案情都是父母虐待子女，严重侵犯子女的人身安全，相关当事人或孩子自身申请撤销监护人资格，但案例一中的法院驳回了当事人的诉讼请求，案例二中的法院依法判决不能撤销小刚父亲的监护人资格。同样的案件判决结果不尽相同，但我们可以看到法院都倾向于对此类诉讼请求予以回避或不予支持。事实上，有人查阅了近几年一些以"家庭暴力，家庭环境不利于未成年人成长等"为由请求撤销监护人资格的案件，许多都得不到法院的支持，法院的理由多是"认为情节不够严重、不够明显、没有造成严重后果"。而我们面对此类案件的第一反应却是对父母恶劣的虐待行为表示愤怒，俗话说"虎毒不食子"，况乎人？但法院为什么如此判决，为什么不能合理正当地维护孩子的合法权益，为什么不能为弱小的孩子主持公道呢？我们暂且抛开这些极富感情色彩的直觉反应，也暂不谈及法官在职业道德和业务能力等方面存在的问题，而仅从此类案件的特殊性质入手进行分析，我们可以看到法院在处理此类涉及父母子女关系的案件中，对于当事人主张撤销监护人资格的请求一般不敢轻易地作出判决，实际上这里面存在着非常大的审判难度。

首先，是法律适用上的困难。2006 年修订的《未成年人保护法》第 10 条新增："禁止对未成年人使用家庭暴力"的规定。但目前在我国的立法中并没有对"家庭暴力"一词作出明确的规定。而对于出现这种父母对子女使用家庭暴力的处理情况，立法也没有具体的标准和具有可操作性的规定，致使类似的案件似乎只能以请求撤销监护人资格的理由诉至法院。

其次，是观念上的困难。在我国，传统家长制的意识一直很浓烈，这种意识往往把子女视为父母的"财产"而附属于父母，父母对子女具有绝对的权威。即使在现代社会，这种意识也深刻地影响着现代家庭的观念。因此，在法官的思想中就存在着模糊不清的冲突，受到"父母教训孩子天经地义"，"清官难断家务事"等传统思想的影响，法官在涉及子女监护问题的判决时，子女的权益几乎不会得到太多的考虑。

第三，是制度上的困难。我国民事诉讼法律制度中，没有规定此类案件可以由被监护的未成年人来提起，而且也没有其他政府部门或机构专门处理未成年人在这方面的投诉或报告。也就是说这类案件的启动程序往往受到很大的限制，这样一来，对直接遭受侵害的、迫切需要保护的未成年人，法律没有为其设定任何及时、有效的投诉和求助途径。

第四，是操作标准上的困难。我国《民法通则》和《未成年人保护法》中，关于撤销监护人资格的规定主要有以下两种情形：一是父母或者其他监护人不履行监护职责；二是侵害被监护的未成年人的合法权益。但从法律规则的用语来看，这两个条件都是原则性的描述，在实践中法院并没有确切、统一的标准来判定，致使实践中的处理结果五花八门。

第五，是后续安置上的困难。撤销监护人资格是监护关系终止的原因之一，但撤销监护之后未成年人仍然需要监护，需要为其建立新的监护关系，使之尽快摆脱原监护人被撤销资格后的不稳定状态，而就如何保障未成年人能够重新找到合适的监护人，如何安置他们到有利于他们健康成长的环境等问题，我国的法律和相关的制度设计都没有给予充分的考虑。

　　以上是此类案件在实践中所遭遇的审判困难，但如果只把目光停留在立法和相关制度的缺陷上，对于此类案件的处理仍然是治标不治本。此类案件常常会激起人们强烈的情感，而正是人们强烈的直觉反应常常使这类问题只停留在表面的层次，而很少有人会深入地探讨更为深层次的问题。事实上，此类案件的背后不是简单地撤销监护人资格的问题，而是涉及如何审视国家、父母、子女三者关系的重大理论问题。法院在处理涉及父母子女关系的案件时，其所遇到的困难之最根本原因在于，国家何时可以或不可以介入父母子女关系的规则不清楚，法院所依据的是笼统的法律条文，而这类问题的复杂程度根本就不是几个法律条文能够解决的。国家有没有权力介入父母子女关系？父母教训孩子是否天经地义？父母子女关系的性质到底是怎样的？对于这些重大理论问题没有深入、细致的探讨是致使我们立法、司法实践的具体运作陷入困境的最根本的原因。不仅如此，这种现状也严重制约了我国在儿童权利国际领域的合作。我国已经加入了1989年的联合国《儿童权利公约》，但令人遗憾的情况是，我国的理论界并没有为《儿童权利公约》的签署奠定良好的理论基础，相反对于这方面的理论研究恰是由公约来推动的，可以说我国在该方面的研究是远远滞后的。鉴于此，本书试图在这些基础理论问题方面进行粗浅的尝试，以期在该方面作出自己微薄的贡献。

　　鉴于以上思考，本书旨在考察西方儿童权利理论的发展脉络和法律建构问题。因为只有深刻理解西方儿童权利理论的基本内核和发展脉络，才有可能在观念和制度层面上更好地理解和把握儿童权利的理论框架，才有可能为改善儿童的生存环境、保护儿童的利益和促进儿童的发展作出有益的指导。然而，研究西方儿童权利理论本身并不是目的，真正的目的在于通过对西方儿童权利理论的研究来促进我国儿童权利理论的研究和实践，以期建立起适合中华文化体系的儿童权利保护的法律框架，提高我国对儿童权利保护的水平，形塑对我们"未来的人"有利的生存环境和发展空间。

## 二　研究现状

### （一）国外相关研究现状评介

儿童权利观念源自于西方。20 世纪早期，儿童权利的相关论述开始崛起。在此之前，西方传统哲学对于儿童权利问题的讨论，如儿童是否能够拥有权利，能够拥有什么样的权利等问题，并没有受到哲学家明确的讨论与关注。这个原因大致可以归纳为：一是，由于"权利"的概念是近代政治哲学和法哲学的新兴产物，而传统的权利学说是以理性为基础的，权利往往同理性的能力连接在一起，而儿童恰恰是缺乏理性能力的，权利的概念初始也只是理性的成年人才能够拥有的主体资格，儿童从来不在"权利"概念的关照之中。二是，儿童、童年是现代文明所发现或发明的新兴范畴，且对于儿童、童年前所未有的兴趣和关注只是在 20 世纪才获得重要的发展。三是，传统的哲学对于儿童的关注，通常都是因为处理父母权利而被附带地讨论到，即以父母对子女的管教、抚养的义务，推论出家长的权利，附带推出儿童拥有的权利。可以说，在传统的童年论述方面基本上是以家长权利为主题的，哲学家们始终是一种在"未来兑现"的立场上考量儿童权利的。①

儿童权利的迅猛发展基本上是由 20 世纪 60 年代兴起的以保护儿童为目标的"儿童权利运动"推动的。半个多世纪以来西方学界对于儿童权利的理论和实证研究已趋于成熟，西方学者围绕儿童权利最为核心的理论问题展开了全方位的争论和探讨，广泛涉及如下研究议题：儿童权利概念研究（Anthony Ian Pye，1980；Jane Fortin，2003）、儿童权利内容和体系研究（William Ruddick，1974；Baumrind，1978；Hart1982）、儿童权利保护基本原则研究（Philip Alston，2001；Eleanor Williamson，2011）、儿童权利历史发展研究（Steven Mintz，2008）、国家——父母——子女关系理论研究（Goldstein，Freud，&Solnit，1980；Archard，2003）、儿童权利与传统价值观研究（Gillian Douglas & Leslie Sebba，1998）等。

---

①　参见沈宝漾《当代西方儿童与成人平权争议之探讨》，硕士学位论文，（台北）"国立中央"大学哲学研究所，2007 年，第 2 页。

20 世纪中前期人们对于儿童权利的理解更多的是强调对儿童的保护，到 20 世纪中后期，伴随着声势浩大的儿童解放运动的展开，儿童权利的观念开始由对儿童的保护转向儿童的自治。由此，儿童权利开始展现出复杂的面目，在儿童权利理论内部产生了多种流派，各种流派之间进行着激烈的纷争，其中最为主要的是保护论者与解放论者围绕儿童与成人是否应当拥有同样权利的问题而展开的激烈争论。在两派的争论中关于童年、家长主义、能力、年龄等问题基本涵盖了儿童权利的关键理论内核，他们的争论极大地拓展了儿童权利的内涵，深化了儿童权利的理论。20 世纪 80 年代以后，许多学者切入儿童权利问题的角度更加多元化和多样化，有的学者开始试图寻求可以调和保护论与解放论争议的可行性路径和理论，如迈克尔·弗里德曼（Michael Freeman）、萨曼莎·布伦南（Samantha Brennan）和罗伯特·诺格尔（Robert Noggle）。也有的学者开始从不同的权利理论及不同的权利基础来探讨儿童权利，如亚契（David Archard）、坎贝尔（Tom D. Campbell）、奥尼尔（Onora O'Neill）等人，从意志论（或选择论）理论（will / choice theory）与福利理论（welfare theory）来探讨儿童权利。还有的学者从权利基础（right-based）或是从义务基础（obligations-based）出发来讨论儿童权利，如约翰·伊克拉（John Eekelaar）与奥尼尔（Onora O'Neill）。另外还有的学者不再将所有儿童都涵盖进儿童权利的研究范围，而是选择切割儿童范畴，建立少年权利理论。① 这些角度的探讨极大地丰富了儿童权利的理论，推动了儿童权利观念在制度和实践领域的实施与应用。

在世界范围内，推动儿童保护的第一份文件是 1924 年诞生的日内瓦《儿童权利宣言》，共有 5 项宣言，宣言中规定所有国家的男女不分种族、国籍都应承认人类负有提供儿童最好的福利之义务。1948 年，联合国通过《世界人权宣言》，承认"母亲和儿童有权享受特别照顾和协助。一切儿童，无论婚生或非婚生，都应享受同样的社会保护"。② 共有 30 项人权宣言，这些基本人权成为儿童人权的基础。1959 年联合

---

① 参见沈宝潆《当代西方儿童与成人平权争议之探讨》，硕士学位论文，（台北）"国立中央"大学哲学研究所，2007 年，第 67 页。

② 《世界人权宣言》第 25 条第 2 款。

国通过的《儿童权利宣言》共有 10 项内容，提出了儿童应享有的基本权利。1989 年，联合国通过了被誉为儿童权利"大宪章"的联合国《儿童权利公约》，这是联合国关于儿童权利最重要的国际公约，它被认为是当代儿童权利运动进步和儿童权利理论发展最大的成就。从1924 年的《日内瓦儿童权利宣言》到 1959 年的《儿童权利宣言》，再到 1989 年的《儿童权利公约》，儿童权利的制度实践历经了历史性的发展与演变。如果说日内瓦《儿童权利宣言》只是反映了儿童是受保护者这样的儿童观，那么到《儿童权利公约》儿童作为权利主体的观念就真正地被确立起来了。由此，我们看到，西方学界已经在儿童权利理论和实践领域取得了重要的成就，但是儿童权利的概念本身在解释和运作过程中还是相当的混乱和模糊，同时在实际运作的层面始终存在着各种各样的矛盾和冲突。这种冲突一方面来源于儿童权利概念本身的混乱，一方面来源于多元文化价值的冲突。由此，各国学者普遍致力于将儿童权利同本国文化传统相结合，探索适合本国国情的国内法实施机制和制度构建问题，这已经成为儿童权利研究领域一项前沿性、世界性的课题。

（二）国内相关研究现状评介

相比较而言，我国学界对儿童权利问题的研究相对于西方还是相当的薄弱，这个问题一直以来都被国内学者所忽视，对此类问题的研究也有"小儿科"之嫌。国内学者关于儿童权利问题的研究缘起于 1991 年我国加入联合国《儿童权利公约》，主要议题涉及儿童生存与发展状况、未成年人保护问题和青少年犯罪问题等。由于我国儿童权利保护实践主要是由《儿童权利公约》推动的，而并非是我国自身传统的内在要求和对儿童进行自觉反思的结果，因此，我国现有关于儿童权利问题的研究多侧重于实践和制度层面，基本是在联合国《儿童权利公约》的框架下探讨儿童权利保护的问题，而对于儿童权利基本理论问题的探讨还相当缺乏。国内学者对儿童权利问题的关注大致体现在两个领域：一是在少年司法制度的建设方面；二是散见在婚姻家庭法的研究领域。其研究视角归纳起来主要有两种研究进路：一是国际人权法的研究视角，以《儿童权利公约》为依据，重在对公约的阐释；二是国内法的研究视角，以《未成年人保护法》为依据，通过与《儿童权利公约》

的比较，指出我国在未成年人保护方面存在的问题并提出对策。总体而言，这两种研究进路存在的共性问题是将《儿童权利公约》作为儿童权利保护的标准样本，事先预设了其对我国适用的合法性与正当性，以此为依据评判国内儿童权利的立法与司法实践。从法律移植的文化相对主义视角来看，这两种研究进路过于注重儿童权利保护的系统性、完整性与形式性，而忽视了儿童权利保护的实体性、内生性与互动性，忽视了《儿童权利公约》在我国适用的文化惯性和传统障碍。就国内学者现有的研究而言，从法律文化的视角反思我国孝道文化传统与儿童权利观念冲突方面的理论自觉尚显不足。可以肯定的是，这些有益的探讨对于儿童权利的保护是非常重要的，但是现有研究少有从法理学的角度对儿童权利的基础性理论问题进行深入的研究，尤其是缺乏对西方儿童权利理论的详细梳理和反思，缺乏对儿童权利理论引入我国孝道文化传统的障碍的反思批判，这样就极大地限制了现有理论研究的广度和深度。因此，在我国儿童权利的基础理论研究还有待进一步加强。

在儿童权利实践领域，我国于1991年加入《儿童权利公约》，该公约对我国儿童权利保护观念及保护机制都有了一些实质性的促进作用。但令人遗憾的是，我国的理论界并没有为《儿童权利公约》的签署奠定良好的理论基础，相反对于这方面的理论研究恰恰是由公约来推动的，这说明我国在该方面的研究是十分滞后的。1991年我国制定了《未成年人保护法》，2006年我国修改了《未成年人保护法》，同时国务院还制定了《中国儿童发展纲要（2001—2010）》，这些努力都是试图在儿童权利的国内法领域与《儿童权利公约》接轨，但是由于我国儿童权利观念极为缺乏，儿童权利理论研究极为匮乏，儿童权利实践极为薄弱，使得这种所谓的接轨更多的是停留在形式化的意义上面，而缺乏对儿童权利的真正理解和有生命力的实现机制。鉴于我国在儿童权利理论研究和制度实践方面相对滞后的发展现状，深入探讨西方儿童权利理论现有的研究成果，并挖掘其理论存在的问题和困境，以期为我国儿童权利理论研究和实践提供重要的理论基础便显得尤为重要。

### 三 研究内容

本书是对西方儿童权利理论研究的梳理、解析和评述，通过这种探讨，试图批判性地考察西方儿童权利深层次的理论和实践问题，认真反思西方儿童权利理论对我国的现实影响和可能意义，深入探讨如何基于我国的文化传统和儿童权利保护的现状，建构适合我国国情并且能够与世界对话的儿童权利保护的法律框架，以期真正为改善我国儿童的生存环境、保护儿童的利益和促进儿童的发展作出有益的指导。

具体而言，本书由"引言""西方的童年观""儿童作为权利主体的证成理论""儿童权利理论上的保护论与解放论之争""儿童权利体系和内容的理论""国家介入父母子女关系的理论""西方儿童权利理论在我国的当代价值"以及"结语"八个部分构成。

引言部分主要对本书论题的确定及其意义、论题的研究现状以及全文的论述路径和结构安排进行基本的设定和交代。

第一章主要围绕儿童、童年是什么的问题来考察西方的童年观及其对儿童权利理论的影响。探讨西方儿童权利理论之所以从西方的童年观入手，是因为对于儿童、童年的不同理解直接决定了不同时代的人们对于儿童的不同态度和不同对待，以及对儿童权利的不同认识。本章主要考察西方童年观的基本演进历程，以及社会建构主义童年观的理论基础、基本观点、主要分歧和理论局限，并探讨社会建构主义童年观对儿童权利理论所产生的影响。

第二章围绕儿童到底有没有权利的问题，探讨儿童作为权利主体的证成理论。只有确立儿童作为权利主体的资格，儿童才可以被赋予权利的话语，才可以说儿童是有权利的，也才能展开儿童权利理论体系的构建，因此，儿童作为权利主体的正当性问题，是儿童权利理论的立基性问题和逻辑起点。这一章首先考察儿童作为权利主体观念生成的历史，然后考察否定儿童作为权利主体观念的基本主张，接下来考察儿童作为权利主体在人权理论上的证成以及这种证成存在的逻辑问题，最后考察儿童作为权利主体在权利理论上的证成，即主要考察学者们以选择论和利益论两种理论资源来探讨儿童作为权利主体正当性问题时的不同思维进路和所面临的困境。

第三章详细描述儿童权利理论上的保护论者与解放论者围绕儿童与成人是否拥有同样权利的问题展开的争论，以及学者们试图调和两派争议的思维进路。保护论者和解放论者均观察到在人类历史上儿童长期受到虐待和剥削的现象，都真诚地关注儿童的福利和利益，但是两派在促进儿童发展的方式上存在着巨大的争议。这一章首先考察保护论与解放论争议的由来，然后阐述保护论与解放论各自的理论基础和基本观点，接下来详细描述保护论者与解放论者围绕年龄、能力和权利问题而展开的激烈争论，最后展现一些学者试图调和两派争议的努力，即他们试图建立可以涵盖三种普遍主张，即儿童应当与成人受到同样的道德考虑、儿童应当有别于成人的对待、儿童的父母应当被赋予有限的权威来指导他们的成长的理论框架，以期能够最大限度地保护儿童的利益，最大限度地促进儿童的发展。

第四章围绕儿童到底拥有怎样的权利以及这些权利的性质问题，探讨关于儿童权利内容和体系的理论。保护论与解放论的争议为儿童权利体系奠定了保护与自治二分的划分基础，但是很多学者并不满意这种二分框架的简陋和粗糙，他们开始寻求更为复杂和精细的分析框架来构建儿童权利的体系。这一章在考察儿童权利体系的基本分类基础之上，为了突出儿童权利的独特性、多面性和层次性，笔者综合了比较有影响力的划分标准，并结合联合国《儿童权利公约》的基本规定，选取从涉及儿童基本利益的权利、涉及儿童受保护利益的权利、涉及儿童发展利益的权利和涉及儿童自治利益的权利四个方面来探讨儿童权利的内容，试图清晰、全面和完整地再现儿童权利的体系和内容。

第五章围绕国家介入父母子女关系的正当性问题，试图在特定的权利义务关系中来理解和叙述儿童权利。这一章首先在考察父母子女关系基本属性的基础上，围绕国家是否应当介入父母子女关系以及在何种程度上介入的问题，重点考察自由放任主义的国家非介入理论和干预主义的国家介入理论这两种理论的基本前提、主要观点和介入原则。然后考察这两种理论争议为我们开放出来的有价值的理论问题，如国家的角色问题、国家介入的限度问题、国家介入的手段问题、国家介入的保障问题，这些问题对于我国深入理解国家介入父母子女关系以及儿童权利问题具有十分重要的启示作用。

第六章主要评估西方儿童权利理论在我国的当代价值。西方儿童权利理论和《儿童权利公约》对我国儿童权利保护的实践产生了重大的影响，但这种影响主要是立法方面的影响，其对我国儿童权利的观念以及儿童权利保护的实际效果方面的影响还是相当有限的。鉴于此种情况，本章在探讨儿童权利与文化多元主义的基础上，着重研究西方儿童权利理论同我国孝道文化传统的冲突与融合问题，提出了我国儿童权利理论研究面临的两个基本任务：一是要考察儿童权利观念与我国传统文化存在的矛盾和冲突，探讨西方儿童权利理论在我国发展的主要障碍与可能进路。二是要考察西方儿童权利理论自身的理论局限性，评估儿童权利理论对我国儿童权利保护实践影响的限度。

结语部分简短说明儿童权利理论研究的价值以及本书研究存在的问题和今后在该领域的研究设想。

# 第一章 西方的童年观

"儿童""童年"在历史发展的不同时代、不同文化背景下有着不同的内涵，对于儿童、童年的不同理解直接决定了人们对于儿童的不同态度和不同对待，以及对儿童权利的不同认识。从历史发展的脉络来看，儿童权利的观念是伴随着对儿童、童年的认识逐渐发展起来的，童年观的历史变迁对于儿童权利内涵的发展和变化产生了至关重要的影响。因此，厘清西方历史上童年观的演进历程，了解人们对于童年本质的不同认识，对于理解儿童权利的演进历程和儿童权利的基本问题至关重要，可以说，对于西方历史上童年观的考察是探讨儿童权利的一个前提性理论准备。

## 第一节 西方童年观的历史演进

童年观简而言之就是人们对于儿童、童年概念和本质的认知。20世纪被人们认为是"儿童的世纪"，经过长期的历史积淀和艰难跋涉，儿童的道德地位和法律地位在儿童保护运动中得到迅速提升。到20世纪中后期，随着儿童权利运动的兴起，儿童作为权利主体的观念真正地确立起来了，儿童权利运动所取得的最重要的成就便是诞生了一个国际社会广泛认同的联合国《儿童权利公约》，该公约使儿童权利在各缔约国的政府政策、法律、福利、医疗以及教育机构等方面获得制度性的实践成为可能。然而，儿童这种社会地位的获得却经历了漫长的过程，正如美国学者劳埃德·德莫斯（Lloyd DeMause）在《童年的历史》（*The History of Childhood*）一书的开场白中所言："童年的历史恍如一场我们刚刚醒来的噩梦。我们越向前追溯这一历史，就会发现照顾儿童的水准越来越低，而且儿童被杀害、遗弃、责打、恐吓和性虐待的可能性越大。"① 许多西方童年史或家庭史学者都认为人们对于儿童本质的理解在历史中得到了改进，童年史实际上是一部人们对儿童认识和对待的进步史，因为他们观察到，过去儿童所呈现的历史记录可以说是一部苦难史，如德莫斯所指出的，历史上的儿童根本就活在悲惨的世界中，儿童无力量、柔弱、经常无力反抗父母或其他成人的虐杀、毒打、忽略、漠然、威胁等对待，而这种悲惨的命运在人们更加理解儿童的特殊本质，即儿童与成人的差异时才得到逐渐改变，儿童也因此获得了适当的对待。②

从人类社会的发展进程来看，童年的概念本来是不存在的。在很长一段时期里，人类社会是没有儿童意识的。随着人们观念的变化、教育环境的变化和社会意识形态的变化，特别是随着童年观的演变和儿童教育的发展，童年逐渐从成人文化里分离出来，成为一个具有独立生命意识和独立精神哲学的概念。③

在原始社会，新生婴儿是不被视为人的，而是被视为父母的隶属物品。原始社会普遍存在着杀婴、弃婴等现象，列维·布留尔（Lvy-Bru-hl）在书中就记载了原始民族和部落杀婴弃婴的现象。④ 从文化发展的角度来看，原始社会的杀婴现象一般带有某种神秘的色彩，是宗教起源之初祭祀的普遍现象。原始社会中人类重要的活动是如何在残酷的大自然中生存下来，人口的增长势必会带来巨大的生存压力，为了防止人口过剩，很多孩子在出生前往往被用原始的方法堕胎或是在出生后不久就被弃之荒野。那些被幸运留下来的儿童也不过被视为氏族成员的一分子，经过一些基本训练后便加入氏族成员的狩猎活动中。⑤

在古代社会，人们是没有关于儿童和童年的概念的。如在古希腊斯

---

① 转引自施义慧《近代西方童年观的历史变迁》，《广西社会科学》2004 年第 11 期。
② 参见沈宝漈《当代西方儿童与成人平权争议之探讨》，硕士学位论文，（台北）"国立中央"大学哲学研究所，2007 年，第 55 页。
③ 参见谭旭东《论童年的历史建构与价值确立》，《涪陵师范学院学报》2006 年第 6 期。
④ 同上。
⑤ 参见王蕾《从"小"成人到"大"儿童——西方童年观发展历程谫议》，《济宁学院学报》2008 年第 2 期。

巴达人中，儿童属于国家所有，教育年轻一代也属于国家的职责。婴儿刚一出生，就受到国家长老的检查。凡是身体畸形或孱弱的儿童就被抛到峡谷墓地，检查合格的则交给父母代替国家抚养。因此，在斯巴达只有强健的、可能成长为良好战士的婴儿才被允许养育成人。古希腊哲学家柏拉图在《普罗泰哥拉》里说起收拾不听话的儿童时，就提出要用"恐吓和棍棒，像对付弯曲的树木一样"，将他扳直。在欧洲，第一部禁止杀害婴儿的法律直到公元 374 年才出现。① 在古罗马，儿童基本被视为父母的私有财产，公元前 451—前 450 年颁布的罗马第一部成文法《十二铜表法》第 4 条"父权法"规定：子女乃父母的私有财产，父亲对子女（包括除婚姻外的成年儿女）有生杀予夺之权；尤其对残疾儿童，出生后应"立即灭绝"。儿童生下后，与雅典习俗一样，也要放到父亲脚下，由父亲决定是否留养或抛弃。弃婴的命运多半是死亡，少数较幸运的可被穷人或奴隶收养，长大后或被作为家奴使用，或被作为奴隶贩卖，丧失了自由民的资格。② 如果国家处于危急时刻，14 岁的儿童也要像成年人一样参加战争。一些生来骁勇善战的儿童会被国家直接招募，他们会在战争中杀死敌人或者被敌人杀死。③

在中世纪欧洲，基督教在意识形态领域占据绝对的统治地位。儿童是带着"原罪"来到世上的，教育儿童就是帮助儿童赎罪。因此，儿童基本被视为成人的驯服对象。中世纪，教会地位独尊，宗教教义强化了子女对家长的从属地位，宗教不仅控制了精神、思想和文化，同时也控制了教育。教会渲染性恶论的童年观，《圣经》中的孩子是一个邪恶的人，他无知，而且没有虔诚之心。④ 这种观念体现了宗教对儿童的看法，宗教认为儿童身上有一种与生俱来的原罪，为了拯救这些灵魂免下地狱，宗教要求父母通过严厉的措施和惩罚来压制儿童直觉、本能的行为。在中世纪的教会学校中，儿童被当作成人对待，学校规定了非常刻

---

① 参见谭旭东《论童年的历史建构与价值确立》，《涪陵师范学院学报》2006 年第 6 期。

② 同上。

③ 参见王蕾《从"小"成人到"大"儿童——西方童年观发展历程谫议》，《济宁学院学报》2008 年第 2 期。

④ 参见施义慧《近代西方童年观的历史变迁》，《广西社会科学》2004 年第 11 期。

板的学习作息制度，儿童被抑制了嬉笑欢闹、游戏娱乐的愿望，如果违反了学校的规定，就要受到惩罚甚至体罚。在中世纪前期，与欧洲社会和教会宣扬的"性恶论"的童年观并行的是"预成论"。"预成论"认为，当妇女受孕时，一个极小的、完全成形的人就被植入精子或卵子中，人在创造的瞬间就形成了。儿童（或新生婴儿）是作为一个已经制造好了的小型成年人降生到世界上来的，儿童与成人的区别仅是身体大小及知识多少的不同而已。因此在社会上，儿童被看成"小大人"，一旦他们能行走和说话，就可加入成人社会，玩同样的游戏，穿同样的衣服，要求有与成人同样的举止。[①] 在中世纪，以服装来说，儿童与成人在服装上没有区分，儿童穿着的是尺寸较小的成人服饰；在学校中，没有区分课程的阶段或程度，既并没有由简入繁的进阶教学安排，也没有年龄的限制，不同年龄的人都混杂于同一间教室上课，而且重复听着已经学习过的课程；而没有上学的儿童，则是在脱离襁褓时期，约5—7岁开始，与成人一起劳动工作或一起玩耍，儿童与成人世界完全混杂在一起，儿童只是被当作小大人，是成人的工作或游戏的伙伴之一而已。[②] 基于这种成人、儿童没有区分或隔离的现象，因此，我们可以说，在中世纪并没有童年的观念，人们并没有发现儿童具有一种与成人不同的特殊本质。

13世纪末，文艺复兴这场思想文化运动从意大利兴起，在16世纪扩展至欧洲各国，其影响遍及文学、哲学、艺术、政治、科学、宗教等知识探索的各个方面。文艺复兴时期的学者在学术研究中使用人文主义的方法，并在艺术创作中追寻现实主义和人类的情感，他们对封建主义和神权主义发起了猛烈的抨击，充分肯定了人的价值、人的主体地位。在这一思想变革的基础上，人们开始反思中世纪认为童年是除了死亡以外，人生中最堕落最悲惨的阶段的看法，开始有了儿童意识。文艺复兴初期的人文主义者提倡儿童身心和谐发展，重视儿童个性的发展，把儿

---

① 参见谭旭东《论童年的历史建构与价值确立》，《涪陵师范学院学报》2006年第6期。

② 参见沈宝潆《当代西方儿童与成人平权争议之探讨》，硕士学位论文，（台北）"国立中央"大学哲学研究所，2007年，第56页。

童看作发展中的人，尊重儿童的人格，并极力反对摧残和压抑儿童身心。① 进步的思想家和教育家们站在人文主义的立场上开始批判宗教"性恶论"的童年观，他们反对将儿童视为带着原罪而有待赎罪的羔羊，主张儿童是自然的生活，他们应该得到成人的关心和照顾，儿童关系到国家的未来。其中最具有先锋意义的观点是荷兰著名的人文主义学者德西得乌·伊拉斯莫（Desiderius Erasmus）提出的。他指出，对待儿童，首先应该有爱。他十分重视儿童早期的教育，认为自由的教育是符合儿童天性的，忽视儿童的早期教育是一种比杀婴行为更为严重的犯罪。他反对在教育教学中虐待儿童，指出，用恐怖的手段来使他弃恶，乃是一种奴性的做法。用教育手段把本来是自由的儿童奴隶化，是何等的荒谬！他奉劝教师要研究儿童，不要认为儿童的兴趣与成人一样，不要要求儿童和大人行为举止一样。他说，学生还是一个孩子，而我们每个人自己也曾是一个孩子。法国人文主义思想家、教育学家蒙田（Michel de Montaigne）认为，人类的学问中最困难而又最重要的一门就是儿童的教育，对人类而言，生孩子容易，但是要将其养育成人，却是一件煞费苦心、异常艰苦的事情。文艺复兴晚期的意大利思想家、教育家托马斯·康帕内拉（Tommas Campanella）在其空想社会主义著作《太阳城》一书中，还专门论述了幼儿教育，并提出了幼儿教育的具体措施。②

进入启蒙时代，受文艺复兴人文主义思潮的影响，现代的童年观在欧洲普遍建立起来，儿童的价值和童年的意义开始被教育界普遍确认。③ 17 世纪对儿童的态度发生了重要的转变，开启了现代童年概念的发展历程。这种转变是一群道德家提出了带有进步含义的崭新观念，他们将儿童视为上帝所创造的脆弱生物，除了需要保护外，更需要得到教育和改造，因此渐渐形成了儿童是柔弱与天真的概念。到了 18 世纪，又加上对于儿童卫生与健康的关心这个新因素，人们对于儿童的态度转变成一种注重儿童道德养成及通过教化来改善其非理性、柔弱的本质，

① 参见李娟娟《西方儿童观的发展》，《光明日报》2011 年 7 月 12 日第 14 版。
② 参见谭旭东《论童年的历史建构与价值确立》，《涪陵师范学院学报》2006 年第 6 期。
③ 同上。

儿童开始受到普遍的关注。① 重视儿童教育、道德规训以及保护儿童的崭新态度，事实上成为现代童年观的重要基础。捷克教育家夸美纽斯（J. A. Comenius）在《母育学校》（*School of Infancy*）里，以满腔的热情将儿童比作"上帝的种子"，生而具有和谐发展的根基。他还将儿童比作比金银珠宝还要珍贵的"无价之宝"，并警告那些欺侮儿童的人，要他们像尊敬基督那样去尊敬儿童，要严厉谴责、惩处那些虐待儿童的人。夸美纽斯还把儿童比作一面镜子，人们可以在儿童身上看到谦虚、有礼、亲切、和谐以及其他基督徒的品德，认为只有具有赤子之心的人，才能进入"天国"。夸美纽斯的人文主义儿童观无疑包含了对儿童的热切希望。继夸美纽斯之后，约翰·洛克（John Locke）、让·雅克·卢梭（Jean-Jacques Rousseau）和裴斯泰洛齐（Johan Heinrich Pestalozzi）等人进一步发展了世俗的、理性的儿童教育理念，为现代儿童观的形成开辟了道路。② 这里我们不得不提到两个重要的人物。一个是洛克，他同在他之前的伊拉斯莫一样看到书本学习和童年之间的种种联系，由此提出了一种教育观念，主张把儿童视为珍贵的资源，但仍然严格要求注意儿童的智力发展和培养他们的自控能力。洛克把开发儿童的理性能力作为教育的目的，并且抓住了羞耻感的重要性，使之成为保持童年和成年之间区别的工具。但最重要的是，洛克有一句至理名言：人类的头脑生来是一张空白的刻写板。由此，洛克推进了童年的理论。③他认为儿童的天性就像一块白板，有巨大的可塑性。他指出，儿童有适合他们年龄的自由和自主，不要用不必要的约束去限制他们，不能阻碍孩子的特点，不能反对他们游戏，他们享有一切自由。他认为，儿童在自由、民主、平等、博爱的社会中应有一席之地。④ 另一个是卢梭，可以说卢梭"发现"了儿童，其对于童年的发展有两个主要贡献。首先，

---

① 参见沈宝漾《当代西方儿童与成人平权争议之探讨》，硕士学位论文，（台北）"国立中央"大学哲学研究所，2007 年，第 56 页。

② 参见谭旭东《论童年的历史建构与价值确立》，《涪陵师范学院学报》2006 年第 6 期。

③ 参见［美］尼尔·波兹曼《童年的消逝》，吴燕莛译，广西师范大学出版社 2004 年版，第 82 页。

④ 参见李娟娟《西方儿童观的发展》，《光明日报》2011 年 7 月 12 日第 14 版。

他坚持儿童自身的重要性，儿童不只是达到目的的方法。他认为，"儿童有他特定的看法、想法和感情的，如果想用我们的看法、想法和感情去代替他们的看法、想法和感情，那简直是最愚蠢的事情"。① 卢梭否定了儿童期仅仅是为将来的成人生活做准备这一观念，指出儿童期也有独立存在的价值，这一观点在儿童观演变史以及儿童教育史上具有重大的意义。其次，卢梭认为，儿童的知识和情感生活之所以重要，并不是因为我们必须了解它才能教育和培养儿童，而是因为童年是人类最接近"自然状态"的人生阶段。卢梭非常重视这个状态，在著名的《爱弥儿》一书中，他探讨了理想的儿童教育问题，他只允许儿童读一本书，就是《鲁滨孙漂流记》，因为该书展示了人如何能够在一个"自然环境"里生活，并对它进行控制。他执着于一种自然的状态，相应地轻视"文明的价值"，主张人们应该让儿童通过自己的亲身感受而不是别人的教诲来学习知识，因此，对待儿童应该顺其自然。在卢梭之前，是没有人认为儿童的美德的，如自发性、纯洁、力量、欢乐，可以看作是值得培养和赞美的特点。② 卢梭推动了后人对儿童的关注，儿童的纯真和自然获得了讴歌和赞美。儿童从此开始被认真注视，在"阴暗原罪"和"纯白无知"的两极中逐渐被赋予较为真实的陈述。1900 年，瑞典教育家爱伦·凯（Ellen Key）预言，20 世纪将是儿童的世纪。从此，尊重儿童、了解儿童的呼声越来越盛，儿童成为全人类共同瞩目的焦点之一。西方的儿童观从肯定儿童独立存在的意义，开始向研究儿童心理、揭示与关注儿童成长纵深发展。③

　　19 世纪和 20 世纪，现代的童年观已然确立，其主要由两派观点所支撑，我们可以称它们为"洛克派"或"新教派"的童年概念和"卢梭派"或"浪漫主义派"的童年概念。"新教派"的观点认为，儿童是未成形的人，唯有通过识字、教育、理性、自我控制、羞耻感的培养，儿童才能被改造成一个文明的成人。而"浪漫主义派"的观点认为，

① ［法］卢梭：《爱弥儿——论教育》（上卷），李平沤译，商务印书馆 1978 年版，第 91 页。
② 参见［美］尼尔·波兹曼《童年的消逝》，吴燕莛译，广西师范大学出版社 2004 年版，第 83—86 页。
③ 参见李娟娟《西方儿童观的发展》，《光明日报》2011 年 7 月 12 日第 14 版。

未成形的儿童不是问题，问题完全出在畸形的成人身上，儿童拥有与生俱来的坦率、理解、好奇、自发的能力，但这些能力被识字、教育、理性、自我控制、羞耻感淹没了。[①] 19 世纪末，西格蒙德·弗洛伊德（Sigmund Freud）和约翰·杜威（John Dewey）两个人的研究最终建立了 20 世纪有关童年问题的一切讨论所使用的话语模式。弗洛伊德在名著《梦的解析》（*The Interpretation of Dream*）一书中，从一个科学的框架出发，声称，儿童的头脑里有一个无可否认的结构和特殊的内容，例如，儿童具有性能力，富有各种情结和本能的心理冲动。他还声称，在努力达到成熟的成年的同时，儿童必须战胜、抛弃和升华他们本能的热情。因此，弗洛伊德驳斥洛克的观点，赞同卢梭的主张：头脑不是一张空白的书写板，儿童的头脑的确最接近"自然状态"，天性的要求必须考虑在内，否则就会造成永久的人格错乱。与此同时，弗洛伊德又驳斥了卢梭的观点，赞同洛克的说法：儿童和家长之间早期的互相影响，对于决定儿童将来成为何种成人起着决定性的作用，通过理性教育，头脑的热情可以得到控制，没有压抑和升华，文明是不可能实现的。同样地，杜威在《学校和社会》（*The School and Society*）一书中，从哲学的框架出发论证说，儿童的需求必须根据孩子是什么，而不是将是什么来决定。无论在家里还是在学校，成人必须问自己，孩子现在需要什么？他或她现在必须解决什么问题？杜威相信，只有这样儿童才会成为社区中对社会生活有建设意义的参与者。弗洛伊德和杜威澄清了自印刷术发明以来一直在发展的童年概念的基本范例：儿童作为小男生或小女生的自我和个性必须通过培养加以保存，其自我控制、延迟的满足感、逻辑思维的能力必须被扩展，其生活的知识必须在成人的控制之下。而同时，人们应理解儿童的发展有其自身的规律，儿童天真、可爱、好奇、充满活力，这些都不应该被扼杀，如果真被扼杀，则有可能失去成熟的成年的危险。[②] 至此，童年的模式基本被规定为，儿童需要接受必要的教育，同时尽可能不受成人世界的腐化，保持快乐、纯真、自然的本

---

① 参见［美］尼尔·波兹曼《童年的消逝》，吴燕莛译，广西师范大学出版社 2004 年版，第 86—87 页。

② 同上书，第 90—92 页。

性。另一位对儿童的发展作出重要贡献的是意大利幼儿教育学家蒙台梭利（Maria Montessori），她认为儿童是被压迫和误解的对象。她强调儿童存在内在的、潜在的力量，她指出，人的心理具有创造性的功能，儿童的这种活跃而有力的创造性是人类的宝贵财富。但是，几千年来，人们不承认儿童内心世界蕴藏着巨大的力量，因而常常将自己的意志强加于他们，压制儿童的本性，使儿童成为被成人经常控制的奴隶。蒙台梭利呼吁"发现儿童""解放儿童"，让每个儿童的潜能都能够得到自然、和谐的发展，从而表现出更好的个性。此外瑞士儿童心理学家皮亚杰对儿童的发展也作出了杰出的贡献。其主要研究儿童认知的发展和结构，他的儿童观蕴含在对儿童认知研究的理论中。他强调，儿童不是小成人，儿童的智慧也完全不是成人的小智慧。儿童是有创造力的，儿童智力的发展就表现在理解和创造上。同时，儿童是主动的建构者，他们的认知发展是通过认知结构的不断建构和转换而实现的，具有阶段性，每一阶段的形成都是一个动态的过程。[①] 在这些现代童年观的影响下，20世纪成为儿童的世纪，儿童受到成人社会的普遍关注，儿童作为独立个体的深入研究、儿童存在意义的重新发现、儿童教育方式的重新反思、儿童心理发展的再认识、儿童成长过程的广泛探讨等都开启了现代儿童观的根本变革，以儿童为中心的社会意识也得到普遍的认同和实践。

从以上西方童年观的历史变迁中，我们看到，对童年的认识是随着历史的发展不断变化的。但透过对童年纷繁复杂的认识，我们依然可以观察到西方童年观发展所呈现出来的三个明显特征。

第一，童年观的历史变迁总体而言展现了一部人们对儿童认识和对待的进步历史。在历史上儿童曾经被视为父母的私有财产而被随意处置，儿童也被视为成人的驯服对象而受到严格的规制，在人们开始认识到儿童是上帝所创造的脆弱生物时，便渐渐察觉到儿童其实需要成人的关心、照顾和保护，不仅如此，儿童还需要受到教育和改造，儿童的发展不仅关系到自身、父母的利益，而且也关系到国家的发展。当人们反思到儿童的自然本性和特有美德是值得尊重和赞美的时候，人们开始意识到他们是具有独立价值和精神的群体，应当将儿童

---

① 参见李娟娟《西方儿童观的发展》，《光明日报》2011 年 7 月 12 日第 14 版。

从成人的附属地位中解放出来，在挑战以成人为中心的社会意识之后，以儿童为中心的社会共识渐渐形成。从儿童是私产的观念到儿童具有独立的内在价值的观念的变迁，确实展现了一部对儿童认识和对待的进步历史。

第二，儿童与成人的区分在整个童年进步史中起到了重要的作用。我们看到，儿童与成人的区分实际上是晚近的事情。著名的童年史研究先驱菲利普·埃里斯（Philippe Aries）在其成名作《童年的世纪》（*Centuries of Childhood*）中得出这样的结论：中世纪的社会里，并没有童年的观念，但这并不是说儿童被忽略、遗弃或鄙视。童年的观念与喜欢儿童的观念不同：童年的观念即是指一种意识到童年的特殊性质，这种特殊性质不同于成人，甚至与年轻的成人不同，在中世纪，人们并没有这种对童年的意识。① 可见，西方中世纪并没有童年的观念，主要是由于儿童与成人之间的差异并没有被人们所意识到。儿童具备一种与成人不同的特殊本质，而这种特殊本质可以使他们与成人区别开来。也即是，只有意识到儿童与成人的区别，童年的观念才随之产生。儿童与成人区分的重要认识不仅改变了成人世界对儿童的认识和对待，而且还重新塑造了儿童的形象，这对于儿童道德地位的提升和儿童权利的保护都具有十分重要的意义。

第三，童年的观念是一种可变动并非是固定的观念。从以上我们所展示的童年观念的变化来看，人们对待儿童的态度和认识在不同时期，不同阶段，呈现出不同的态度。童年的本质，随着社会文化的变动而有所不同，过去人们没有童年的观念，也不认为儿童有什么特殊本质，随着社会文化的变迁，人们才开始将儿童是柔弱的、纯真的、需要保护的、无理性的、原始的、幼稚的等概念加诸儿童身上。换句话说，西方童年观的变动说明童年是一种社会文化建构的产物。柔弱的、天真的童年观都是被社会文化所决定的。这也就是说，儿童是什么取决于我们怎么想象他们，而我们如何想象他们，他们就会受到什么样的对待。

---

① 参见沈宝漾《当代西方儿童与成人平权争议之探讨》，硕士学位论文，（台北）"国立中央"大学哲学研究所，2007 年，第 55 页。

# 第二节　社会建构主义童年观

埃里斯在《童年的世纪》一书中通过考察西方童年观的历史，最早提出了童年并非是一直存在着的观念，可以说童年是被发明的或是被建构的。之后，许多社会学家、教育学家，甚至一些心理学家都接受以建构论的视角来理解童年的范畴，认为童年、儿童的观念乃是一种社会建构的产物。例如尼尔·波兹曼（Neil Postman）在《童年的消逝》（*The Disappearance of Childhood*）一书中开篇便明确指出："童年不同于婴儿期，是一种社会产物，不属于生物学的范畴。"[①] 教育学学者大卫·帕金翰（David Buckingham）在《童年之死》（*After the Death of Childhood*）一书中指出："童年是一种社会性建构的观念……"[②] 培利·诺德曼（Perry Nodelman）在《阅读儿童文学的乐趣》（*The Pleasures of Children's Literature*）中提出："有关儿童与童年的想法，都是社会意识形态的一部分。"[③] 英国学者迈克尔·弗里曼（Michael Freeman）在《儿童的道德地位》（*The Moral Status of children*）中也提到："……童年是一种社会的建构。"[④] 这种建构主义的童年观为我们开放出了看待儿童的不同视角，开启了儿童权利研究的不同思维进路。

## 一　社会建构主义童年观的理论基础

社会建构主义的童年观是以社会建构主义为其理论基础的。"社会建构"（social construction）一词是由彼得·伯格（Peter Bergge）和托马斯·勒克曼（Thomas Luckmann）在 1966 年出版的《现实的社会建

---

① ［美］尼尔·波兹曼：《童年的消逝》，吴燕莛译，广西师范大学出版社 2004 年版，引言第 1 页。

② 贾云：《论儿童观的范式转型——社会建构主义视野中的儿童观》，《南京师范大学学报》2009 年第 2 期，第 98 页。

③ 谭旭东：《论童年的历史建构与价值确立》，《涪陵师范学院学报》2006 年第 6 期，第 18 页。

④ Michael Freeman, *The Moral Status of Children: Essays on the Rights of the Child*, Martinus Nijhoff Publishers, 1997, p. 7.

构》（*The Social Construction of Reality*）一书中明确提出的。① 作为一种理论范式，社会建构主义，又称强纲领科学知识社会学，起源于 20 世纪 70 年代英国爱丁堡大学的"科学文化研究小组"（Science Studies Unit)，该小组以其激进的科学建构论主张迅速产生国际影响。社会建构主义最早是在知识社会学领域系统阐发出来的，但由于它代表着一种社会认识论和方法论视角的转换，其影响力正在向各个研究领域渗透。一般而言，社会建构主义的基本主张是，科学知识并不是建立在所谓客观事实的基础之上的，而毋宁说是被社会地建构起来的。根据 1999 年剑桥哲学辞典的界定："社会建构主义，它虽有不同形式，但一个共性的观点是，某些领域的知识是我们的社会实践和社会制度的产物，或者相关的社会群体互动和协商的结果。温和的社会建构主义观点坚持社会要素形成了世界的解释。激进的社会建构主义则认为，世界或它的某些重要部分，在某种程度上是理论、实践和制度的建构。"②

严格来讲，社会建构主义作为一种范式并不是一个严密的理论体系，其理论来源、研究领域、研究方法以及研究者的分布都颇为复杂，但透过社会建构主义的研究成果，我们可以找到其作为一种范式的共同理念主张：在社会建构主义理论看来，不仅知识是社会建构的产物，连曾被视为"社会因素空场"的科学、技术等也是社会建构的产物。同时，它们都是一个不断地被社会建构的过程，这可以被称为社会建构主义的元理论假设。也就是说，包括科学、技术在内的几乎所有事物都是社会实践、社会制度和社会文化的产物，或者是相关社会群体互动和协商的结果。从这个元理论假设出发，越来越多的研究者赞成并运用社会建构主义的观点和方法来认识、研究世界，也正是从这个元理论假设出发，在诸多忽略甚至拒绝考虑社会因素的自然科学研究领域，社会建构主义都作出了独到的分析和解释。建构主义者认为知识绝非对现实世界的客观表征，而是人们在与情境的交互作用中所建构的一种对于世界的解释，从这一角度来讲，社会建构主义其实就是社会建构主义者们在认

---

① 参见刘保《作为一种范式的社会建构主义》，《中国青年政治学院学报》2006 年第 4 期。

② Robert Audi（edited），*The Cambridge Dictionary of Philosophy*，Cambridge University Press，1999，http：//www. newsmth. net/pc/pccon. php? id = 3659&nid = 210686，2010 - 09 - 10。

识和研究世界时所共有的关于信念、价值、技术等的一个"团体承诺的集合"。研究者们相信，必须从社会建构主义的视角、遵循社会建构主义的思路来认识和研究世界才是可行的、科学的。[1]

社会建构主义一般可以分为激进的社会建构主义和温和的社会建构主义。激进的社会建构主义与科学知识社会学密切相关，包括 SCOT 研究，以及像 H. M. 科林斯和史蒂夫·伍尔格等学者的研究。这种研究绝对地信奉对称性原则，因此避免任何在分析中论及技术的真实性质，完全用社会行为解释技术的变革，特别是用不同角色或社会群体的解释、协商和决议来解释技术变革，否认自然实体对技术生成的意义，否认技术具有内在的本质，认为技术是一种真正的社会建构，一个被定型了的技术只能被社会因素（包括其他的被社会地建构了的实体）所解释，技术本身无所谓"性质""力量""功能"。[2]

温和的社会建构主义是这样一种标签，其被用于一种对技术的较为温和的研究，有时也被称为社会形成（social shaping）研究（如 Wsck-enzie & wajman，1985a；1985b；Wackenzie，1990）。社会形成研究在社会的因素和自然的因素、社会因素和技术因素之间保持既定的均衡，它也充分承认社会因素在技术形成中具有重要作用。但它并不否定非社会因素在技术形成中的作用，尽管这些非社会因素在形成技术的性质过程中也依存于一定的社会氛围。因为技术是社会地形成的，技术的这些性质和功能在很大程度上是社会的性质和社会功能，而且技术的这些社会性质和社会功能被归因于社会的偏好或政治学，并被整合（built into）或体现（embodied by）在这些技术之中。[3] 总的来说，温和的社会建构主义在探讨科学知识的社会原因时，往往给科学的客观性、理性和逻辑性留有适当的余地。

作为对后现代主义的超越，社会建构主义主要由三个基本命题所构成：从本质主义转向建构主义，强调知识的建构性；从个体主义转向群体主义，强调知识建构的社会性；从决定论转向互动论，强调知识

---

[1]　参见刘保《作为一种范式的社会建构主义》，《中国青年政治学院学报》2006 年第 4 期。

[2]　参见安维复《社会建构主义评介》，《教学与研究》2003 年第 4 期。

[3]　同上。

"共建"的辩证性。① 尽管社会建构主义思想纷繁,但其理论实质或思想大势是对知识进行发生学的研究,即从社会生产过程的角度研究知识,但是我们也要看到,社会建构主义强调知识生产的建构性,从而有效地抵御了本质主义和客观主义,但也容易陷入新康德主义的极端激进思想;它强调知识建构的社会性,从而有效地抵御了个人主义和心理主义,但也容易陷入相对主义或文化多元论;它强调对知识进行社会建构的辩证性,从而有效地抵御了绝对主义和各种决定论,但也容易陷入对知识进行过度文化诠释的"修辞学转向"。②

社会建构主义批判地扩展了传统认识论的研究视野,从社会文化维度考察知识的生产过程,认为知识的生产是一个历史的、社会的过程,强调社会身份与权力对知识生产的影响,其所承载的思想方式自 20 世纪 80 年代以来发展为社会建构主义思潮,童年的社会建构正是在此理论基础上展开的。③

## 二　社会建构主义童年观的基本观点

用社会建构主义的理论视角来考察童年的概念,一般会认为童年并非是本质上的、绝对的或是普遍的观念,对童年本质的认识和理解是随着社会文化的变动而变化的,是社会实践和社会制度的产物,是在社会群体互动和社会变迁中形成的人们关于童年的集体定义。因此可以说,童年乃是一种社会建构,儿童、童年是什么要视我们怎样来想象和定义它而定,这可以说是社会建构主义童年观的基本纲领。下面我们就详细考察一下学者们是如何看待童年的社会建构性的。

从上文西方童年观的历史变迁中我们可以看到,人们对于儿童、童年的认识在不同的历史时代、不同的文化背景下是不同的,甚至在同样的时代和同样的文化背景下,人们对于儿童、童年的认识也是不同的。

---

①　参见安维复《社会建构主义:后现代知识论的"终结"》,《哲学研究》2005 年第 9 期。

②　参见安维复、梁立新《究竟什么是"社会建构"——伊恩·哈金论社会建构主义》,《吉林大学社会科学学报》2008 年第 6 期。

③　参见苗雪红《当代西方社会建构童年研究范式考察》,《教学学术月刊》2015 年第 3 期。

可见，童年是一种可变而并非固定的观念，这种变动的历史是由埃里斯最先描绘的，而这一发现为童年建构理论奠定了重要的基础。

埃里斯在《童年的世纪》中详尽地考察了西方童年观的形成历史，其以中世纪文明为研究起点，利用艺术、服装、日记、学校、劳动、娱乐等史料考察，提出了这样的结论：西方中世纪并没有儿童的概念，因为儿童曾经被看作成人，当然是较小的成人，并且在尽可能的范围内被同等对待，也即，儿童与成人之间的差异并没有被人们所意识到，或者说，在中世纪人们并没有发现儿童具有与成人不同的特殊本质。例如在中世纪的绘画中，儿童被描绘成缩小的成人，身体的大小是他们与成人唯一的区别。再以服装为例，在中世纪，儿童与成人的服饰是没有区别的，儿童被描绘成缩小的成人，没有身体比例的改变，他们的衣服只是尺寸较小的成人服饰。埃里斯还指出："在（中世纪）语言中，儿童这个词语并没有我们今天所赋予它的意义，如今人们使用'儿童'的频率和使用'小伙子'的频率一样高。中世纪时代儿童定义的缺失扩展至所有社会活动：游戏、工艺、武器。在这一时期每一幅描述群体生活的绘画中都可以看到或单一或成对的儿童搂拷在妇女的脖子上，或在街角撒尿，或在传统节日中扮演他们的角色，或在作坊中当学徒，或做骑士的随从，等等。"① 根据埃里斯的描述，直到17、18世纪关于儿童的普遍看法才出现改变，关于儿童的描述中儿童的穿着和相貌开始与成人区分开来，但这还只限于男孩。②

从埃里斯对艺术、服装、日记、学校、劳动、娱乐等方面的考察，我们看到，在中世纪，儿童与成人世界完全混杂在一起，儿童不仅仅被描述为看上去像成人，人们也期望他们参与同样的工作或游戏，儿童只是"小大人"，只是成人工作或游戏的伙伴而已。针对这种儿童与成人没有区分的现象，埃里斯得出中世纪缺乏童年观念的结论，尽管该结论颇有争议，更是引起学术界持续至今的关于中世纪是否存在"童年"观念的争论。但无论人们怎么批判埃里斯的观点，一个无法否认的事实

① ［英］鲁道夫·谢弗：《儿童心理学》，王莉译，电子工业出版社2010年版，第17页。

② 参见［英］鲁道夫·谢弗《儿童心理学》，王莉译，电子工业出版社2010年版，第18页。

是，近代以前人们对于童年的观念是十分淡漠的，即便是中世纪存在着童年的观念，这种童年的观念也与现在的童年观相去甚远。正如塔奇曼（Tuchman）所说的："在涉及中世纪与现代社会不同的种种特点中，最引人注目的是那时候对儿童相对缺少兴趣。"① 埃里斯的研究奠定了关于童年研究的理论基础，他为我们开启了这样一个看待童年的新视角，即童年的观念并非是一直存在着的，它是一种可变动而非固定的观念，它实际上是一个相对较新的发明，它是基于儿童与成人世界的区分而建构出来的概念，可以说，童年是被发明的，而不是被发现的，它是一种社会建构的产物。对于童年观的这种认识后来变得越来越普遍，它最重要的意义就在于其"建构"了儿童的社会存在。

大卫·帕金翰也指出："童年是一种社会性建构的观念，在当前关于童年的历史与社会学讨论中已经相当普遍，这种观念甚至越来越被一些心理学家接纳。……童年的概念在历史上、文化上，以及社会上都是不断变化的。在不同的历史时期、不同的文化与不同的社会群体中，儿童曾被以不同的方式看待，也以不同的方式看待自己。进一步说，甚至这些定义也不是固定不变的。不管是在公开讨论中，还是在同辈与家庭成员之间的人际关系中，'童年'的意义也遭受了一个持续的斗争与协商过程。……这个观念真正含义是，这些统一的有关儿童的定义乃是社会过程与话语过程造成的结果。"② 不仅如此，帕金翰还注意到对儿童的教育是建构童年的重要条件之一，对儿童教育的重视，恰恰是因为人类社会意识到儿童区别于成人的特殊性，意识到童年是生命的特殊阶段，需要得到成人充分的保护和照顾，同时也需要必要的教育和改造。

尼尔·波兹曼在《童年的消逝》一书的引言中也明确指出："儿童是我们发送给一个我们所看不见的时代的活生生的信息。从生物学的角度来看，任何一种文化忘却自己需要再生繁衍都是不可想象的。但是，没有儿童这样一个社会概念，文化却完全可能生存。童年不同于婴儿期，是一种社会产物，不属于生物学的范畴。至于谁是或不是儿童，我

---

① ［美］尼尔·波兹曼：《童年的消逝》，吴燕莛译，广西师范大学出版社 2004 年版，第 27 页。

② 贾云：《论儿童观的范式转型——社会建构主义视野中的儿童观》，《南京师范大学学报》2009 年第 2 期。

们的基因里并不包含明确的指令。人类生存的法则也不要求对成人世界和儿童世界进行区分。"① "童年的概念是文艺复兴的伟大发明之一，也许是最具人性的一个发明。童年作为一种社会结构和心理条件，与科学、单一民族的独立国家以及宗教自由一起，大约在 16 世纪产生，经过不断提炼和培养，延续到我们这个时代。"② 波兹曼对童年概念的考察是从印刷业以及识字文化发展的角度入手的，他认为"没有识字文化，没有教育的观念，没有羞耻的观念，这些都是中世纪童年不存在的原因所在。"③ "印刷术创造了一个新的成年定义，即成年人是指有阅读能力的人；相对地便有了一个新的童年定义，即儿童是指没有阅读能力的人。"波兹曼还认为，"自从有了印刷术成年就变得需要努力才能挣来了。它变成了一个象征性的成就，但不是生物学意义上的成就。自从有了印刷术，未成年人必须通过学习识字、进入印刷排版的世界，才能变成成人。为了达到这个目的，他们必须接受教育。因此，欧洲文明重新创造了学校，从而使童年的概念也变成社会必需了"。④ 可见，波兹曼认为童年的概念并非是本质上的，或是普遍的，而是伴随着印刷业和识字文化的发展而在社会文化中被历史地建构起来的集体定义，这种建构与生物学是没有关系的。

20 世纪 90 年代初，作为社会学的分支学科兴起的新童年社会学发展速度极快，其诞生标志着社会建构童年研究范式的确立。新童年社会学主要有社会结构论和社会建构论，并且二者逐渐走向统一。社会结构理论的创始人金斯（Jens Qvortrup）认为，传统的"社会化"论述关注儿童的未来，"需要"理论则认为儿童是柔弱的、依赖成人的。这两种理论都容易将儿童的本体地位边缘化，形成成人主宰社会和世界的现象。他致力于"将结构的、社会学的和经济的理论与方法用于童年研究，并将童年作为社会结构来理解"。他将儿童（children）视为社会的群体，相应地，童年被视为社会范畴；他认为应当从当下的情况出发

---

① ［美］尼尔·波兹曼：《童年的消逝》，吴燕莚译，广西师范大学出版社 2004 年版，引言第 1 页。

② 同上书，引言第 2 页。

③ 同上书，第 25 页。

④ 同上。

来思考童年，也就是说，当他们是孩子的时候，童年对这些孩子们意味着什么？童年的变化就社会学的术语而言的，其根本旨趣是童年的生活内容怎样随各种社会变量发展变化，而不是单个的孩子怎样长大。但是，即便童年的实际生活状况随着时间和空间的变化而变化，但童年作为一个社会范畴是不变的。与社会结构理论不同，社会建构理论的代表人物爱兰（Alan Prout）和阿里森（Allison James）不赞成将童年视为一个不变的结构，认为这一理论将不同性别、阶层、种族的儿童集体化为童年是危险的，也就是说存在普遍化的危险。童年并不是作为确定的形式而存在，而是一种社会建构，由特定社会里的文化要素（时代、地域、年龄、性别、种族、阶层、代际等）组合而成。人类儿童具体的童年生活在不同阶层、地域、性别等条件下表现为不同的内容，他们关注在各种社会变量影响之下童年具体的生活形态，即复数形式的童年。社会建构论者特别指出了童年与阶级、性别和种族三因素的共轭性。这一研究取向决定了人种志方法成为研究童年社会建构的基本方法，它可以尽可能丰富地呈现不同时空中儿童所度过的童年生活。社会建构理论的核心概念是：儿童是社会行动者。他们的建构态度是革命的：让儿童通过自己的行动颠覆传统的成人与儿童的关系框架。[1]

### 三　社会建构主义童年观的基本分歧

社会建构主义童年观的核心是要对儿童的自然存在进行社会性的建构，也即对于童年建构论者而言，儿童自然存在的生物事实是被人们以文化的角度来理解和赋予意义的。可见，童年建构论者的基本理论前提是对生物决定论的否定，这与广大接受生物发展主义的童年观的心理学家、教育学家、医学家等的观点是完全不同的。他们认为，儿童、童年的概念并非是本质上的、生物发展主义的或是普遍的，而是经过社会过程的互动所形成的集体定义或是集体认同。这里我们看到，童年建构论者实际上进行了一个重要的理论区分，即儿童的自然存在与儿童的社会建构。儿童的自然存在是一种自然事实，这种自然事实充分体现了儿童

---

① 参见苗雪红《当代西方社会建构童年研究范式考察》，《教学学术月刊》2015 年第 3 期。

生物学属性，这种存在展示的是生物发展主义的一般性规律和特征，其具有本质的和普遍的意义；而儿童的社会建构则是一种社会结构，它是依据不同的社会实践、社会制度和社会文化而建构出来的，充分体现了人的主观性和意图。对儿童的自然存在与儿童的社会建构之间关系的不同认识和对待，形成了社会建构主义童年观内部的基本分歧，也即是激进的童年建构论与温和的童年建构论的分歧。

激进的童年建构论者完全排斥儿童生物学意义上的自然存在的事实，认为童年的概念完全是一种社会的产物，是人们在不同的社会实践、社会制度和社会文化背景中建构出来的概念。这种建构不具有生物发展主义、本质主义、普遍主义的因素，其突出的是人类的主动性和能动性。如果不是冒昧的话，波兹曼可以被贴上激进的社会建构主义童年观的标签，因为他完全排斥了儿童的生物学因素在建构童年概念时的作用。其在《童年的消逝》一书开篇便明确指出："童年不同于婴儿期，是一种社会产物，不属于生物学的范畴。至于谁是或不是儿童，我们的基因里并不包含明确的指令。人类生存的法则也不要求对成人世界和儿童世界进行区分。"① 这样我们也就不难理解，为什么波兹曼会得出如下悲哀的结论，童年像一切社会产物一样，它的持久存在并不是必然的，童年正在消逝，而且正在飞快地消逝。②

与激进的童年建构论者不同，温和的童年建构论者承认儿童生物学意义上的自然存在的事实。他们认为在生物学上，确有称之为"儿童"的这种弱小的生命体，儿童也确实在生理上和心理上存在着不成熟和脆弱的事实。对温和的童年建构论者而言，儿童的自然存在和生物属性是对儿童进行社会建构的基础，只是这种事实是被人们以社会文化的视角来理解并赋予意义的。从帕金翰的理解——"'儿童'并不是一个纯粹由生物学所决定的自然或普遍的范畴。它也不是具有某种固定意义的事物，让人们可以借助其名义轻而易举地提出各种诉求"③，以及夏哈尔

---

① ［美］尼尔·波兹曼：《童年的消逝》，吴燕莛译，广西师范大学出版社 2004 年版，引言第 1 页。

② 同上书，引言第 2 页。

③ 贾云：《论儿童观的范式转型——社会建构主义视野中的儿童观》，《南京师范大学学报》2009 年第 2 期。

的理解——"养育孩子的习惯、教育方针，和父母—孩子的关系，都不是单由生理法则所决定，它们同样也是被文化所建构出来的"①，我们看到，他们并非完全否认儿童具有生物学范畴的意义，在这个意义上，我们可以将他们看作是温和的童年建构论者。

从以上的考察我们看到，对于儿童生物学范畴上的自然存在事实的不同处理和对待构成了社会建构主义童年观内部的理论分歧。这种分歧让我们意识到，建构主体对于儿童自然属性问题上所持有的不同建构立场，将直接导致学者们在儿童形象和童年概念的建构上存在巨大差异，那么对于儿童定义和儿童形象塑造的多样性就将是社会建构主义童年观所表现出来的基本特质。这种多样性在一定程度上拓展了儿童及儿童权利的研究视域，但是它同时也造成儿童及儿童权利的复杂面貌，从而使得人们在对儿童及儿童权利的认识上产生巨大的模糊与混乱。

### 四　社会建构主义童年观的理论局限

持有社会建构主义童年观的学者或从童年史发展的历史路径，或从教育、印刷业发展的媒介文化路径，或从新童年社会学发展的社会学路径②对童年的建构性进行考察，试图向我们展示童年的概念是如何在社会历史发展的进程中，在不同的社会意识和社会文化中被历史地、社会地建构起来的。他们从社会文化视角切入童年，普遍持有"童年是一种社会的建构"的观点，极大地扩展了童年研究的概念空间。童年已经不再单纯是生命过程的自然事实，而是具有价值渗透的社会文化建构，童年是一系列权力关系的产物。其思想功能是对本质主义的童年观念进行解构，并延伸出社会批判和社会重建的实践诉求。其价值取向不仅在于从认识论上将定义童年的视角从生命的自然维度转向社会文化维度，还要从社会政治意义上赋予儿童与成人平等的社会空间、社会身份、行动权力，摆脱成人借保护之名义主宰儿童，控制儿童，约束儿童；其研究方法也走向呈现儿童生活、倾听儿童声音、让儿童参与研究

---

① 谭旭东：《论童年的历史建构与价值确立》，《涪陵师范学院学报》2006 年第 6 期。
② 参见苗雪红《当代西方社会建构童年研究范式考察》，《教学学术月刊》2015 年第 3 期。

并产生关于自己的知识。半个世纪以来对童年社会建构性的研究所产生的重要成就便是将"童年"这一话题从边缘放置到了社会科学的中心，童年研究成为社会科学的一个多学科问题域。同时社会建构主义童年观的思想和主张对全球儿童社会政策与实践、儿童养育与教育，以及儿童权利等问题均产生了深远的影响，儿童在社会中的境遇与对待获得了巨大的改善和提升。[①] 但是社会建构主义童年观本身存在的论证上的缺陷及其内部分歧造成的模糊与混乱，需要我们认真给予对待。

首先，社会建构主义童年观否认童年的自然维度，抛弃了对童年本质的追问，只从社会文化的维度考察童年，容易陷入了激进主义思想的窠臼。人类对童年的认识是一个社会的历史的建构过程，但是这一建构过程并不是随心所欲的思想游戏，这种建构必须是基于人类对童年本质达成的一定程度的共识或普遍性认识。建构主义可以否认本质主义的童年观将儿童设定在一种固定化、标准化、单一化的成长形态和模式中的观点，也可以不同意本质主义童年观对童年意象的描述，但是不能因为对童年本质认识的分歧而否认童年本质的存在。

其次，社会建构主义童年观将关于童年的观念等同于儿童实际的童年生活，"童年是什么"视我们如何来想象和描绘童年的意象而定，可能陷入绝对主观主义的窠臼。社会建构主义者普遍认为童年的观念原来是不存在的，它是在社会历史发展的进程中，在不同的社会意识形态和社会文化发展中，因由某个或某些社会文化因素而慢慢产生的，由此便得出结论，童年是一种社会的建构。这样的推论过于主观和随意，它混淆了关于童年观念的社会建构和童年生活受社会的影响和塑造，依据这种理解似乎很多观念是完全可以脱离社会事实而被主观建构出来的，完全割断社会事实与社会概念的联系而进行的概念建构将会成为任意批判的游戏。

再次，社会建构主义童年观过度强调在童年建构中某一个或某一些文化因素所起的重要作用，容易陷入对知识进行过度文化诠释的窠臼。实际上童年观念的形成和发展是一个非常复杂的历史现象，这种发展并

① 参见苗雪红《当代西方社会建构童年研究范式考察》，《教学学术月刊》2015 年第 3 期。

非是一种线性的发展，或是非此即彼的发展，童年观念的形成既深深扎根于特定的社会文化结构之中，同时也有其内在的、普遍的、本质的属性，如果完全抹杀掉一些非常重要的本质主义考量因素，将难以获得对童年的本质认识。

社会建构主义的童年观同本质主义的童年观相对立，在当代多学科童年研究背景下，两种童年观呈现出趋同与融合的趋势，这种趋势启示我们必须要辩证地看待童年，儿童作为一个复杂的生命系统，是生物、心理、社会文化等多维度的综合体，不同的研究取向服务于不同认识目的，采用的认识方法不同，获得的认识结果及其解释范围不同，每一种认识成果都应当在其相应的问题和解释范围内被理解。童年研究不仅要关注儿童的社会身份、社会空间、社会行动，更要关注儿童的生命发展本身；不仅要在社会文化生活中呈现儿童现实的生活状况，还要坚持对童年本质的追问。只有这样才能深入地思考儿童与童年研究的不同问题、不同研究视角以及各种研究视角之间的关系。[1]

# 第三节　社会建构主义童年观对儿童权利理论的意义

社会建构主义的童年观向我们展示了这样一种理解，童年是一种社会建构的产物，它并非本质上的、绝对的、普遍的、生物发展主义的观念，童年的观念是在不同的社会实践、社会制度和社会文化背景下被建构出来的，是社会群体在社会互动和社会变迁中形成的人们关于童年的集体定义，也即说，"童年是什么"视我们如何来想象和描绘童年的意象而定。对童年的不同想象和理解直接决定了人们对于儿童的不同态度和对待，也决定了儿童在社会当中的地位以及社会赋予儿童的权利的性质，因此，社会建构主义的童年观对于儿童权利观念的产生和发展具有十分重要的意义。

---

① 参见苗雪红《当代西方社会建构童年研究范式考察》，《教学学术月刊》2015 年第 3 期。

**一  儿童与成人世界的区分是儿童权利理论的重要前提**

我们要探讨儿童的权利,首先需要回答的是,是否存在着"儿童"这样的群体,如果没有儿童的观念,就谈不上儿童的权利。因此,我们会追问何谓儿童,然而对于儿童的界定是相当困难的。或许我们可以给出最为简单的定义,儿童就是孩子。在这个意义上,我们每个人都是父母的子女,那么这种定义就没有太多的意义了,所以,我们在探讨儿童的概念时首先需要排除的便是这种理解。我们所指称的"儿童"是区别于"成人"的儿童,而不是区别于"父母"的儿童,应该说,我们探讨"儿童"及儿童的权利始于儿童与成人世界的区分,换句话说,如果没有儿童与成人世界的区分,关于儿童、童年、儿童权利的概念就是多余的、无意义的。但我们很快就会发现,只是将儿童与成人区分开来,我们仍然没有在更有价值的意义上描述童年的性质。但是我们也不得不承认对于儿童性质和本质的描述必然要始于儿童与成人世界的区分,成人世界实则是研究儿童世界的参照系,对于儿童概念的理解主要是借助于同成人的对照来凸显儿童特有的属性。因此,我们可以说,儿童与成人世界的区分为儿童权利理论奠定了重要的理论基础。

儿童与成人世界的区分貌似很简单,但从整个西方童年观的演进历程中我们看到,将儿童与成人区分开来是相当晚近的发明。埃里斯在《童年的世纪》中就已经明确指出,在中世纪并没有童年的观念,主要原因就是儿童与成人之间的差异并没有被人们所意识到。波兹曼在《童年的消逝》中也提到:"……人类生存的法则也不要求对成人世界和儿童世界进行区分。事实上,如果我们把'儿童'这个词归结为意指一类特殊的人,他们的年龄在 7 岁到——比如说——17 岁之间,需要特殊形式的抚育和保护,并相信他们在本质上与成人不同,那么,大量的事实可以证明儿童概念的存在还不到 400 年的历史。的确,如果我们完全用一个普通美国人对'儿童'这个词的理解,那么童年的存在不超过 150 年。"① 正是这个晚近的发明，对儿童的历史却产生了巨大的影响，当儿童与成人被区分开来，人们对于儿童的理解和对待儿童的态度就在历史中得到了改进，同时这种区分也使得儿童权利观念的产生和发展成为可能。可以说，将儿童从父母的私有财产的观念中解救出来，将儿童从成人世界的附属地位中解放出来，将儿童从以成人为中心的观念系统中剥离出来的反思都始于儿童与成人世界的区分，这种区分是思考儿童的道德地位和研究儿童权利的逻辑起点和基本前提。我们也意识到，在界定儿童的含义和探讨儿童的权利问题时，仅仅说儿童是区别于成人是远远不能令人满意的，随之而来的就是这样一些追问，我们如何将儿童与成人区分开来？儿童区别于成人的特殊性到底在哪里？我们该如何对待儿童的特殊性？事实上，这些问题开启了整个儿童权利理论的基本研究。

当然，我们在肯定儿童与成人世界区分的重要意义的同时，也要看到一种令人忧虑的情形，即现代社会呈现出儿童与成人世界模糊的趋向。对此，波兹曼断言：童年正在消逝。也许我们会批判波兹曼对童年消逝原因的理解是片面的，其结论具有极大的随意性和轻率性。这是因为，童年是一种复杂的社会建构，这种建构的消解也是极为复杂的过程，不单单只是电子媒介就可以使童年完全消逝的。但波兹曼表现出的对儿童与成人世界界限消逝的担忧为我们思考儿童的地位和儿童的权利提出了巨大的挑战，他的预言让我们看到在当代社会中存在着的一个巨大的矛盾现象：一方面是越来越多的人逐渐对儿童权利的概念达成共识，另一方面却出现童年消逝的现象。这一现象促使我们必须重新反思与成人世界区分的价值，一方面我们在主张儿童权利的时候，首先开始于儿童和成人世界的区分；而另一方面，童年消逝的现象却预示着儿童世界和成人世界的混同，儿童权利的理论必须要处理这种区分所带来的问题，否则儿童权利话语本身就将丧失合理性。

---

① ［美］尼尔·波兹曼：《童年的消逝》，吴燕莛译，广西师范大学出版社 2004 年版，引言第 1—2 页。

## 二　社会建构主义童年观扩展了儿童权利理论的研究视域

社会建构主义童年观的基本纲领是：童年是一种社会的建构，其隐含的意思是，儿童是什么，童年是什么取决于人们如何来想象它们，取决于人们是如何来建构它们的。这种建构主义的视角最突出的特点是充分体现了人的主观性和能动性，不同的建构者基于不同的考量对于同一事实或事件会有不同的建构，例如，对在公众面前表演的心跳加快、手心出汗现象，既可以建构为紧张，也可以建构为兴奋。[①]儿童与成人相区别的本质是被建构出来的，儿童是什么要看我们怎样来建构他们，因此，对于儿童、童年的理解也会因为不同的建构者而被建构出不同的意象。基于这样的认识，我们会看到，儿童是充满多种可能性的，我们建构出什么形象的儿童，就会有对儿童什么样的对待，也就会赋予儿童什么样的权利，儿童被建构出的多种形象实则拓展了儿童权利理论的多种面向和研究视域。

儿童的自然存在呈现出生物发展主义的特性，如脆弱、无知、无能力、依赖、非理性、无法自我控制等诸多不同于成人的特性，这些特性使得人们很容易将儿童建构成为一种非理性存在的和能力缺失的形象。这种形象被建构起来之后，人们对于儿童的态度便是，他们需要成人的保护和干预，他们需要受到必要的约束和限制，如此，儿童就被视为成人的保护对象，处于成人世界的附属地位。这种建构更多的是使用负面意义的词语来突出儿童的弱小，使得人们更多地关注到儿童能力的缺失。这种描述着实具有非常重要的意义，它可以提醒人们注意到成人世界对于儿童的责任，儿童需要获得成人的养育、照顾和保护，成人需要帮助儿童获得使其发展成为理性个体所需要的能力，但同时我们也看到，这样的描述却压抑了儿童的主体性和能动性，忽视了儿童具有的独立人格、巨大潜力和特殊需要，忽视了儿童也有参与成人世界以及关涉自身利益发展的事务中的需求和愿望。

以上的建构主要是基于儿童自然存在的事实对儿童形象进行的建

---

① 参见贾云《论儿童观的范式转型——社会建构主义视野中的儿童观》，《南京师范大学学报》2009 年第 2 期。

构，但是对于建构主义者而言，儿童的本质是随着社会文化的变动而变动的，过去人们没有童年的观念，也不认为儿童有什么特殊本质，这是随着社会文化的变迁才因此将儿童是柔弱的、纯真的、需要保护的、无理性的、原始的、幼稚的等概念加诸儿童身上，换句话说，这些特质将儿童的认知被概括于"童性"的概念中。然而，这些对儿童本质的预设表面上似乎让人们更加地理解儿童，但事实上，却是预设了一个理想化与标准化的童年的框架或制度，因而形成了一种童年的迷思或意识形态，即上述这些属性转变为专属于儿童。[①] 事实上，儿童不仅仅是由纯粹生物学所决定的自然或普遍的范畴，儿童同时也深深打上制度、实践和文化的烙印，因此，儿童是充满各种可能性的，他们完全可以被建构成其他完全不同的形象。儿童不仅仅是弱小、缺乏理性能力的形象，儿童也同样具有良好的天赋、无限的发展性和丰富的潜能，这些都是基于儿童自然属性而被忽视和遮蔽掉的意象。儿童具有独立于家庭的主体意象，他们具有主动性、积极性和主体性，并不是消极地和被动地接受成人世界的训导和控制的，他们有自己独特的需求和愿望，他们对自己生活的世界有独特的理解，他们赋予自己生活的世界独特的价值和意义。这样来建构儿童的形象，我们便不可以再把儿童仅仅看作成人世界教导和保护的对象，而是应当将儿童看成价值的主体，赋予儿童应有的道德地位，尊重儿童独特的个性需要和权利诉求。这种建构模式实际上开启了儿童权利理论的一个全新的视角，拓展了儿童权利理论的多种价值面向，丰富了儿童权利理论的研究视域。

西方童年观的演进历程和建构主义的童年观为我们展现了历史上人们对于儿童的不同认知，这些认知为我们认识儿童权利观念的形成和发展，以及儿童道德地位的提升等问题提供了重要的认知基础。

---

① 沈宝漾：《当代西方儿童与成人平权争议之探讨》，硕士学位论文，（台北）"国立中央"大学哲学研究所，2007 年，第 58 页。

# 第二章 儿童作为权利主体的证成理论

儿童权利的观念是伴随着人们对儿童、童年的认识和理解逐渐发展起来的。20 世纪早期，关于儿童权利的相关哲学论述开始崛起，人们开始认识到儿童不仅仅是被保护的对象，儿童与成人一样也应当是有权利的。在此之前，西方传统哲学对于儿童权利议题，如儿童是否能拥有权利，能拥有何种权利等问题并没有给予明确的关注和讨论。到 20 世纪 60 年代，伴随着儿童权利运动的兴起，西方学者开始围绕儿童到底有没有权利的问题展开激烈的争论。儿童权利理论者开始寻求哲学上和法律上的理论依据证成儿童作为权利主体的正当性问题，该问题是儿童权利理论的立基问题，也是儿童权利理论体系的逻辑起点和核心问题。

## 第一节 儿童作为权利主体观念的生成

在人类漫长的历史上，儿童更多的是被作为"问题"受到社会学家和心理学家的关注，被作为"野蛮的入侵者"受到教育学家的关注，似乎很少被作为有独立人格和内在价值的主体而受到哲学家和法学家的关注。西方的传统哲学很少谈及儿童的道德地位以及家庭正义的问题，[①] 成人世界对于儿童作为权利主体正当性的思考是相当晚近的事情。

在早期哲学家的论著中对于儿童的关注只是零散地混合在关于家庭

---

① See Samantha Brennan, Robert Noggle, The Moral Status of Children: Children's Rights, Parents' Rights, and Family Justice, *Social Theory and Practice*, 1997, 23（1）, p. 1.

的理论当中。柏拉图（Plato）认为，私有财产和家庭，会造成人们的利己和贪欲之心，从而引起社会的分歧和矛盾。他将家庭视为个人主义的巢穴，他试图把家庭和个人主义一起从理想之城的统治阶级中消灭掉。与柏拉图不同，亚里士多德（Aristotle）认为家庭的属性是个人与私人生活的一种现象，他把儿童看作家庭或者父母的一种延伸。根据亚里士多德的观点，既然正义或不正义问题总是涉及一个人之外，那么父母对于他们孩子的行为也不可能是绝对的正义或不正义的，因为他们的孩子就是他们自己的一部分。亚里士多德认为要想更好地理解成长中的儿童欠他们父母债的观点，最好通过他关于"友善关系"三个基本类型（分享快乐、互相帮助、共享美德）的界定。在区分这三种不同类型的友善关系之后，亚里士多德还区分了平等的友善关系和不平等的友善关系。他指出，还存在另外一种类型的友善关系，它们存在于不平等的各方之间，例如，父亲和儿子之间、年长的孩子和年幼的孩子之间、丈夫和妻子之间、统治者和被统治者之间。

托马斯·阿奎那（Thomas Aquinas）也论述了家庭关系，他认为，儿童是与家庭相分离的独立的人类个体，他尖锐地指出亚里士多德没有能够正确地识别到这一点。尽管他觉得父母有支配孩子的权利，但是这种权利要受到一定的限制，即父母要承担为孩子提供物质照顾，提供思想、道德和宗教教育以及其他生活必需品的义务。他相信父母子女之间的积极关系是父母和子女可以成为朋友。

让·博丹（Jean Bodin）可能是第一个认为儿童需要在家庭中获得保护的哲学家。博丹认为家庭是国家的育儿所，是训练公民的场所，儿童应当由父亲训练成为一个好公民。尽管博丹认为小国的君主和立法者们应当恢复古代法律赋予父亲支配他们孩子的权力，但是他也相信，当他们的父亲表现出来严重不适于抚养他们孩子的时候，法律的目标是要保护那些孩子。

托马斯·霍布斯（Thomas Hobbes）对于家庭的认识同他关于人类之间关系的认识是一致的。霍布斯认为儿童完全处于父母的支配之下，父母依据自己的选择来保护或是毁灭他们的孩子。根据霍布斯的观点，儿童默示同意服从他们的父母，因为他们本能地想要活下去，他们认识到如果他们不服从他们的父母，他们的父母可能会杀掉他们或是抛弃他们。他看到，因为孩子恐惧被遗弃而明智地选择同意服从父母，因此，这种服从父母的同意是自愿的，尽管也可能是被迫的。在自然状态下，父母和子女是潜在的敌人，只有在孩子长大不会成为他们父母的敌人，孩子为了换得父母的保护而承诺服从父母的情况下，父母才会保护和供养他们的孩子。①

　　洛克可能是对儿童关注比较多的哲学家，洛克虽然没有专门谈过儿童权利，他只是在谈论家长权力、儿童教育问题时间接地表达他对儿童权利的基本态度，但是他这种与儿童权利相关的代表性论述却具有相当大的影响力。洛克在《政府论次讲》（The Second Treatise of Government）中论证了"家长权力"的正当性，他认为孩子有义务服从他们的父母，但父母这种支配和统治子女的权力不是建立在父母对子女拥有所有权的基础之上的，也不是建立在孩子基于理性而同意父母对他们的控制的基础之上的，而是建立在父母对子女福利所担负责任的基础之上的，也就是，父母需要被赋予家长的权威来完成他们对孩子的培养和教育义务，这种权力一直可以实施到孩子已经成长到能够理性作出决定之时。②

　　卢梭也有对儿童和家庭关系的论述。卢梭赞同洛克所主张的父母双方彼此是独立的，每一方都有自己独立的角色这一观点。卢梭将母亲看作自然的抚育者，而父亲则是孩子真正的老师。他认为将孩子的教育交给专业的教育者将会危害到家庭的完整性和亲密性。他认为教育的目的是使孩子成为一个可以和其他人和睦相处的自足的成年人。家长有以某种方式实现这个目标而养育他们孩子的义务。③

　　从上述的考察我们看到，儿童作为独立于其家庭的一分子的意象，并且拥有自己的权利的理念总的来说被哲学家和社会科学家所遗忘了。直到19世纪，儿童保护的问题才开始进入人们的视野。有一种较为普遍的观点认为，"西洋在16世纪发现了人，18世纪发现了妇女，19世

---

　　① See Michael Freeman and Philip Veerman（eds.），The Ideologies of Children's Rights，Martinus Nijhoff Publishers，1992，p. 58.

　　② See Samantha Brennan，Robert Noggle，The Moral Status of Children：Children's Rights，Parents' Rights，and Family Justice，Social Theory and Practice，1997，23（1），p. 11.

　　③ See Michael Freeman and Philip Veerman（eds.），The Ideologies of Children's Rights，Martinus Nijhoff Publishers，1992，p. 59.

纪发现了儿童"。① 最早关注儿童问题的人是那些旨在拯救儿童的人，他们主张为儿童建立独立的机构，设立少年法庭，设计不同的惩罚系统和创建义务教育系统来拯救儿童。②

进入 20 世纪，儿童受到前所未有的关注，对儿童及儿童权利的关注大致可以分为两个阶段，第一个阶段是 1900—1920 年的改革派（他们的理论在 20 世纪 50 年代最为流行）提出大量满足儿童需要的计划，从设立少年法院到限制雇佣童工的法律，他们为儿童创建了很多特权和保护，可以说这个时期儿童保护主义者重点关注的是对儿童的保护，注重满足儿童的需要和主张，儿童权利的内容更多展现的是一种主张权。在国际合作领域，对于儿童的保护集中体现在 1924 年日内瓦《儿童权利宣言》、1959 年联合国《儿童权利宣言》以及《公民权利与政治权利国际公约》和《经济、社会、文化权利国际公约》等涉及儿童问题的国际文件中，儿童的道德地位和法律地位得到了迅速的提升。但是，这一时期，人们对于儿童权利的理解重点是在强调对儿童的保护，还缺乏对儿童作为独立于父母、家庭的独立意象的内在价值和地位的反思。

1960—1970 年是对儿童权利关注的第二个阶段，伴随着声势浩大的儿童权利运动的迅速展开，儿童权利的话语开始发生重大的转向，这种话语的重点从保护（protection）转向自治（autonomy），从养育（nurturance）转向自决（self-determination），从福利（welfare）转向公平（justice）。③ 在这一运动中，最引人注目的是儿童解放运动（Children's Liberation Movement）。可以说，在这之前，即使是 19 世纪的"儿童拯救运动"（the Child Saving Movement）和 20 世纪早期的童工运动（the Child Labor Movement）都没有将儿童视为独立的人类。直到这个时期，儿童问题的支持者才开始认真对待这样的观点，即儿童可以被赋予公民和政治权利，或被赋予可以称作"独立个性"的儿童权利。

1970—1974 年被认为是儿童解放文化的繁荣时期，儿童解放运动

① 王雪梅：《儿童权利论——一个初步的比较研究》，社会科学文献出版社 2005 年版，第 26 页。

② See Michael Freeman and Philip Veerman（eds.），*The Ideologies of Children's Rights*，Martinus Nijhoff Publishers，1992，Introduction.

③ Ibid.

的先锋主要是约翰·霍尔特（John Holt）和理查德·法森（Richard Farson）。他们高举儿童解放的旗帜，呼吁将儿童从传统的束缚中解放出来，他们开始普遍质疑那些声称只有通过不断增加对儿童的保护才能达致提升儿童地位的努力，他们指出儿童不仅仅是被保护的对象，他们更是具有独立人格和内在价值的主体，主张应当赋予儿童同成人一样的权利。尽管他们的一些主张，例如儿童有免受体罚的权利，开始慢慢地被人们接受，但是其他那些极端且富有争议的主张，例如，儿童有工作的权利，儿童有投票权，儿童有性权利等，还并没有被人们所接受。这个时期的解放论者重点关注的是儿童的自我决定和自治，儿童权利内容更多展现的是一种自由权。可以说，儿童解放运动在推动儿童作为权利主体观念确立的过程中起到了关键的作用，儿童解放论者主张将儿童从成人压制和束缚的地位中解放出来，要求儿童和成人享有平等的权利，这极大地提高了儿童的主体地位，但是他们极端化的理论也招致了大量的批判和公共意见的强烈抵制，然而，无可否认的是，他们关于儿童自治的理论却启蒙了大众这样一个敏感的事实：儿童也是人。[①] 他们开启了一个重要的思考面向，即儿童也有自治的利益主张，也即需要对儿童自治的能力和负责任的行为进行重新的评估和考量。他们的理论开启了儿童权利向更为宽广领域发展的道路，成为确立以儿童为中心的社会建构的重要推动器。同时，他们的理论也对后期儿童权利的研究和公共政策的制定产生了深远的影响。

　　以上对儿童权利关注的两个相继发展的阶段基本展现了儿童权利运动的全部主张和面貌，同时也向我们展示了儿童权利保护和自治两种基本主张之间的矛盾和冲突。[②] 至此，儿童作为权利主体地位的观念开始受到普遍的关注和重视。在 1989 年被誉为儿童权利"大宪章"的联合国《儿童权利公约》中儿童被视为具有权利主体资格的理念得到牢固的确认和积极的贯彻，这标志着儿童作为权利主体的观念开始得到国际社会的普遍认可和接受。

---

　　①　See Michael Freeman and Philip Veerman（eds.），*The Ideologies of Children's Rights*，Martinus Nijhoff Publishers，1992，pp. 59 - 60.

　　②　See David J. Rothman and Sheila M. Rothman，The Conflict over Children's Rights，*The Hastings Center Report*，Vol. 10，No. 3（Jun.，1980），pp. 7 - 10.

## 第二节 否定儿童作为权利主体观念的基本主张

理解儿童道德地位最重要、最核心的方式就是质疑儿童是否拥有权利。伴随着儿童权利观念的生成和儿童权利运动的发展，20 世纪 60、70 年代，儿童权利的研究渐渐引起越来越多学者的兴趣，他们开始围绕儿童到底有没有权利，儿童能否成为权利主体的问题展开了激烈的争论。在这种争论中儿童权利论者首先需要应对的是来自儿童权利理论的外部挑战，即应对否定儿童权利观念的人们对于儿童权利概念的合法性和儿童作为权利主体正当性的质疑。反对赋予儿童权利的学者对儿童权利观念可能会发展成为成人权利的对立面，儿童权利观念可能会制造更多的儿童对抗成人权力，儿童权利观念可能会使儿童脱离父母的自治等问题产生了深深的忧虑。他们认为儿童不具有同成人一样被赋予权利的主体资格，否认儿童拥有权利。

英国学者弗里曼对反对儿童拥有权利的观点进行了如下归类和反驳。第一种观点，反对儿童拥有权利者认为，主张儿童可以拥有权利是对权利和权利话语本身重要性的夸大。他们指出，在道德上还有其他更具重要意义的价值，比如爱、友谊、同情、利他主义，这些价值将会比那个以不可否认的义务为基础的权利能把人们之间的相互关系提高到一个更高的层面。这种观点可能被认为是与儿童拥有权利的观点相当对立的，特别是在以家庭关系为背景的情况下。对于此种观点，弗里曼批判到，或许在理想的道德社会，这种观点是对的。权利常常可能被用于解决利益冲突，然而，理想的社会是和谐的社会，这些冲突是不存在的。但是，根本就没有理想社会，对儿童来说肯定没有。儿童是非常脆弱的，他们的尊严和正直需要被保护。霍布斯所描述的"孤独、贫困、卑污、残忍和短寿"可能并非自然状态的真实描述，而是一种构建或是"思想实验"，但是这种状态可能比较接近对于儿童没有权利的世界的描述。当然，可能有人会说，儿童有了权利就会制造冲突，他们抱怨所受的待遇，他们提出合法的主张，他们挑战权威。如果儿童不被赋予权利，他们将会变得非常轻松，成人（父母、老师、社会工作者、警察等）也将会变得非常太平。但是不赋予儿童权利，依然也会产生冲突，在平静的外表下面将会酝酿更大的危机，偶尔会爆发出来。我们很难说，儿童不被赋予权利，这个世界将会变得更好。①

第二种观点，同第一种观点相关。反对儿童拥有权利者会假定成人已经用爱、照顾和利他主义同儿童发生了联系，以致使诉诸儿童权利就成为多余的了。弗里曼指出，这种观点将成人—儿童关系理想化了：它强调成人（尤其是父母）会考虑儿童的最大利益。提出这种观点的人，他们有一种对待家庭采取自由放任的倾向。这样，儿童的权利仅仅是指戈尔茨坦（Goldstein）、弗罗伊德（Freud）和索尼特（Solnit）在《儿童最大利益之前》（*Before the Best Interests of the Child*）一书中所认可的，孩子的权利就是自治父母的权利。他们坚持认为，国家最低限度的强制介入政策同他们所持有的对公民个人自由和人类尊严的坚定信仰是一致，但它不需要问到底是谁的自由和什么样的尊严应当被支持。我们很难看到，以这种方式构建的私人空间如何能够保护儿童的人性。②

第三种观点，反对儿童拥有权利者将童年看作是一个黄金年代，是我们一生中最好的岁月，童年是天真无邪的象征。这个时期，儿童逃避了成人生活的严酷，他们享受自由，体验游戏和快乐。这种观点认为，正像我们在童年时代躲避掉了成年生活的责任和苦难一样，我们也没有必要去思考权利，因为，权利是一个我们必须假定是为成年人保留的概念。弗里曼指出无论这种观念的前提正确与否，它可能代表了一种理想化状态，却无法反映当今很多儿童和青少年的真实生活。然而，由于我们的世界充满了贫困、疾病、剥削和虐待，所以，这个虚构的"幸福的、安全的、有保护的、天真无邪的童年"只是一个明明白白的错误。③

第四种观点，一些学者否定"权利"的话语，转而使用"义务"的话语寻求对儿童的保护。例如，奥尼尔（Onora O'Neill）在《儿童权利和儿童生活》（*Children's Rights and Children's Lives*）一书中就对儿童权利的话语进行了较为间接的攻击，或者说其更倾向于用适当的道德方

---

①　See Michael Freeman, *The Moral Status of Children: Essays on the Rights of the Child*, The Hague: Martinus Nijhoff Publishers, 1997, pp. 23 – 24.

②　Ibid., p. 24.

③　Ibid.

式为儿童辩护。她不反对将儿童的生活视为一种公众关注，而非私人事务的观念。她也不怀疑确保儿童获得积极权利的目标。她所质疑的是，把儿童的积极权利建立在通过诉诸基本权利之上是否合适？她主张，儿童的基本权利最好建立在更为广泛的基本义务之上，这些基本义务能够被用于证明积极权利和义务的正当性。她的基本观点是，如果我们不试图去把这些积极权利建立在基本权利之上，或许我们能够进一步确保儿童积极权利的道德基础。她的基本结论是，把权利作为儿童道德考虑的基础既没有理论的优势，也没有政治的优势，儿童道德生活更加明白而完整的看法是通过把义务作为基础来获得的。弗里曼在三个方面反驳了奥尼尔的观点：第一，弗里曼主张权利话语，而奥尼尔主张义务话语，弗里曼认为奥尼尔的观念不能正视儿童运动，而他的权利话语可以正视儿童运动。弗里曼指出，事实上，儿童运动的最初形态或儿童运动的发端已经存在。第二，奥尼尔认为儿童的依赖性与其他群体非常不同，儿童的依赖性在4个方面同其他群体不同：（1）这种依赖性不是人为造成的，虽然奥尼尔承认依赖性可以被人为地延长。（2）这种依赖性不能完全通过社会或政治改革终结。（3）其他人并不是像儿童依赖他们一样也相应地依赖于儿童，相反例如主仆关系，主人需要他们的奴隶。（4）"压迫者"通常希望儿童的依赖性终结。弗里曼并不否认儿童的依赖性同其他群体有所不同，但是他认为这种不同并非像奥尼尔想让我们确信的那样明显。在一定程度上，这种不同是人为制造的。经验和直觉告诉我们，很多青少年比成年人具有更少依赖性。例如，如果以"能力"而不是"年龄"作为测试标准，我们赋予许多14岁的孩子投票权可能会更安全，对于剥夺大部分"无能力"的成年人的选举权我们并不会感到后悔。儿童的一些依赖性如果不是通过社会变革，可能也会通过政治改革来终结。例如，儿童权利的一些倡导者所赞同的鼓励儿童被雇佣而获得报酬的主张可能不会被采纳，但是如果这些主张被采纳的话，儿童的依赖性就降低了。如果想到父母需要来自孩子的爱，需要孩子向他们表达情感，那么我们就知道，奥尼尔"相互的依赖性"（reciprocal dependency）的观点可能也是被过分夸大了。第三，奥尼尔意识到儿童是一个特例。当她承认儿童不能主张他们权利的事实不是否认他们权利的理由的时候，她思想的根源似乎就是儿童主张或放弃权利的困境。奥尼尔并没有论述她所认为的理论上的权利基础是什么，但是就她引用"主张"和"放弃"话语表明她赞同意志论。弗里曼不赞同意志论，他认为至少就儿童权利而言，利益论较比意志论更合乎逻辑，也更具解释力。在儿童主张权利的意识发展之前，他们有被保护的利益。当他们的利益被侵犯时，其他人能够以孩子的名义提出申诉，问题只是"通过谁"和"怎样"申诉还未得到过满意的回答。以上就是弗里曼归纳和总结的反对赋予儿童权利的一些代表性观点，以及他对这些观念的一些反驳。①

英国学者戴维·威廉·亚契（David William Archard）也总结了一些儿童不应当拥有权利的主张，主要有以下三个方面的理由：第一，儿童没有拥有同成人一样权利的资格。儿童拥有权利的资格问题实际上是儿童是否有获得权利所必需的能力问题。在他们看来，有能力进行选择是获得权利的必要条件，然而，儿童因缺乏这样的选择能力，所以他们不应当拥有权利。第二，认为儿童拥有权利是对童年是什么、儿童可能是什么以及儿童与成人关系的错误理解。第三，即使不赋予儿童权利，儿童也可以通过其他方式获得充分的道德保护。②

面对来自儿童权利理论之外的这些质疑和挑战，儿童权利论者开始寻求理论上的依据来证成儿童作为权利主体的正当性问题，该问题成为儿童权利理论的基石性问题。下面笔者主要从人权理论上和权利理论上的证成考察学者们对儿童作为权利主体正当性的论证。

## 第三节　儿童作为权利主体在人权理论上的证成

对于儿童是否可以拥有权利的理性反思最初是在人权维度上展开的，儿童权利的倡导者们试图通过将儿童和成人看作具有同等价值的主体的方式来提升儿童的道德地位，他们一般依人权的论证逻辑来论证儿童作为权利主体的正当性问题，人权往往被视为儿童权利的"母体"

---

① See Michael Freeman, *The Moral Status of Children: Essays on the Rights of the Child*, The Hague: Martinus Nijhoff Publishers, 1997, pp. 25 – 27.

② See David William Archard, *Children, Family and the State*, Ashgate Publishing Company, 2003, p. 10.

理论。

## 一 人权理论概说

"人权"已经成为当今西方乃至世界最引人注目的政治、道德和法律术语。但是人权概念却是一个十分复杂的概念，不仅不同时代、不同阶级、不同领域的学者对它有不同的理解和阐释，而且同一时代、同一阶级、同一领域的学者对它的理解和阐释也存在分歧。"人们之所以对人权的看法和理解有如此多的歧见和争论，不仅因为人权的发展史充满了理想与现实、传统与变革、道德与法律等的冲突运动，而且因为文化类型、历史传统、政治理念、经济利益等的差异，致使对人权概念产生了不同的认知和解释，同时又因为人这种高级动物在需要、本性、尊严、人格、人性等方面具有相同或者相似性，导致人类在认同人权内涵的基本价值方面又具有了某些共性的基础。"[①] 正是基于人之为人的共性基础，我们可以获得对人权的普遍性共识。人权，人的权利，是人之作为人应该享有的权利。"人之作为人"是一个道德判断，不是一个法律判断。[②] 因此，人权在本质上是道德权利，具有应然的性质。"所有人都有某种最基本的作为人的权利……我们都有某些自然的或道德的权利。换言之，这些权利直接属于作为人的所有人，它们并不是由法律和社会制度所产生的。这些权利之所以是超社会的，并不是在它们不能得到法律力量的支持或其他的社会认可的意义上的，而是即便没有这种支持，它们仍然是每个人具有的权利意义上的权利。"[③] 可见，人权观念是一种有道德基础的政治观念。它是通行于个人和社会之间的政治关系的表达。它不仅仅意味着对于政府的限制，包括对个人可以采取何种行为的限制，即使这些行为是为了多数人的福利、公共利益和共同幸福而实施。而且它还意味着对于法律的限制，人权是一种应然的道德权利，它可以被认为是一种更高的法律。人权观念意味着个人的权利和社会应

---

① 李林：《人权概念的历史文化解读》，载《人权与 21 世纪》，中国法制出版社 2000 年版，第 22 页。

② 参见夏勇《中国民权哲学》，生活·读书·新知三联书店 2004 年版，第 319 页。

③ ［美］贝思·J. 辛格：《实用主义、权利和民主》，王守昌译，上海译文出版社 2001 年版，第 11 页。

承担的相应的责任。我们的权利不是由社会所赋予的，我们享有它们不是由于社会的恩赐，不是仅仅因为尊重它们是一项好的社会政策。相反，我们有权获得它们。①

关于人权的证成，当代的法哲学家和政治哲学家普遍倾向于从人的本质或人性、人类的基本价值的角度来为人权证成和辩护，这些基本价值包括自由、自治、平等，以及人类幸福。其逻辑是：人们拥有权利的唯一理由是，他们是人。人之所以拥有权利，是因为他是一个人。所以，人权往往被定义为人作为人应该享有的权利。②人权的普遍主义主张，人权是人之作为人应享有的权利，这种权利是生而有之的、普遍的、无条件的、不可让渡和不可剥夺的，是任何地方的任何人毫无例外所享有的权利。因此，存在着普遍的人权价值和共同的人权标准。

首先，人权普遍性的首要理念是人权主体的普遍性，也即人权的精神价值为主体普遍认同并平等地惠及于所有的人。美国学者路易·亨金（Louis Henkin）指出，"人权是普遍的，它们属于任何社会中的每一个人。人权不分地域、历史、文化、观念、政治制度、经济制度或社会发展阶段。人权之所以成为人权，意味着一切人，根据他们的本性，人人平等享有人权，平等地受到保护——不分性别、种族和年龄，不分'出身'贵贱、社会阶级、民族本源、人种或部落隶属，不分贫富、职业、才干、品德、宗教、意识形态或其他信仰"。③当然，人们对于人权主体普遍性的认识不是一蹴而就的，人权的主体经历了一个由特定人到普遍人的转变过程。西方长期的文化传统中，由于深受"欧洲中心主义""男子中心主义"和"种族主义"传统文化和观念的影响，人权的主体是有限的、特定的。"人权"最初是用"rights of man"来表达的，仅指的是"成年男子的权利"，而女性、有色人种、儿童、奴隶、无产者等均被从人权主体的范围中剔除了。直到第二次世界大战以后，"人权"才用"human rights"来表达，意味着人作为类的概念的"人

_____

① 参见［美］路易斯·亨金《人权概念的普遍性》，王晨光译，《中外法学》1990 年第 4 期。

② 参见张文显《二十世纪西方法哲学思潮研究》，法律出版社 2006 年版，第 430 页。

③ ［美］路易·亨金：《权利的时代》，信春鹰、吴玉章、李林译，知识出版社 1997 年版，第 3 页。

之为人的权利"，但是在人权的保护实践中，人权仍然受到了极大的限制。20 世纪后半期美国的黑人民权运动（African-American Civil Rights Movement）、女权运动（Women's Liberation Movement）和儿童解放运动（children's liberation movement），就是为黑人、女性和儿童争取平等人权，争取将"人权"的普遍性及于所有的人的运动。① 人权的普遍性在今天已很难否认。第二次世界大战和对于阿道夫·希特勒滔天大罪的全面了解带来了"权利时代"的出现，所有国家都以某种形式接受了人权观念，20 世纪后半期"人权"在法律上的普遍性基本确立起来了。人权概念被载入联合国宪章，而几乎所有国家都是该宪章的参加国，《世界人权宣言》几乎被所有国家所接受。关于人权的国际公约和条约被广泛地遵守，而且还有一种对所有国家都有约束力的关于人权的习惯法。人权概念已经被写入几乎所有国家的宪法。② 一个人，仅因为其是人，就必然平等地享有人权，这是人权主体普遍性的根本所在。

其次，人权普遍性的根基在于平等和普遍的人的尊严和价值。所谓"普遍平等的人权学说是以平等和普遍的人的价值概念为前提的，这个概念与人的优良品质的观念有明显区别。我们可以根据人的才能、技艺、特征、个性特征和其他各种可以品评的性质将人们分等评定，但就'人的价值'而言，一切人都必须相等。的确，'人的价值'不同于任何类型的优良品质的概念，其中当然也包括道德上的品行，就后者而言，人与人之间不平等。在一个以人权为基础的社会里，至少有某些权利不可避免地也属于蠢人和无赖，也属于其他任何人。这些就是建立在作为个体的人的价值基础上的权利，它们与人们的各种可贵品质完全无关"。③ 这种人的普遍的价值是受到一定伦理道德的支持与认可的，人们不仅仅是为了生活而需要人权，更是为了过一种有尊严和体面的生活，一种称得上是人的生活而需要人权。人的尊严，顾名思义是指人固有的尊贵与威严，即人之所以为人的基本品质。从历史的角度来看，人

---

① 参见刘同江《论人权的普遍性》，山东大学硕士学位论文 2007 年，第 13 页。

② 参见 ［美］路易斯·亨金《人权概念的普遍性》，王晨光译，《中外法学》1990 年第 4 期。

③ ［美］费因伯格：《自由、权利和社会正义——现代社会哲学》，王守昌译，贵州人民出版社 1998 年版，第 129—130 页。

的尊严这一概念的提出源自于人的理性和道德性。从内容上来看，人的尊严包含了对人的价值重要性的概括和认可，也包含了人与人之间应得到平等对待的要求，反对歧视和不公正的待遇。人的尊严是使人成为人的基础，是其他一切人权的根据和基础，是人区别于自然界其他生物的根本特征，人权的实现最终也是为了人类尊严。因此，承认和尊重人类尊严成为国际人权法的理论出发点和基本原则。1945 年的《联合国宪章》在前言中强调了"基本人权、人格尊严与价值"。1948 年的《世界人权宣言》也指出："对人类家庭所有成员的固有尊严及其平等的和不移的权利的承认，乃是世界自由、正义与和平的基础"。作为联合国最重要的人权两公约，即 1966 年的《公民权利和政治权利国际公约》和《经济、社会及文化权利国际公约》，均在其序言中进一步重申基本人权乃是源于人性尊严的核心价值，即"确认这些权利是源于人身的固有尊严"。1993 年第三次世界人权大会制定的《维也纳宣言和行动纲领》更是在序言中明确规定，一切人权都源于人类固有的尊严和价值，人是人权和基本自由的中心主体，因而应是实现这些权利和自由的主要受益者，并积极参与其中。①

　　再次，人权普遍性的根基来源于人类的本性和人的存在方式。要对人类本性和存在方式的自我意识进行更为深刻的认识，我们最好还是回归到康德的理论。"作为自由主义内核的康德理想可以作如下表述：每个人都有能力就生活里什么是好的作出他自己的决定。每个人都应该被允许去形成他们自己的关于何者为好的概念，去作出他们自己的选择、计划和决定。社会必须对每个人作出决定的能力以及他对那些决定所承担的义务表示尊敬。社会不应该把个人当作达到目的的手段。它应该在价值上把每个人看作他们自身的目的，而不是取得某些目标的工具。换言之，每个个人应该被以尊严相待，这种尊严就是，他们应该被看作其自身的目的，而非之于目的的手段。"② 人权具有普遍的平等性恰恰是深深植根于"人是目的"这一基本命题，除了上帝之外，人是至高无上的，人是生活的全部目的，人就是目的。"人是目的"这个命题包含

---

① 参见罗豪才《不一样的文化可一样尊重人的尊严》，《人权》2011 年第 6 期。
② 夏勇：《中国民权哲学》，生活·读书·新知三联书店 2004 年版，第 350—351 页。

了三层意思：一是人是有理性的；二是人在任何时候都应把自己当作目的；三是人在任何时候都必须把他人当成目的。只有当人具有理性时，人才能把自己和他们同时当作目的。而"所谓将人视为一个目的，就是把人看成一个价值主体，人是意识、价值、决定、行为、经验、感情、意志等的源泉。个人有独立的知情意的表现，同时，亦是知情意的根据，这种独特性就是人的道德价值及人的尊严，而权利正是用来肯定及保障人的价值与尊严的"。①"人是目的"的命题，确认了人的终极价值，强调了个人具有至高无上的价值和尊严，个体本身就具有独立的价值和意义，存在本身就是最高价值，人自身的存在与发展，就是人的最高目的，就是人生的终极意义。人权普遍性的终极根源就是"人是目的"，而"人是目的"的最高价值和尊严，就需要人权理论给予实现和保障。

　　基于以上对人权及人权普遍性的考察，我们看到人权普遍性理论中的人之为人的事实、人具有尊严和内在价值、人是目的的普遍信条被学者们用于论证儿童的人权。尽管人权的普遍性本身受到多方面的挑战，但是儿童权利理论的倡导者寻找到最重要的理论根据就是人权的普遍性理论，用于论证儿童是人权的当然主体，人的道德地位及于所有的人，包括儿童，儿童同成人一样具有人之为人的事实，具有一样的内在尊严和价值，一样地不能被当作成人世界的目的。所以，人权理论往往被称之为儿童权利的"母体"理论。

## 二　儿童作为权利主体在人权理论上的证成及其意义

　　对儿童道德地位的重新反思和评估是伴随着人们对儿童和童年本质的认识而逐渐觉醒的，从儿童被看作父母的私产到儿童是家庭中独立的一分子的观念的变迁，展现了人们对儿童认识和对待的进步。到20世纪，儿童是人，他们应当同成人一样受到平等和普遍的尊重的观念开始普遍起来。这种观念的普遍一方面是人类对儿童、童年认识历史进步的一个积淀，另一方面也是人权、权利理论获得重大发展的一个结果。正是在这两方面理论的推动下，儿童作为权利主体的观念在20世纪开始

---

① 　叶保强：《人权的理念与实践》，天地图书有限公司（香港）1991年版，第42页。

获得普遍的认同和接纳，到 20 世纪的后期，更是开始突破地域，在国际社会获得广泛的认同，儿童权利观念的国际化不可逆转地成为当代儿童权利发展的重大趋势之一。

那么儿童应当被看作权利的持有者，这在道德上是否有一定的合理性呢？如何来论证呢？绝大多数主张儿童应当拥有权利的学者将儿童的权利看作是人权的重要组成部分，他们依据人权的论证逻辑来证成儿童权利乃是一种不可剥夺的道德权利。这种论证在逻辑上十分简单，即儿童是人，因为他们本身是人的事实，所以儿童应当被赋予同成人同样的道德考量，换句话说，道德地位及于所有的人，包括儿童。如果否认这一点，那么就意味着或者认为儿童不是人，或者认为人不能从人之为人的事实中获得相应的道德地位，这两种主张显然都是不合理的。因此，从逻辑上讲，因为儿童是人，儿童必然基于其为人的事实而应当获得同成人平等的道德地位，儿童当然地获得权利主体的地位，拥有人之为人的权利，我们看到这种人权的论证模式有着很强的道德性。人们不能因为儿童的弱小而否认儿童是"人"的事实，人们也不能因为儿童缺乏理性而否认儿童本身是具有内在价值的独立个体存在，人们更不能因为儿童的不成熟而将儿童视为成人世界达致社会目的的手段，因此，儿童当然地拥有人之为之的人权。

儿童作为权利主体在人权理论上的证成具有十分重要的意义。首先，它重新发掘了儿童作为独立个体的内在价值。从传统到现在，人们更多的是把儿童当作脆弱、无知和缺乏理性能力的保护对象来看待，对于儿童的保护也往往是出于人类的怜悯、仁爱和同情的道德情感。基于这样的认识，成人世界往往将自己的意志和价值强加到儿童身上，儿童成为成人世界的附庸，他们的内在需求和价值诉求往往被压制。当儿童的内在价值被忽视，儿童就只剩下附属价值、工具价值而被动地依附于成人，他们就在社会中居于工具地位，没有生活的权利而只能为生活做准备，没有探究的权利而只能被动接受成人安排好的一切。无可否认，这是一个成人主宰的世界，当然成人的世界也不乏对儿童的关爱、照顾和养育，但是如果成人世界无法对儿童的内在价值进行最深刻的反思，成人世界对儿童的关爱也只能是居高临下的，漠视儿童尊严和价值的"施舍"和对儿童事务的"包办"，儿童难以获得有尊严和体面的自我价值实现的内在体验。因此，对于儿童作为权利主体地位的反思恰恰凸显了儿童有独立人格和个性尊严的内在价值，这无疑将人类自我存在的反思推向了更深入的层次，同时也是每个人都应当被以尊严相待原则最彻底的贯彻。

其次，它要求成人世界要认真地对待儿童的权利。人权的神圣性在于对人之为人的道德地位的确立，对人的内在价值和终极意义的确立。儿童权利是指儿童作为人所应当享有的自由平等的权利，它根源于儿童作为人的尊严和价值，是维护儿童的尊严和价值的本质要求，因此，儿童权利的神圣性就在于对儿童作为人的道德地位和内在价值的确立。赋予儿童权利，是对人权普遍性理论的彻底贯彻。儿童作为有独立尊严和价值的意象的确立，要求我们应当将儿童看成是积极的、主动的、有潜在能力的权利主体，而不再是把儿童仅仅当作成人世界教导和保护的对象，儿童拥有的权利同样具有神圣性。成人世界应当尊重儿童的独立人格和主体意识，重视儿童的独特个性需求和利益诉求，不能因为儿童的弱小而忽视和蔑视儿童独特的权利需求，不能因为其在行使权利能力上的缺陷而任意剥夺和侵犯儿童的权利。只有认真地对待儿童的权利，才有可能真正做到对儿童的价值和尊严给予尊重，才有可能真正做到公平地对待儿童，也才有可能真正体现人权所具有的普遍性和平等性。当然，认真对待儿童的权利并不是要将儿童置于成人的对立面，而是要建立起儿童和成人世界公平的对话机制，尊重儿童的权利应当成为构建儿童权利保护法律体系的最高宗旨。

再次，它拓展了人权理论并丰富了人权理论的实践。传统的人权理论是不包含儿童这个特殊群体的，对于儿童作为权利主体的反思极大地扩展了人权理论的视域，人权的普遍性获得了最大程度的体现。当然儿童适用人权理论也向人权理论提出了重大的挑战，例如就儿童到底应当拥有怎样的人权这一问题，在人权理论上就存在着巨大的争议。一般而言，人权可以划分为公民权利、政治权利以及经济、社会和文化权利，那么儿童是否可以像成人一样享有这些权利内容呢？大部分西方学者认为，儿童应当享有公民权利以及社会和文化权利，但不一定享有政治权利和经济权利，因为这些权利的行使需要成人的成熟。但也有学者批评这种观点是对全球儿童争取政治权利运动的熟视无睹。[①] 对儿童道德地位的重新反思不仅扩展了人权理论，同时也丰富了人权的实践。事实上，人们完全不满足于在抽象的人性上探讨儿童作为权利主体的正当性问题，这种探讨是为了能够在现有的制度存在或可能的制度存在中寻求确保儿童权利可以得到全面实施和适用的制度安排，是为了将儿童权利的理念置于具体的法律制度架构中，从而寻求保护儿童利益和促进儿童发展的有效途径，这种实践指向极大地丰富了人权实践的内容。

### 三　儿童作为权利主体在人权理论上证成的困境

我们在肯定儿童作为权利主体的理性思考的同时，也应当清醒地看到，这种在人权理论上简单、粗糙的论证本身存在着巨大的逻辑问题和困境，这些问题直接制约了在人权理论上证成儿童权利的效度，同时也引起儿童权利概念在理解和适用上的一些混乱和模糊。

首先，这种论证没有批判性地反思儿童直接适用人权理论的合法性问题，从而造成对人权理论中"人"的含义的重大误解。儿童是人，所以儿童也拥有人权，这样的论证忽视了最重要的"人"的含义。在自由主义传统下，人权理论隐含的逻辑出发点是平等和自治的人，即理性的成年人，而非生理意义上的人。因此，被视为非理性的儿童在这种逻辑的隐喻下是被排除在"人"的含义之外的，也即儿童是不被赋予"人权"的。事实上，儿童权利的兴起恰恰是建立在对自由主义传统中"理性成年人"假设的批判之上的，正是在对成人世界排斥儿童参与理性世界进行批判之后，才产生了儿童有其独立的内在价值且拥有自己权利的理念。因此，我们可以说，在儿童权利理论兴起之前的任何理论假设都缺失了对儿童的反思，儿童只是被当作消极、被动的保护对象来看待，这与对待动物没有本质上的区别。下面的事例就让我们清楚地看到这种理论预设是如何冷酷地拒斥着儿童的。早在 1776 年美国《独立宣言》庄严宣称："人生而平等，秉造物者之赐，拥有不可转让之权利……"1779 年英国福音派复兴的领袖人物汉娜·摩尔（Hannah More）因担心这种新的人权观念会从美国和法国席卷到伟大古老的英国，曾讥

---

① 参见施嵩《论儿童人权的法律保障》，硕士学位论文，山东大学，2006 年，第 14 页。

讽地说道："依此逻辑，我们的赐福者接下来就是要启示我们开始思考少年、儿童和婴儿的权利了。"① 由此，我们可以看到，成人世界对儿童权利的讥讽是多么冷酷和无情，事实上，当时成人世界所谈论和探讨的权利是不包含儿童的权利的。亚契（David William Archard）也曾尖锐地指出："自约翰·洛克以来，说儿童是'人'是有争议的，因为'人'这个术语意指那些拥有道德主体地位和能够为他们自己的行为负责任的'人'。"② 由此可见，在论证儿童拥有人权时，简单地套用人权的论证逻辑，说儿童是人，所以儿童拥有人权是缺乏正当性的。事实上，对于儿童作为权利主体地位的反思我们应当到人权的本质中去寻求合理的支撑，也即，人权的本质是对人的价值和尊严给予平等的承认和尊重。那么说儿童是人——自然事实意义上的人，并声称他们应当被赋予同成人一样的道德考量就是正当的。此时，我们可以说人权理论中"人"的含义应当及于所有自然事实状态的人，这当是人权理论应有之意。但同时我们也应该看到儿童作为特殊自然事实状态的人，真正需要我们努力反思的恰恰是儿童非成人的状态，这或许是儿童作为权利主体的理念给人权理论提出的新课题与新挑战。正如巴巴拉·克里泽姆（Barbara Chrisholm）所言："在不久之前，我们讨论儿童的权利似乎还是很愚蠢的，但如今它已然成为一个严肃的社会问题了。"③

其次，这种论证缺失对儿童这一群体特殊性的关注，从而容易造成对儿童应当被赋予同成人同样的道德考量观念的误解。我们说，儿童应当被赋予同成人一样的道德考量，但并不意味着儿童与成人就应当拥有同样的权利。从逻辑上讲，如果说儿童与成人拥有同样的权利，那么儿童权利的话语就丧失了合法性，探讨儿童拥有的权利就变得没有意义或是多此一举了。无可否认，儿童是人，但儿童却是特殊的人，这种认识在心理学、生理学等方面都得到了有力的论证。有人把"儿童"的固

---

① Philip E. Veerman, *The Rights of the Child and the Changing Image of Childhood*, Martinus Nijhoff Publishers, 1992, p. xv.

② David William Archard, *Children, Family and the State*, Ashgate Publishing Company, 2003, p. 29.

③ Philip E. Veerman, *The Rights of the Child and the Changing Image of Childhood*, Martinus Nijhoff Publishers, 1992, p. xv.

有特点总结为四点：一是儿童只不过是人一生的短暂停留；二是儿童具有某种自然天成的本性；三是儿童的单纯性；四是儿童在年龄上处于弱势，有着脆弱的依赖性。特点一和特点四以儿童的能力为中心，特点二和特点三关系到儿童的道德性问题。儿童的能力和道德性问题不仅涉及儿童政策和福利问题，还影响到儿童的道德地位和对儿童权利问题的理解。① 我们之所以主张儿童拥有权利，恰恰是希望成人世界关注到儿童非成人的特殊状态，成人世界有责任和义务认真而严肃地对待儿童特殊的利益诉求。基于此，我们在探讨儿童权利时，一方面要在最一般的意义上进行考量，即要认可儿童应当被赋予同成人同样的道德考量，另一方面又要注意到儿童非成人的特殊状态，即要给予他们不同于成人的对待。

　　再次，这种论证对于推进人们关于儿童及儿童权利的认识是非常有限的，因为从人权的角度来论证儿童作为权利主体的正当性是不充分的。人之为人的事实确是一个人获得道德地位非常重要的理由，但却并非是唯一的基础和来源。人的道德地位的来源不仅仅是人之为人这一抽象的事实，人的道德地位还来源于其他关涉个人的具体的事实，每个人在获得具体道德权利和法律权利的时候往往还有诸如社会角色、承诺、财产、政治需要等不同因素的考量，而不仅仅是人之为人的事实。② 例如，基于社会角色获得的权利，这种权利的获得依赖于一个人有能力担任其所承担的社会角色。那么就儿童而言，儿童道德地位的考量还需要考虑到他们所担负的社会角色，比如在家庭关系中，他们的角色是父母的孩子，那么这种角色便赋予儿童一些特殊的道德和法律义务，如果仅仅以儿童是人的事实考察儿童在家庭中的地位将无法理解父母子女之间特殊而又微妙的关系对于儿童具体权利配置和安排的影响。

　　基于以上的考察，我们看到，儿童作为权利主体的道德基础在于人具有平等的尊严和价值，这种在人权理论上的证成固然有其重要的意义，但是我们也不得不承认，这种证成过于简单和粗糙，是不能够令人

---

　　① 参见王雪梅《儿童权利论——一个初步的比较研究》，社会科学文献出版社 2005 年版，第 3 页。

　　② See Samantha Brennan, Robert Noggle, The Moral Status of Children: Children's Rights, Parents' Rights, and Family Justice, *Social Theory and Practice*, 1997, 23 (1), p. 6.

满意的。由此，许多学者开始寻求权利理论上的支撑来证成儿童作为权利主体的正当性问题。

# 第四节 儿童作为权利主体在权利理论上的证成

## 一 权利的重要性

为了较好地理解儿童作为权利主体在权利理论上的论证，我们需要对权利的重要性进行基本的考察。"在西方政治法律学说里，政治道德和社会选择应该全部或部分地基于对人类个体权利的考虑，这是一个耳熟能详的观念。"① 现代社会的法律话语主要是围绕权利来展开的，权利是现代政治法律中一个备受尊重的词汇，是现代社会法律结构的核心与基点。正如夏勇先生所言："在权利话语主宰当代政治法律思维的时候，似乎尊重和保护权利具有绝对的价值正当性。其他一切非权利角度的考虑，例如，经济、宗教、风俗、安全等角度的考虑，似乎都只能被看作对权利的某种限制并因此缺乏与生俱来的合法性，需要进一步的论证才能够成立。"②

"权利的话语和传统一直流行于西方政治法律传统中，权利这个观念在约翰·洛克（John Locke）和托马斯·潘恩（Thomas Paine）的自由主义理论里明白而晓畅，在伊曼纽尔·康德（Emanuel Kant）的道德和政治哲学里则含蓄而深沉。我们还可以在让·雅克·卢梭（Jean-Jacques Rousseau）和斯图亚特·密尔（John Stuart Mill）的著作里发现这个观念，尽管至少带有些许的困惑。在实践层次上，我们不仅在美国和法国革命的口号里，而且在其宪法创制里，都可以见到这种观念。"③ 可见，权利非常重要，权利被称为"有价值的商品"（valuable commodities）④。为了较好地理解权利的重要性，我们有必要想象一下没有权利的社会是怎样一种情景。在没有权利的社会，人们之间的关系近似主仆

---

① 夏勇：《中国民权哲学》，生活·读书·新知三联书店 2004 年版，第 349 页。
② 同上书，第 348 页。
③ 同上书，第 349 页。
④ R. A. Wasserstrom, Rights, Human Rights and Racial Discrimination, *Journal of Philosophy*, 1964（61），p. 628.

之间的关系，没有权力的人可能无法提出任何要求，这样的社会在道德上是极为贫困的，如果在一个较为仁慈的社会，人们可以被很好地对待，但是当他们不能被很好地对待的时候，他们没有任何理由对此进行抱怨。而"权利"却赋予我们可以抱怨、可以主张诉求、可以尊严生活的武器，用班德曼（Bandman）的话说，"它们（权利）使我们能够有尊严地活着，如果我们需要主张我们应得的东西的时候，我们不必卑躬屈膝，恳求或乞求。当我们获得我们应得的东西的时候，不必感激涕零，而当我们无法获得我们应得的东西的时候，我们可以表达愤怒"。①"如果我们拥有权利，我们将被赋予尊重和尊严，这是即使再多的仁慈或同情都无法替代的。"② 在这个意义上，权利是"重要的道德货币"（important moral coinage）③。乔尔·费因伯格（Joel Feinberg）指出，"法律权利是不可或缺的宝贵财产。没有权利的世界，无论对责任有多少的善行和忠诚，这个世界都将遭遇道德上的贫困。人们将不再期望自己应得的和正当的要求可以获得别人体面的对待。事实上，他们可能发现自己没有从他人处获得善意和关心的特别主张，以至于在任何时候，即使获得最可怜的体面的对待的时候，他们会认为自己很幸运，而不是认为那本是应得的，他们会认为施主是道德高尚的，是特别值得感恩戴德的。"④"权利并非仅仅是由爱和同情激发的恩赐或恩惠，对此，人们只能用感激作为最恰当的回应。权利是人们可以依靠的东西，这种东西可以被人们毫无尴尬和害羞的要求和坚持……有要求权（claim-rights）的世界是这样一个世界，在其中，所有的人，包括实际或潜在的要求者，在自己和别人的眼中都是值得尊重的有尊严的对象。即便是再多的爱、同情、对较高权威的服从或是贵人应有的品德等，皆不能替代权利

---

　　① Bandman, Do Children Have Any Natural Rights? *Proceedings of 29th Annual Meeting of Philosophy of Education Society*, 1973, p. 234.

　　② Michael Freeman, *The Moral Status of Children Essays on the Rights of the Child*, Martinus Nijhoff Publishers, 1997, pp. 83 – 84.

　　③ Ibid. , p. 83.

　　④ Joel Feinberg, Duties, Rights and Claims, *American Philosophical Quarterly*, 1966（23）, p. 1.

的价值。"① 这种关于权利重要性的论证，是将权利和尊严、权利和尊重紧紧地勾连起来，这种关联性深深植根于康德"人是目的"的基本论断和罗纳德·德沃金（Ronald Dworkin）对于权利的基本认识中。

当然，这种关于权利具有根本重要性的观点并非没有遇到任何挑战或批评。这一观念不仅遭到了埃德蒙·伯克（Edmund Burke）那样的传统主义者的反对，它也遭到了改良主义者甚至是杰里米·边沁（Jeremy Bentham）和其他功利主义者的反对，同时它也遭到社会主义者的批判。② 此外，还有学者从其他的角度对"权利"话语提出批评，如约翰·克莱尼格（John Kleinig）指出，除了"权利"之外，还有爱、友谊和同情等其他在道德上非常重要的价值，在人际交往上，这些价值的匮乏将会有损高品质的道德关系。如果一个道德准则仅仅产生于应得的或是最大的全面的功利考虑，这将是有严重缺陷的。将"权利"视为极为重要的价值，可能是当代文明轨迹出现衰败的迹象。"权利"可能较好地反映了良好的道德关系的不充分或是匮乏。③ 事实上，当代对权利绝对性话语的反思一直没有停止过，由于权利本身的价值证成远未完结，权利冲突的价值评判非常复杂，权利的重要性也受到更多的挑战。例如玛丽·安·格伦顿（Mary Ann Glendon）在《权利话语——穷途末路的政治言辞》一书中就对美国绝对化的权利话语和权利传统进行了深刻的反思和批判："某种权利话语在我们的政治言论中所占据的显著地位不仅是我们政治机体无序的症状，也是导致这种现象产生的一个因素。关于权利的讲述如今已经变成了最基本的语言，我们在公共场合中使用它来探讨重大的对错问题，但是这却一而再再而三地被证明是不充分的，或者说它导致了一种权利间的相互抵消。"④ 尽管存在着对权利

---

① Joel Feinberg, Duties, Rights and Claims, *American Philosophical Quarterly*, 1966（23），p. 8.

② 参见夏勇《中国民权哲学》，生活·读书·新知三联书店 2004 年版，第 350 页。[美] 路易斯·亨金：《人权概念的普遍性》，王晨光译，《中外法学》1990 年第 4 期，第 38 页。

③ See John Kleinig, Mill, Children and Rights, *Educational Philosophy and Theory*, 1976（8），p. 14.

④ [美] 玛丽·安·格伦顿：《权利话语——穷途末路的政治言辞》，周威译，北京大学出版社 2006 年版，前言第 2—3 页。

话语的众多批评和否定，但是权利的重要性仍然成为很多人的信仰，权利给予它们的持有者以尊严和自信，这是仁爱、同情和怜悯都无法替代的。

正是因为权利具有根本的重要性，权利的话语一直备受尊崇。但令我们遗憾的是，那些接受权利是立于一般福利之上的王牌，是"掌握在个人手中的政治王牌"① 的理念的人，在谈及儿童的时候却都止步了，他们通常倾向于否认权利对于儿童的重要性。但儿童权利的倡导者却旗帜鲜明地提出了"儿童权利"的概念，作为诉求和表达儿童独特利益和需要的工具，"儿童权利"有着独特的优越性，它吸引了不同学科的学者来表达不同的理论观点和主张。儿童权利的倡导者为了论证儿童应当成为权利的持有者，深入到权利理论中寻求有效的理论支撑。

在当代西方法哲学中，针对"何谓拥有一项权利"的问题，并存有各种不同的权利学说，如资格说、主张说、自由说、利益说、法力说、可能说、规范说、选择说。② 其中选择说和利益说是比较新且有较大影响的理论。许多学者主要借鉴这两种理论资源来研究儿童权利，尤其在探讨儿童到底有没有权利的时候，重要的理论分歧多集中在选择论和利益论之上。下面笔者试图描述学者们在探讨儿童作为权利主体问题时在选择论和利益论上的争议，并大致勾勒出学者们在以这两种理论作为资源来探讨儿童作为权利主体正当性问题时所面临的困境。

## 二　儿童作为权利主体在选择论上的证成

权利的"选择论"（choice theory）或"意志论"（will theory），其主要代表学者有哈特（H. L. A. Hart）、萨姆纳（Sumner）、斯坦纳（Steiner）。而最具代表性的学者是哈特，哈特在许多文章里捍卫了这一理论。选择论者将权利视为受到保护的选择，"选择论者断言：某人之所以有某种权利，取决于法律承认该人关于某种标的物或某一特定关系的选择优越于他人的选择；或者换个方式说，权利主体在积极的位置而

① R. Dworkin, *Taking Rights Seriously*, Harvard University Press, 1978, p. ix.

② 参见张文显《法哲学范畴研究》（修订版），中国政法大学出版社 2001 年版，第300 页。

不只是其他人履行义务的得利者。在主要权利形态中均体现出权利是一种以权利所有者的意志为中心的选择的特质"。① 选择论或意志论对于权利分析的根据是选择或意志，其出发点是权利的主体是积极主动的意志自由者，而不仅仅是潜在的受害者或是潜在的接受帮助者。选择论或意志论非常强调权利与权力或能力概念的结合，所谓有一项权利就是有权力提出、实施或放弃其自身的要求，权利人仅因其有实施或放弃其要求的能力，就被认为拥有凌驾于义务人之上的特殊能力与权利。事实上，选择论者是将自由权作为个人权利主张的前提和基础，法律对个人自由或个人选择效果的承认构成了权利观念的核心。

我们看到，选择论是与那些不能行使或放弃选择权力的主体的特性不相容的，该理论基于选择的分析工具，自然要排除掉一些不适格的主体，如儿童、不省人事的人、精神障碍者和动物等都不能成为权利的持有者。正如哈特在《有自然权利吗?》（*Are There Any Nature Rights?*）一文中所指出的："如果允许我们使用常用的'权利'一词来探讨动物或婴儿的权利，那么'权利'的表达就是无意义的，因为这种表达将与其他不同道德情势中的表达相混淆，即在这些道德情势中，用来表达一种特有权力的'权利'不能够被其他的道德表达所取代。"② 哈特的观点是，作为权利的持有者被假定拥有选择的能力，而这种选择的能力是动物和婴儿所不具备的表达。③ 恰恰在这一点上，选择论或意志论受到利益论的有力攻击。利益论的捍卫者指出，儿童恰恰成为检验选择论的试金石，事实上，儿童显然是有权利的，选择论却否认了儿童的权利主体资格，这充分显示了选择论或意志论是错误的。④ 当然这种简单的推理也是相当成问题的，其对选择论的攻击只能说明选择论本身的理论局限，即选择论忽略了对于儿童的研究，

---

① 张文显:《二十世纪西方法哲学思潮研究》，法律出版社 2006 年版，第 418 页。

② Freeman, Michael D. A, *The rights and the wrongs of children*, London, Dover, N. H. F. Pinter, 1983, pp. 56 - 57.

③ See Freeman, Michael D. A, *The rights and the wrongs of children*, London, Dover, N. H. F. Pinter, 1983, p. 57.

④ See David William Archard, *Children*, *Family and the State*, Ashgate Publishing Company, 2003, p. 5.

其理论只限定在理性的成年人身上。如果从儿童应当享有权利推出选择论是错误的，那么选择论恰恰可以如此回应，选择和意志，而非利益是权利分析的有效依据，因为儿童没有意志自由和理性选择的能力，所以儿童不能成为权利的持有者，也即，儿童是没有权利的，恰恰很多否认儿童权利的学者在此寻得理论支撑。如此这般在两个不同层面上的争论显然是没有太多意义的。

　　事实上，关于儿童到底有没有权利的争论远非上面描述的那么简单，下面笔者就通过介绍亚契（Archard）的分析框架来再现这种复杂的争论和考量。① 亚契的分析首先从选择论与利益论中的一些重要主张着手。

　　（1）权利是被保护的选择。
　　（2）只有那些有能力行使选择的人才能成为权利的持有者。
　　（3）儿童没有能力行使选择。
　　（4）儿童不是权利的持有者。
　　（5）成人有义务保护儿童的重要利益。
　　（6）权利和义务是相关的。
　　（7）儿童是权利的持有者。

　　亚契首先解释了（6），他指出，许多人都会主张每一项权利都有一项对应的义务。说我有权利做某事也就是说，其他人有尊重我做该项事情的义务。可以说，权利和义务只不过是同一枚硬币的两面。有一些义务并没有对应的权利，但是每一项权利都有相应的强制性的义务。接下来，他指出，（4）和（7）显然是矛盾的，儿童或者是权利的持有者或者不是权利的持有者。而（4）是由（2）和（3）推导出来的，这是选择论的结论。另一方面，（7）是由（5）和（6）推导出来的，这是利益论的表达。只有在成人对儿童负有义务的情况下，儿童才有相应的权利。就此情况而言，或者选择论是正确的，那么儿童就是没有权利的；或是利益论是正确的，那么儿童就是有权利的。换句话说，或者是儿童有权利，那么选择论就是错误的；或者是儿童没有权利，那么选择

① See David William Archard, *Children, Family and the State*, Ashgate Publishing Company, 2003, pp. 4 - 9.

论就是正确的。①

　　接下来，亚契再现了各种不同的选择论者对上面讨论中不同观点的回应。他指出，有的选择论者可能会否认（2），他们不认为只有那些有能力行使选择的人才能成为权利的持有者，从而他们不想否认儿童可以拥有权利。他们可能会说，虽然儿童实际上没有能力行使选择权，但这并不意味着他们不能成为权利的持有者。因为儿童可以有代理人，例如最显而易见的是他们的父母或者监护人能够代表他们行使权利。代理人会为孩子作出的选择就如同孩子们自己有能力为自己选择时所作的选择。这种实施选择的代理权只会在孩子没有行使选择的时候发生，同时还要承认这样一个事实，即孩子最终会有能力行使他们的选择权。简而言之，儿童应然可以享有权利，但是根据选择论的主张，他们在宪法上的权利将由他们的代理人来行使。选择论最主要的捍卫者哈特在儿童问题上对选择论就做了这样的修正。但这样的修正也遇到了很多挑战。首先，是儿童的代理人如何选择的问题。一般来说，选择代理人的标准应该是选择那些最能符合儿童在有能力进行选择的情况下作出同样选择的人，但通常来讲，儿童的父母自然成为儿童的代理人，这就涉及父母能否像儿童在有能力情况下作出选择一样为儿童选择，还是父母会基于其他的选择理由来为儿童选择的问题。其次，是代理人为儿童进行选择的标准问题。如果一个儿童有能力选择，他会作出怎样的选择，这是一个面向"未来"的标准，在一定意义上是一个无法进行实证化的不确定的标准。人们在解决这个问题时想到了另外一个较为现实的标准，即儿童最大利益的标准，但是选择论的分析工具只能诉诸选择，而非利益。再次，是儿童的主张和要求与其代理人相异时如何处理的问题。如果儿童有能力独立提出自己的主张和要求，而这些主张和要求又与代理人相异，那么他们的主张和要求应该被忽略，还是应该被给予一定的尊重和接受？最后，是如果代理人损害了儿童的权利，儿童该怎么行动的问题。如果代理人以不当的方式行使代理，或是有虐待和其他伤害儿童的行为，儿童该如何主张自己的合法权利？

---

　　① See David William Archard, *Children*, *Family and the State*, Ashgate Publishing Company, 2003, p. 6.

　　有的选择论者会接受（6），认为权利与义务是相关的，但是会否认或至少在一定意义上修正（5）。他们可能会说，义务被完全限定在成人有义务保护儿童的利益，但这并不是与权利相关的义务。正如所有的权利论者不断重申的，权利无法详细地讨论道德领域的问题。我们必须要做的事情是其他人有权利对抗我们的事情，而不是任何具有道德意义的事情，因为有一些义务是超越权利义务相关性的义务。作为成人，我们应当确保儿童的利益得到保护和促进，但是这并不意味着他们有权利对抗我们。类似地，我们不应当残忍或肆意地虐待动物，但是我们不会认为这种主张是由动物作为权利持有者的观念而来的。

　　还有的选择论者可以接受（5）和（6），认为成人有义务保护儿童的重要利益，权利和义务是相关的。但是他们会说与义务相关的权利并不是被儿童所拥有的，而是由其父母所拥有的，他们能够最好地保护子女。

　　以上是亚契对选择论者在对儿童是否拥有权利问题上非常详细的考察和分析。我们看到选择论者在儿童是否拥有权利的问题上存在着巨大的争议，但这些争议却给予我们两方面重要而且富有意义的启示。一方面，它启示我们不能简单地将儿童问题作为检验选择论正确与否的试金石，也不能简单地依据选择论而得出儿童有权利或是没有权利的结论。另一方面，由于选择论强调实施选择的理性和自我决定的能力，也即强调权利与能力的结合，它启示我们儿童确是一个有别于成人的特殊群体，儿童权利最为关键与核心的问题并不在于论证儿童是否可以作为权利的主体，而在于儿童如何来行使和实现他们的权利。

　　从以上的考察我们清楚地看到，依选择论的主张，儿童要么在获得同成人一样的推理和决定能力时享有权利，要么在其代理人的控制之下享有权利，这对于许多儿童权利论者而言是非常不满意的，基于此，很多学者开始寻求一种更有吸引力的权利理论——利益论来论证儿童作为权利主体的正当性。

### 三　儿童作为权利主体在利益论上的证成

　　权利的"利益论"（interest theory；benefit theory）或"福利论"（welfare theory），其主要代表学者有麦考密克（MacCormick）、拉茨

（Raz）、里昂斯（Lyons）、克雷默（Kramer）、坎贝尔（Campbell）。利益论将权利视为受到保护的利益，"利益论者认为，权利的不可缺少的要素是，法律保护或促进一个人的利益，使之免受他人或社会的侵犯，办法是为后者设定对权利主体的义务或责任"。① 也即，在特定的权利义务关系中，如果有一项义务规定 B 应当作出有利于 A 的某种作为（或不作为），A 从该行为中获利，那么我们就可以说 A 享有一项权利。因此，义务是为权利而设立的，所有的义务都被认为是为了促进另一个人的利益而规定的。正是在这一点上，利益论容易遭到很多的批评。选择论者就曾这样尖锐地批评道："如果说一个人有某一权利只不过是指他是一个义务的未来受益者，那么，在这种意义上，'权利'就可能是一个不必要的、多余的，甚至令人迷惑的描述法律的术语，因为用权利这一术语能够表达的也能够而且最适宜用义务这一必不可少的术语表达。所以，利益论除了制造义务公式外，并没有理解权利。"②

针对选择论对利益论的批评，利益论者修正了最初的推理。他们指出，他们并不认为，只要 A 从一项义务的履行中受益，或是一项义务是为了 A 的利益而设立，那么 A 就享有一项权利。而是认为，如果对 A 的某种利益的保护或促进被理论或制度确认为给他人设定义务或责任的一个理由，而不管义务或责任实际上是否施加，那么就可以说 A 就享有一项权利。此种解释修正了传统利益论的逻辑，即义务是为权利而设立的，而是转向强调权利在创设义务方面的重要作用。这样，我们就可以无需首先确定谁有义务，就可以确定谁有权利。例如，我们可以说一个孤儿享有被抚养的权利，这时并不意味着我们必须要指明某个确定的个人或机构负有抚养他的义务，而只是意味着我们把它应当得到抚养这一利益确认为制定和分派义务的恰当理由。

与选择论相比，显然利益论在探讨儿童权利问题方面是一个更有吸引力的理论，其最主要的理论优势体现在以下两个方面：

一方面，利益论对法律主体特性的无要求契合了儿童的特性。关于儿童是否能够作为权利持有者的主要争论来源于对权利的性质的不同理

---

① 张文显：《二十世纪西方法哲学思潮研究》，法律出版社 2006 年版，第 419 页。
② 同上书，第 420 页。

解，正如选择论的观点，即一个人除非能够就其自身的权利实施选择，否则这个人不能被认为是权利的持有者。选择论或意志论以"选择"为分析工具，赋予"选择"以重要的意义，"选择"构成了所有权利的基础。正是因为这种权利的成立仅仅依赖于选择的利益，而儿童缺乏作出选择的能力，所以选择论者主张儿童不能作为权利的持有者，正如哈特所指出的，"权利"概念不适用于婴儿，或是动物。如果接受选择论就意味着主张儿童不能成为权利的持有者，也即儿童没有权利。而利益论恰恰解决了这个问题，由于利益论的分析工具是利益，而不是意志或选择，这种理论对于主体的意志状况没有要求，该理论主张的"权利"概念不需要严格限定在那些可以主张或放弃自己权利的人。利益论提出一个权利的利益理论，这种理论假定一个人拥有权利是因为他有需要保护的利益，通过对他人的行为和活动进行强制性的法律或是道德上的规范约束来促进某人利益的实现。儿童同成人一样有特定的利益需要以某种方式保护，而不是在儿童获得完全理性的决定能力之前被拒绝赋予道德和法律的权利。这种权利模式充分展示了一种平等尊重的观念，即不能因为儿童缺乏成人的能力而将其视为不重要，儿童与成人一样有作为主体性的尊严和内在的价值，需要给予他们同成人一样的平等对待。正如麦考密克强有力地指出的："每一个儿童都是人，我们应当尊重他们的需要和能力，由此，拒绝在满足他或她的需要和发展他或她的能力方面给予必要的投入本身将是错误的（至少拒绝在身体方面提供必要的投入是错误的），无论对于其他任何人是有害的还是有利的，这种拒绝都是错误的。因此，认为儿童有权利的正当理由是显而易见的。"①

　　另一方面，对儿童利益的保护或促进不必然要求在严格的意义上确定相关义务的承担者，就可以直接主张在最一般的意义上的儿童权利。儿童作为自然生命的人和社会中的人确有许多非常重要的利益需要得到保护和促进，当然对于儿童具体应当有什么样的利益可能存在争议，但儿童生存和发展的利益却构成了给成人社会（尤指家长和政府）分派义务的恰当理由，儿童当然可以享有权利。由于儿童享有权利，例如被

---

　　① Jane Fortin, *Children's Rights and the Developing Law*, Reed Elsevier (UK) Ltd, 2003, p. 14.

照顾和养育的权利，那么法律规定相关义务人提供照顾和养育的义务就是正当的。这种解释不但为儿童权利提供了正当性依据，而且还有力地批判了选择论在处理儿童问题上的不当。麦考密克就在这个方面对选择论提出了批评，他认为选择论在儿童权利救济方面犯了本末倒置的错误，选择论否认儿童享有权利，却通过强制其他人承担相关义务的方式来对儿童进行救济。他认为这种理解在对儿童的救济方面产生了巨大的困难，"有权利便有救济"，换句话说权利的存在是救济的前提，那么"无权利便无救济"，选择论在否认儿童权利以后却又为儿童寻求救济，这是巨大的逻辑混乱。①

基于以上两个方面的优势，许多学者倾向于依据利益论来证成儿童作为权利主体的正当性，但依据利益论来探讨儿童权利，我们需要继续追问，到底哪些利益可以产生权利？是否任何一种利益都可以为儿童所拥有？② 这一点也往往是选择论诘难利益论的地方，仅仅说儿童有利益，所以儿童就有权利，将只会在同语反复中兜圈子。事实上，法律不可能将儿童所有的利益主张都视为应当保护的利益而上升为权利，那么儿童到底哪些利益可以上升为需要法律保护的权利呢？如果利益论无法在这个问题上给出令人满意回答的话，那么它将无法推进儿童权利理论的发展，停留在语义上的论证是没有实质性意义的。

**四　儿童作为权利主体在权利理论上证成的困境**

基于以上的考察，我们看到利益论较选择论在证成儿童可以成为权利的持有者方面具有巨大的理论优势，但是我们也不能当然地认为利益论就是对儿童权利最好和最适当的诠释。事实上，利益论和选择论在探讨儿童权利问题时共同面临着一些巨大的困难。

首先是前提性批判问题。有一点需要强调的是，权利理论的选择论和利益论最初都缺乏对儿童问题的关注，即便是利益论谈及儿童，但它最初对儿童的关注只是为了用儿童这个特殊群体来批判选择论的理论缺

---

① See Jane Fortin, *Children's Rights and the Developing Law*, Reed Elsevier (UK) Ltd, 2003, p. 14.

② See Tom D. Campbell, The Rights of The Minor: as Person, as Child, As Juvenile, as Future Adult, *International Journal of Law and the Family*, 6, (1992), p. 2.

陷。因为选择论以选择为分析工具，儿童不具有选择的理性能力，依据选择论的逻辑，儿童是不能拥有权利的，那么选择论的解释力就存在相当大的问题，它排斥一些主体对于权利的适用，这成为利益论对选择论的重要攻击。因此，利益论并没有关注儿童问题的最初理论自觉。事实上，所有的权利理论都被假定只在成人世界适用，因为自启蒙运动以来，人类迎来了理性的时代，自由主义的传统就是建立在理性基础之上的。在传统理论中，理性是权利最重要的基础，各种权利学说的前提性理论预设都是理性的成人，也即可以归纳为平等（equality）和自治（autonomy）的人，这也是康德道德理论的基石。① 自治的个人是权利理论最基本的理论假设，然而儿童不是自治的个人，其无法对自己的事务作出完全的自我决定和选择，显然在这种理论预设下，儿童必然是没有权利，无法成为权利的持有者的。如果对于这样一个前提性问题没有一个较为清晰的认识的话，贸然将权利理论引入儿童问题的研究上来将会造成巨大的混乱。儿童权利的研究者在寻求权利理论探讨儿童权利时往往忽视了对理性假设进行前提性的批判，实际上，儿童问题既拓展了权利理论的视域，同时也挑战了传统的权利理论。鉴于此，我们必须要认识到儿童权利问题的研究一方面要借鉴现有的权利理论的研究成果，同时要批判现有的权利理论排斥儿童作为权利主体的问题。儿童权利问题的研究既要在现有的权利理论资源的支撑下发展，又要突破现有权利理论的界限找到儿童权利与成人权利相区别的特殊对待理论。

其次是儿童权利的行使问题。儿童通常不能采取有效的手段来行使他们的权利，往往需要依靠成人的帮助来行使他们的权利。选择论意识到由于儿童缺乏实施选择的能力，或是主张儿童不能拥有权利，或是在修正的基础上，主张儿童只能在其代理人的控制下行使他们的权利，但选择论的论证到此便戛然而止了，具体应该建立怎样的制度安排来帮助儿童实现权利的行使，选择论已无力回应。而当我们检视利益论时，也同样发现，在我们接纳利益论的逻辑论证儿童是值得被尊重的权利持有者时，我们也不得不将注意力转向儿童权利实施面临的困难，因为儿童

---

① See Michael Freeman and Philip Veerman (eds.), *The Ideologies of Children's Rights*, Martinus Nijhoff Publishers, 1992, p. 34.

在实施权利方面无能为力。一方面，当儿童的权利被侵犯时，他们通常只能依靠成年人来实施对权利的救济，大部分时候是他们的父母。另一方面，由于他们年龄太小了以致无法采取有效措施实现他们的权利。当然，利益论也清晰地看到与儿童权利的行使问题相关联的儿童权利在实践上的困难，他们也承认，需要私人救济支撑的法律权利和启动私人法律程序的权力是法律实践的核心。在宽泛的意义上探讨儿童权利不可能有效促进和实现儿童的权利，直到儿童获得一个正式的代理人时，儿童的权利才可能获得较好地实现。① 因此，诸如儿童的代理人如何选择的问题；代理人如何为儿童实施选择的问题；儿童的主张和要求与其代理人的意见发生冲突的时候该如何处理的问题；如果代理人损害儿童的利益，儿童该如何获得救济的问题等都是选择论和利益论共同面临的问题，这些问题直接涉及儿童权利是否能够实现的问题。在当代世界儿童权利保护的实践领域，人们普遍接受了联合国《儿童权利公约》所约定的对儿童权利保护的原则——儿童最大利益原则，试图以此来指导儿童权利的实施，但是这个原则也遭到最大程度的批判。何谓儿童的最大利益？儿童是否有可衡量的最大利益？要求社会促进儿童的最大利益还是保障最低限度的利益更可行？谁来决定儿童的最大利益？（是儿童自身、父母，还是第三方）儿童自身如果有能力判断和选择，赋予儿童独立的选择权是对儿童最大利益的促进，还是由其代理人代为作出选择是对儿童最大利益的促进？这些问题突显了儿童权利在行使上的困境。

再次，是儿童权利的具体内容问题。该问题是儿童权利的核心问题，但是选择论和利益论都无法对儿童权利的内容进行较为清晰的界定。利益论为儿童权利提供了一个有益的思维进路，但是它存在着两个难以解决的问题，一是到底什么样的利益可以上升为道德权利；二是到底什么样的道德权利可以上升为法律权利。第二个问题较比第一个问题容易回答一些，我们一般会同意，如果在道德权利的重要性方面同其他社会成员达成一些基本共识，然后通过对其他人强加相关的法律义务的方式保障这些权利的实现，那么道德权利就可以上升为法律权利。由

---

① See Jane Fortin, *Children's Rights and the Developing Law*, Reed Elsevier (UK) Ltd, 2003, p. 15.

此，如果有人阻止他人获得道德上的权利，法律就会认定这是非法的。但是，对于第一个问题似乎就没有明晰的答案了。事实上，利益论的支持者通常倾向于给予儿童利益，而不是权利。因为他们无法确定人们拒绝将某项利益上升为道德权利是否是错误的问题上能够达成充分的共识。正如约翰·伊克拉（John Eekelaar）所描述的这种困境："……这些利益是否也能够被说成是'权利'，依赖于人们通常在多大程度上相信儿童应当拥有这些权利和他们应当受到法律的保护。如果这些信条是'官方'意识形态的一部分，那么说儿童拥有这些权利就可能是非常有道理的。虽然它并不要求这样一种意识形态在事实上一定存在。但这可能面临着巨大的挑战，难道我们的社会不应该像儿童有权利那样对待他们吗？如果是这样，那么他们到底有没有那些他们应该拥有的权利？"①或许利益论不可避免地会受到这样的批评，它太过宽泛，与权利的正当性相关的利益并没有获得清晰的界定。采纳麦考密克对于道德权利的描述，它是如此重要的一种利益，以致如果它被否定或是被他人所阻止，这将是错误的。但这种界定将不可避免地引起否认很多潜在利益的重要性是否"错误"的争论。例如，否认儿童具有自治和自我决定的权利是否"错误"的，就存在着巨大的分歧。麦考密克承认他所描述的道德权利在否认或阻止某项特殊的权利是否错误的问题不可避免地存在巨大的争议。麦考密克对此进行了毫无任何帮助的一点回应，"权利从本质上来说确实是属于那类争议性很大的概念"②。我们清楚地知道，一个社会不可能保证人们所有的需要和利益都被满足，社会只能根据自身的物质生活条件和文化生活条件来保证人们可以获得对个人生存和发展最为必要的资源，使得社会可以维持自身的功能和有序运行。将儿童所有的利益都上升为权利既不可能，也低估了对这些利益进行确定和划分时的困难，因为有很多利益是存在冲突的。例如，儿童受到保护的利益和儿童自我决定的利益。事实上，利益论的一个重大缺陷就是，它无法确定什么样的利益应当上升为权利。因此，对于儿童权利的讨论不能仅

---

① Jane Fortin, *Children's Rights and the Developing Law*, Reed Elsevier（UK）Ltd, 2003, p. 16.

② Ibid.

仅停留在哲学争论的层面上，而是应当努力寻求更为可行的儿童权利框架。对于儿童权利内容的确定，我们不可能用列举的方式列出清单，而应该对儿童权利进行适当的分类。这些问题都是利益论在现有框架下无法解决的问题，是选择论和利益论共同面临的困难。

鉴于以上的考察和分析，我们看到将利益论作为儿童权利理论的理论基础和出发点，有着较之选择论的诸多优势。但是利益论依然只是一个起点，它最终面临的关于儿童权利问题的挑战和困境同选择论是一样的，也即儿童如何来行使他们的权利，儿童拥有什么样的权利，以及儿童权利保护依据什么样的原则等问题。儿童权利的问题还需要更为精细的理论来加以处理和解决。

# 第三章　儿童权利理论上的保护论与解放论之争

　　对儿童作为权利主体的法哲学反思无疑向我们昭示了一个长期被成人世界所忽视的理念，即儿童应当受到与成人同样的道德考虑，儿童具有平等的作为人的尊严和价值，然而这并不代表着儿童可以获得同成人一样的权利。当然，我们会质疑，如果说儿童与成人在道德上并没有差异，要求我们在道德上给予同样的道德考量，那么为何还要在权利的分配上受到不同的对待呢？基于这样的质疑，在儿童权利的理论上围绕着儿童是否和成人享有同样的权利，儿童应当拥有什么样的权利以及儿童如何来行使他们的权利等问题主要形成了保护论（Protectionism）和解放论（Libertarianism）之争①。实际上，两派均观察到了在人类历史上儿童长期受到虐待和剥削的现象，他们都真诚地关注儿童的福利和利益，反思应当如何改善儿童的处境，两派也一致同意对儿童发展上的弱势状态应给予适当的保护，但两派在促进儿童发展的方式上面存在着巨大的争议。

## 第一节　保护论与解放论争议的由来

　　从上一章儿童作为权利主体观念生成的历史考察中，我们看到，20世纪中前期人们对于儿童权利的理解更多的是强调对儿童的保护，注重满足儿童的需要和主张，而缺乏对儿童独立于父母、家庭的内在价值和

---

　　① 该部分梳理主要参见沈宝潆《当代西方儿童与成人平权争议之探讨》，硕士学位论文，（台北）"国立中央"大学哲学研究所，2007年。

独立地位的反思，儿童权利的内容更多展现的是一种主张权。到 20 世纪中后期，儿童权利运动中的解放论者开始提出儿童应当拥有同成人一样的权利，儿童应当自己决定自己的事务。这种主张与同样在儿童权利运动中的另一派保护论者发生了巨大的分歧，由此引发了儿童权利内部保护论与解放论的激烈争论。

1970—1974 年被认为是儿童解放文化的繁荣时期，早期儿童解放论的先锋主要有约翰·霍尔特（John Holt）、理查德·法森（Richard Farson）和苏拉史密斯·费尔斯通（Shulasmith Firestone）。而后延续这一基本进路的其他的主要解放论者，从 20 世纪 80 年代开始，有霍厄德·科恩（Haward Cohen）、鲍勃·富兰克林（Bob Franklin）和约翰·哈里斯（John Harris）等。[①] 早期的儿童解放运动者主要不满意和质疑通过不断增加对儿童的保护来提升儿童在社会中的地位的主流观念，他们认为在儿童保护的面纱下面并不是对儿童的保护，而是成人世界对儿童的压迫、宰制和歧视。他们针对儿童在社会、文化、法律、政治等诸多领域中长期受到漠视对待的弱势处境，主张要解放儿童，为儿童争取在道德权利上与其他社会成员平等一致的地位，他们试图通过将儿童看作与成人是平等主体的方式真正提升儿童的道德地位和道德对待，使儿童从系统性和常态性的压迫中彻底解放出来，他们不满足于赋予儿童更多的权利，而是要扫清横亘在儿童和成人之间的所有界限，他们在儿童权利问题上走得相当远。

早期解放论的先锋法森在《生之权利》（*Birthrights*，1978）一书中详细阐明了儿童解放的思想，他明确提出，保护儿童不应当以不断介入的方式来进行，而是应当以保障儿童获得基本的公民权来落实保护儿童的目标。[②] 他提出儿童自我决定的权利是儿童所有其他权利的基础，他主张儿童应当像成人一样，必须有权利决定关涉他们自身的每一件事情，自我决定是儿童解放的核心，不允许为成人和儿童设置不同的标

---

① 参见沈宝潆《当代西方儿童与成人平权争议之探讨》，硕士学位论文，（台北）"国立中央"大学哲学研究所，2007 年，第 2 页。

② 同上书，第 3 页。

准，为了成人利益的事情也是为了儿童利益的事情。① 对此，有人批判道，这些权利对于儿童而言并不是有利的，因为迄今为止，儿童的权利主要是为了促进儿童的"利益"。针对这样的批评，法森争论到"追问对于儿童而言什么是有利的，这并不重要。我们赋予儿童权利同赋予成人权利的原因是一样的，并不是因为我们确信儿童将会成为更好的人类，而更多的是出于意识形态的原因，因为我们相信将扩大自由作为一种生活方式本身就是有价值的。我们发现'自由'对于成人和儿童一样都是一种难以承受的负担。"② 法森列举了儿童应当享有的9项权利，这些权利皆源于自我决定权。（1）可替代家庭环境的选择权，应当允许儿童在自己的生活安排上作出选择，尤其是离异家庭中的儿童，这项权利是首要的；（2）信息权，这项权利是成人可获得的权利，例如，儿童应当被允许查看他们自己的记录；（3）教育选择权，应当废除义务教育，这种权利可以部分地使儿童选择自己的"信念系统"，而免于强制灌输；（4）性自由的权利，色情书刊应当同成人一样，向儿童开放，儿童将被允许和他们的性伙伴体验性爱而免于受到惩罚的恐惧；（5）经济权利，包括工作的权利，儿童可以发展信用记录，并获得财务独立；（6）政治权利，包括投票权。没有什么表明儿童会投出比成人多的不负责任的票；（8）回应计划权（the right to responsive design）。（9）免于体罚权；（10）正义权（the right to justice）。③

霍尔特同法森的观点基本是一致的，他在《逃离童年》（*Escape from Childhood*，1975）一书中列举了11项儿童权利。（1）法律面前平等权，例如，在一些情形中，对待儿童不能比成人差；（2）投票和充分参与政治事务的权利；（3）对人的生命或行为负法律责任的权利；（4）工作赚钱的权利；（5）隐私权；（6）财务独立和具有支付能力的权利，例如，拥有和买卖财产，借钱，建立信用，签订合同等权利；（7）指导和决定自己受教育的权利；（8）旅行，离家住外，选择和决

---

① See Philip E. Veerman, *The Rights of the Child and the Changing Image of Childhood*, Martinus Nijhoff Publishers, 1992, p. 134.

② Richard Farson, *Birthrights*, Harmondsworth：Penguin, 1978, p. 31.

③ See Michael Freeman, *The Moral Status of Children Essays on the Rights of the Child*, Martinus Nijhoff Publishers, 1997, pp. 51 - 52.

定自己家庭的权利；（9）从国家获得能够保障成人公民生存的最低收入的权利；（10）通过协议建立或进入自己家庭以外的准家庭生活的权利，例如，寻找或选择除了父母之外的监护人，在法律上依赖他们生存；（11）做任何其他法律上允许成年人所做的事情的权利。① 法森和霍尔特的观点开启了儿童解放的文化，同时也开启了儿童权利运动的新路向，他们呼吁儿童应当和成人拥有同样权利的激进主张吸引了大批学者的眼球，同时也招致了包括保护论在内的普遍的质疑和批评。

当然在儿童解放运动阵营内部也存在着巨大的纷争，我们可以区分出真正的（real）和虚夸的（rhetorical）儿童解放运动者。所谓虚夸的儿童解放运动者只是将儿童和成人的平等权利看作是一种手段，他们通过这种手段一方面使人们注意到同成人相比较儿童所受到的歧视对待，另一方面使人们注意到要提高儿童的地位。虚夸的儿童解放运动者事实上并不相信儿童与成人是平等的，他们只不过是认为这种主张是促进儿童利益最好的方式而已。与虚夸的儿童解放运动者相比，真正的儿童解放运动者真正相信儿童与成人一样是平等的主体，他们认为儿童应当有一些，但不是全部的成人所拥有的权利，在涉及儿童的案件时应该适用正当程序。②

解放论者的主张遭到保护论者的猛烈批判，他们的直觉反应便是赋予儿童投票权实在是太荒谬了，保护论者施拉格（Schrag）在《儿童在民主国家中的地位》（the Child's Status in the Democratic State）一文中反对法森等人的论点，这篇文章可以说是拉开了保护论和解放论在儿童与成人是否拥有平等权利问题上争论的序幕。施拉格主要以投票权为例，强调成人之所以被赋予公民权，是由于其成熟度已经达到了政治理论家所谓的公民资格。他指出，成熟度表现在一个人的政治推理能力上，包括投票者需要能够较好地理解和判断参选政党的基本政治趋向，各自的政治理念所蕴含的意识形态，相互竞争的政党之间的候选人各自追求的目的，以及投票者自身所倾向的政治利益等能力，甚至，选民需要同专

---

① See John Holt, *Escape from Childhood*, Harmondsworth：Penguin, 1975, p. 1.

② See David William Archard, *Children*, *Family and the State*, Ashgate Publishing Company, 2003, pp. 9 – 10.

业的政治人物一样，被要求具有专业化的政治能力，显然，儿童并不具备这些政治推理能力，因此否定儿童的投票权是合理的。换句话说，成人权利是一种需要符合特定资格才能够享有的权利类型，与某些主动（或被动）的权利不同，这是法森等解放论者所忽视的问题。不仅如此，解放论提出儿童与成人具有同样权利的论点，也忽略了年龄和能力之间的关系，以及能力与成人权利的联结。法律上之所以以一定的年龄作为分配权利的资格，是因为经验事实上可以证明"年龄带来能力"，也就是说，年龄同成熟、理性、能力具有正相关的关系，因此人们才会接受以年龄来衡量能力程度的标准。只能到达一定的年龄，相应地具备了一定的能力，才能达到成人权利所要求的基本资格。① 由此，保护论与解放论争议的焦点问题被引到能力和年龄的问题上面，简言之，就是保护论者强调儿童因年龄太小而缺乏成熟的能力，因此要否决儿童的权利。

另一位保护论者史卡瑞（Scarre）赞同施拉格的观点，他进一步强调能力成熟的意义与能力作为权利门槛的重要性。史卡瑞的重点在于，儿童缺乏一种解决生活实际问题的能力，这种能力需要透过成熟的理性才能对实践作出完整的评估与判断，而且，若没有充分的经验和理解能力，是无法建立起这种系统性的评估能力的。而成人已经具备了理性的能力，能够进行理性的选择，他们会根据丰富的经验、充足的资讯等来加以合理的评估和判断，并且不只是考量眼前的情况，更能从长远的角度对目前的选择进行评估以作出理性的决定，促进自身的最大利益和幸福，并根据这种系统的权衡进而策划与执行。②

面对保护论者将能力和年龄作为赋予权利的标准，解放论者科恩、富兰克林以及哈里斯等人对此展开回应和批判，双方主要围绕着年龄、能力和权利等问题展开了一连串的激辩，儿童权利理论开始在保护与自治之间展现其复杂的面貌。受此影响，西方儿童权利的法律规范、决策以及实践也开始游走于保护和自治之间，在保护与自治的冲突中艰难地

---

① 参见沈宝漾《当代西方儿童与成人平权争议之探讨》，硕士学位论文，（台北）"国立中央"大学哲学研究所，2007 年，第 3 页。

② 同上。

寻求平衡。

# 第二节 保护论的理论基础和主要观点

## 一 保护论的理论基础

保护论奉行目的论的行善原则（teleological principle of benefi-
cence），认为由于儿童的脆弱性以及有限的情感和认知能力使得他们没
有能力进行自我保护，从而需要成人世界为儿童提供积极的保护，促进
儿童的利益和福祉。[1] 保护论的理论基础是家长主义[2]（Paternalism），
或称父爱主义。家长主义，其基本思想是禁止自我伤害的法律，即家长
式法律强制是合理的。家长式法律强制是指为了被强制者自己的福利、
幸福、需要、利益和价值，而由政府对一个人的自由进行的法律干涉，
或者说是指强迫一个人促进自我利益或阻止他自我伤害。[3]

家长主义一般分为软家长主义（soft paternalism）和硬家长主义
（hard paternalism）。[4] 软家长主义的核心是：只有"真实"（即那些在
认知上和意志上没有欠缺）的决定才值得尊重。软家长主义之所以被
认为是"软"的，是因为它不对任何真实的决定进行干预。相反，它
只对受到削弱的决定，即"强制、虚假信息、兴奋或冲动、被遮蔽的
判断，推理能力不成熟或欠缺"的结果进行限制和干预。[5] 正如费因伯
格（Feinberg）所说，软家长主义保护当事人不受"不真实反映其意志

---

① See Michael Freeman and Philip Veerman (eds.), *The Ideologies of Children's Rights*, Marti-
nus Nijhoff Publishers, 1992, p. 60.

② 根据《法律哲学：百科全书》所载，"家长主义"来自拉丁语 pater，意思是像父亲
那样行为，或对待他们像对待孩子一样。该书又特别指出 Paternalism 是家长主义在性别上的
中性的表达方式。国内对 Paternalism，Legal Paternalism 两个术语一般都习惯翻译成法律家长主
义，一般不做更多的区分。本书采用家长主义的译法，对家长主义和法律家长主义也不做区
分，在同一的意义上使用。

③ 参见张文显《二十世纪西方法哲学思潮研究》，法律出版社 2006 年版，第 463 页。

④ 该部分梳理主要参见孙笑侠、郭春镇《美国的法律家长主义理论与实践》，《法律科
学》2005 年第 6 期。

⑤ 参见孙笑侠、郭春镇《美国的法律家长主义理论与实践》，《法律科学》2005 年第 6
期。

的危险的选择"的危害。① 因此,软家长主义不是阻碍自治,而是在实际上保护和提升自治。当然,围绕软家长主义的争议不少,也有人认为它不是真正的限制自由的原则。② 软家长主义的理论依据是:人们作出的选择并不总能反映他们的愿望和偏好,信息的缺乏、不成熟或不自愿都能阻碍愿望的实现。因此,即便声称自己是自由至上主义者的人士,也同意基于软家长主义而进行的规制和干预。③

与软家长主义对应的是硬家长主义,安东尼·克朗曼(Anthony T. Kronman)认为,家长主义就是通过限制当事人的能力(power)去做法律认为违反他自己利益的行为来保护承诺人自己。④ 德沃金(G·Dworkin)关于硬家长主义的定义是最有影响力的,他在1971—1992年关于家长主义的定义中,将条件限定在管理人与当事人当时的选择相反,对其行为进行限制和干预。⑤ 费因伯格起初在其《自我伤害》(*Harm to Self*)中,将硬家长主义解释为国家限制"具有行为能力的成年人的行为,哪怕在当事人充分选择的时候,也要违反他们的意志,使其免于伤害的后果"。⑥ 十年后,在他的哲学百科全书家长主义章节中,他又将硬家长主义定义为对"充分"或"完全"自愿的自我关涉的行为进行的限制。⑦ 格特(Gert)和卡尔弗(Culver)主张应对家长主义干预予以道德上的要求,他们认为在对自由进行限制的时候,必须要证明这种限制符合一定的道德原则才能是家长主义的。他们认为需要对这种干预进行道德上的证成,而且将这一要求视为家长主义行为的"重要因素"。⑧

关于家长主义的理论争议很大,在西方自由主义传统的大脉络中,家长主义遭到广泛的敌意和批判,其中密尔是家长式法律强制最坚决的

---

① 孙笑侠、郭春镇:《美国的法律家长主义理论与实践》,《法律科学》2005年第6期。
② 参见孙笑侠、郭春镇《美国的法律家长主义理论与实践》,《法律科学》2005年第6期。
③ 同上。
④ 同上。
⑤ 同上。
⑥ 同上。
⑦ 同上。
⑧ 同上。

反对者。① 德沃金基于权利论对家长主义也进行了猛烈的攻击。② 但是有趣的是，家长主义运用在成人身上受到广泛的批判，然而运用在儿童身上却受到普遍的接受。密尔就在其享有盛誉的文章《论自由》中明确地宣布他的理论"只适用于能力已达到成熟的人类"，对于未成年人等"尚处在需要他人加以照管的状态的人们"，③ 社会还只能对他们进行强制性的保护。实际上，家长主义理论主要是针对法律限制自由之证成的问题，而并没有处理儿童自由的初衷和意愿，但是这种理论却有着与儿童密切相关的天然属性，于是便很自然地成为保护论最重要的理论基础。

## 二 保护论的主要观点

为了清楚地呈现保护论者的理论主张，我将罗列出保护论的主要观点:④

（1）儿童是脆弱、无知、非理性、缺乏推理和理解能力、不能自我控制和作出理性决定的；

（2）由于儿童无法知道自己的最佳利益，所以容易受到伤害，因此说儿童任其自然发展无法促进自己的利益；

（3）为了促进儿童的福利、幸福、需要、利益和价值，而干预其自由，或者说阻止儿童自我伤害或强迫促进儿童自我利益，在道德上是合理的；

（4）成人理性、明智，已发展成熟，比未成熟的儿童知道什么才是儿童的最佳利益，也知道如何才能保护儿童免受伤害和促进儿童的最佳利益；

（5）成人（尤其指儿童的父母）总会为了儿童的最佳利益着想；

（6）因此，为了儿童的最佳利益，儿童受到成人的保护和干预在道德上是合理的，也即儿童不能享有同成人平等的权利。

---

① 参见张文显《二十世纪西方法哲学思潮研究》，法律出版社 2006 年版，第 464 页。

② 同上书，第 465 页。

③ ［英］约翰·密尔：《论自由》，许宝骙译，商务印书馆 1959 年版，第 11 页。

④ 参见沈宝瀠《当代西方儿童与成人平权争议之探讨》，硕士学位论文，（台北）"国立中央"大学哲学研究所，2007 年，第 10 页。

　　对于保护论者来说，他们的理论出发点首先是对儿童的本质进行了一种判断，他们基于发展心理学的一些实证研究成果，得出儿童是脆弱、无知、非理性、缺乏推理和理解能力、不能自我控制和作出理性决定的。这就是保护论者为儿童勾勒和建构出来的意象，这种意象恰恰是同成人的意象相反的，保护论者对成人的判断是成熟、明智、理性，能够自我控制和独立作出理性决定的。保护论者对儿童和成人本质的判断主要是建立在发展心理学的研究成果之上的，其在该问题上的论证脉络和其所遭受的批判和责难将在后文详细阐述，这里不做过多描述。

　　保护论者基于对儿童本质的判断得出结论，儿童由于理性能力的欠缺，他们无法对自己的需要和利益作出理性的判断，如果任由这种缺失的自由发展，儿童必然会遭受到伤害，儿童无法促进自我利益的发展。因此，保护论者认为需要成人参与儿童自我利益的促进，这种促进方式便是对儿童自我决定的自由给予限制和干预，而不论儿童的喜好和意愿，即为了促进儿童的福利、幸福、需要、利益和价值，而干预其自由，或者说阻止儿童自我伤害或强迫促进儿童自我利益，在道德上是合理的。实际上保护论的这种干预相当强硬，其较硬家长主义的干预还要强硬，因为即使硬家长主义主张对"充分""完全"自愿的自我关涉行为可以进行干预，但是这种干预确是需要进行道德上的证成的，即对成人的干预是相当谨慎的，任何干预必须要有道德上的支撑和论证，而且这种要求被视为家长主义行为的"重要因素"。但是对于儿童的干预，保护论一方面不再考察儿童的喜好和意愿，即儿童的主观意愿是完全被忽视的；另一方面，保护论对儿童的干预相当宽泛，是对儿童作为一类群体的干预，是对儿童进行的普遍干预，而不是对涉及儿童自身较为具体的领域和事件的干预，且这种干预不再需要给出道德上的证成，其基本的理由就是儿童脆弱和缺乏理性的意象，这种干预基本忽视了儿童自我决定的维度，而是着重于保护的维度。

　　保护论对儿童进行干预所隐含的逻辑是对成人的充分信任。保护论对于成人的信任首先体现的是对成人意象的判断——理性、明智、成熟，因此，保护论深信成人对于儿童的利益相当了解，他们比儿童更知道什么才是儿童的最佳利益，不仅如此，保护论还相当信任成人（尤其指儿童的父母），认为他们总是会为了儿童的最佳利益着想，也知道通过何种方式和手段来促进儿童的最佳利益。鉴于这种信任，保护论者认为，为了儿童的最佳利益，儿童受到成人的保护和干预在道德上是合理的，也即保护论者坚信儿童不能和成人享有平等的权利，而只有通过成人对儿童的保护和干预的方式才能最好地促进儿童的利益和自我发展。

## 第三节  解放论的理论基础和主要观点

### 一  解放论的理论基础

解放论奉行本体论的正义原则（ontological principle of justice）[①]，认为在本体论的意义上应当给予儿童同成人一样的道德考量，也即意味着儿童应当被认真地当作道德的行为主体而不是客体，应当被当作价值的主体，而不仅仅是被保护的对象，儿童同成人一样的道德地位不能因为儿童的弱小而被克扣。解放论者所奉行的正义原则深深扎根于普遍和平等的人的尊严和价值基础之上，也即扎根于儿童是人的事实，因为他们是人，也仅仅因为他们是人的这一自然事实，他们就应当被赋予同成人一样的道德地位。儿童是人，因此，儿童应当被视为一个具有目的和价值主体，而不能把儿童视为一种手段和价值客体。解放论者注意到儿童在历史上长期受到虐待、剥削和忽视的事实，他们旨在激发人们重新反思儿童的道德地位，将儿童从长期性、系统性和常态性的压迫中彻底解放出来。他们试图通过赋予儿童与成人平等权利的方式来真正地提升儿童的道德地位和道德对待，从而真正地解放儿童，促进儿童的利益和发展。基于此种考量，解放论者严厉批判保护论者是以一种功利的方式来看待儿童，忽视了儿童的内在价值和主体地位，这对儿童而言是不公平的。解放论的思维进路可以说是对成人世界一直以来忽视、控制和压迫儿童的一种最彻底的反思，它迫使人们意识到儿童不只是成人社会的附属品和保护对象而处于依附和服从的地位，儿童更是具有内在价值和独立人格的个体，他们的道德地位和权利诉求应当受到成人社会的普遍

---

[①]  See Michael Freeman and Philip Veerman (eds.), *The Ideologies of Children's Rights*, Martinus Nijhoff Publishers, 1992, p. 60.

尊重和认真对待。

　　基于对儿童主体性和自由的基本尊重，解放论者反对保护论者为了促进儿童的福利、幸福、需要、利益和价值而干预其自由在道德上是合理的主张，认为保护论这种试图通过限制和干预儿童自由的方式来促进儿童利益的观点，是一种典型的工具主义观点，这种主张把限制儿童的自由当作达致儿童最佳利益的一种手段，严重忽视了自由本身对于儿童的内在价值和意义。作为自由主义内核的康德的理想就是每个人都应该被允许形成他们自己关于何者为好的生活的概念，有能力依照自己对生活里什么是好的了解作出自己的选择和决定。整个自由主义的理想都是建基在这样一种理想之上的，人们对于儿童的期待也同样是将儿童培养成为理性、独立、自主的个体，从而达致幸福的生活。解放论指责保护论，在自由主义传统中被如此珍视的个人自由，但在谈及儿童的时候却又是如此吝啬，好似人的发展被分为两个泾渭分明的分水岭，当在法律上被认可是成年人的时候，儿童才可以获得自由，在此之前却要为了他们的利益而限制他们的自由。事实上，自由观念的养成和信仰是伴随人的整个发展的，尤其在儿童时期，自由观念的内化极为重要，限制儿童的自由将会使儿童失去一种内在有价值的东西。在成人世界自由至上的理念，在儿童世界却完全被扭转成为一种工具或是附属的地位，这对儿童的发展是相当危险的。因此，儿童的自由应当是成人世界需要给予严肃对待的事情。

## 二　解放论的主要观点

　　为了清楚地呈现解放论者的理论主张，我也类似地罗列出解放论的主要观点：

　　（1）儿童并非是脆弱、无知、非理性、缺乏推理和理解能力、不能自我控制和作出理性决定的，儿童实际上具有良好的天赋、无限的发展性和丰富的潜能；

　　（2）儿童并非无法知道自己的最佳利益，儿童的自我决定和自主选择可以促进儿童自身的利益和自我发展；

　　（3）为了促进儿童的福利、幸福、需要、利益和价值而干预其自由在道德上是缺乏合理性的，这种干预实际上是对儿童内在价值的一种剥夺；

（4）成人并非是理性、明智和成熟的，他们也并不比儿童知道什么才是儿童的最佳利益，也并不总是知道如何才能保护儿童免受伤害和促进儿童的最佳利益；

（5）成人（尤其指儿童的父母）并非总会为了儿童的最佳利益着想，他们也可能对儿童实施各种形式的伤害；

（6）因此，儿童受到成人的保护和干预在道德上是缺乏合理性的，为了儿童的最佳利益，儿童应当被赋予同成人平等的权利；

与保护论者将儿童视为脆弱的、无知的、无能力的、依赖的、非理性的存在者作为理论出发点相反，解放论的理论出发点恰恰是要推翻保护论对儿童本质的判断，瓦解以生物发展主义和发展心理学为基础的将儿童视为脆弱的、缺乏理性能力的认识，从而寻求对儿童本质完全不同的判断和认识。解放论者看到社会建构主义童年观所发出的信号，即童年并非是本质上的、绝对主义的或是普遍的观念，也并非是生物的必然现象，童年乃是一种社会建构，对童年本质的认识和理解是随着社会文化的变动而变化的，是社会实践和社会制度的产物，儿童、童年是什么要视我们怎样来想象和定义它而定。由此，解放论者将其主张建立在童年建构理论之上，他们指出儿童并非是非理性的存在者，他们具有主动性、积极性和主体性，并不是消极和被动地接受成人世界的训导和控制的，他们有自己独特的需求和愿望，他们有对自己所生活的世界的意义和价值的独特理解和认识。

解放论者深深怀疑保护论通常的假设，即成人是理性和成熟的，他们依凭成熟的推理和判断能力，以及丰富的人生经验和阅历可以为儿童作出理性的选择。保护论者的这种判断是建立在发展心理学的普遍研究成果之上的。发展心理学的研究显示，年龄和判断能力之间存在着相关性，这也是保护论最重要的理论基石。但解放论者就此向保护论发难，成熟与判断自己的利益是否有绝对的关系？这种相关性的程度到底有多大？是否成人在进行选择的时候都会进行谨慎的评估，从而作出理性的抉择？何谓理性的选择？解放论者指出，一个人即便有了理性的能力，也不一定就能知道自己的最佳利益，更无法知道儿童的最佳利益。面对各种各样的选择和充满变数的人生，人们往往总是手足无措，常常不知道自己到底想要怎样的人生。不仅如此，每个人都会有不同的人生计划和目的系统，这些人生计划和目的系统还常常因为情势的变迁，时间的流逝和阅历的丰富等原因而处于流变的状态。人生也时时刻刻在面对不同的选择，这些不同的选择有的可以有高低优劣之分，有的却无法作这种区分。在面对不同选择的时候，人们或是根据自己的人生计划和目的系统，或是仅仅根据某种偏好，或是基于当时选择背景的某种冲动，选择常常具有极大的不可靠性，因而，根本谈不上成人总会为儿童作出最好的选择。

解放论者基于对儿童全新的认识和判断以及对成人理性能力和理性决定的深刻怀疑，坚决反对保护论者所主张的通过对儿童的保护和干预的方式来促进儿童的利益和自我发展。解放论者试图打掉成人世界被塑造起来的总是会为儿童利益着想的善意形象，他们质疑对成人世界给予绝对的信任将是对儿童的一种最为隐蔽的压迫。在保护论者那里，成人以成熟的形象示人，而儿童以不成熟的形象示人，鉴于儿童的不成熟，成人便在儿童的成长过程中扮演起教导者、引导者和训练者的角色，成人的权利被解释为教导、引导、训练儿童成长。事实上，保护论是将成人对儿童的控制、命令和规训的面向隐藏起来了。解放论者尖锐地指出，保护论对儿童的保护模式常常导致在家庭领域中儿童受到家长的支配和控制，而在公共生活领域中则受到完全的排斥。事实上，在成人善意保护的外表之下充满了对儿童武断、任性的干预，这种保护实则是对儿童的歧视和压迫。因此，他们强调儿童应当和成人享有同样的权利，儿童的权利应当由儿童自己来行使，包括不受妨碍的自由。他们明确要求社会不应当以年龄作为赋予权利的标准，而是无论何种年龄都应当享有相同的权利，让儿童与成人在权利上拥有同样的地位，才能真正地保护儿童，促进儿童的发展。

## 第四节　保护论与解放论的基本争议

保护论者与解放论者就儿童是否与成人享有同样的权利问题，围绕着年龄、能力和权利问题展开激烈的争论。保护论者主要依赖心理学上的两个重要指标：年龄和能力来展开他们的理论，他们将年龄和能力勾连起来，形成了年龄—能力—权利模式。其基本思路是：儿童要想拥有和成人一样的权利，需要具备成熟的能力，而获得成熟的能力是一个随着年龄的增长而渐进获得的过程，也即儿童经过特定的时间，达到特定的年龄才能具备成熟的能力，也才能拥有成人的权利，在儿童未达到成年之前，是不能享有成人的权利的。基于这样的观点，保护论者认为儿童的本质决定了他们并不适合自由放任的成长模式，而是应该在成人的保护和教导下成长，因为过多的自由将会给儿童带来有害的结果，影响儿童健康的发展，妨碍儿童社会化的进程。在这个模式中，有几个主要的关系组合，我们将这个年龄—能力—权利模式分解开来，首先是年龄—能力的正相关关系，即儿童只有经过特定的时间，达到特定的年龄才会获得成熟的能力。其次，是能力—权利的对应关系，即儿童只有具备了成人的能力，才会获得和成人同样的权利。再次，由于年龄—能力的正相关关系，那么年龄便借由能力这一指标与权利产生对应关系，即儿童到达成人的年龄，即可获得成人的权利，也即形成成年—有权利，未成年—无权利模式。解放论者对保护论者的批判主要集中在以上三个层面。下面，我就一一考察解放论与保护论在这三个层面上的基本争议。

**一 保护论与解放论在年龄—能力问题上的争论**

保护论者借鉴发展心理学的研究成果，认为年龄和能力具有绝对的正相关性，即儿童只有经过特定的时间，达到特定的年龄才会获得成熟的能力。对于该问题的认识我们可以从皮亚杰（Jean Piaget）的认知发展心理学开始。

所谓认知发展指的是在儿童期获取知识的发展。[①] 皮亚杰的发展理论的基本观点是，智力发展是儿童与环境的动态的和持续的相互作用的结果，单方面强调儿童的天性或单方面强调环境的影响是无意义的。[②] 其理论最重要的方面是，他不赞同将认知发展简单地看成知识在量上的

---

① 参见［英］鲁道夫·谢弗《儿童心理学》，王莉译，电子工业出版社 2010 年版，第 147 页。

② 同上书，第 152 页。

积累，而是认为认知发展呈现阶段性。[①] 他认为一个人从出生到成熟的发展中，有四个主要的阶段：感觉运动阶段、前运算阶段、具体运算阶段和形式运算阶段，每一个阶段都代表着认知方式本质上的不同，这些阶段形成了一个不变的顺序，在每个新的阶段，新的心理策略开始出现。并且，每个阶段都代表着对环境阐释的更为复杂的方式。[②] 从皮亚杰的研究我们可以看到，认知发展理论认为儿童的发展是一种按照其年龄以及特定的阶段顺序转变的阶段性过程，此种过程展示出年龄与能力发展变化的相关性，保护论者恰恰依据此认知将年龄与能力两个指标在儿童认知发展阶段上勾连起来。

保护论者接受了皮亚杰研究成果展示的年龄与能力发展变化的相关性，然而，皮亚杰理论本身所遭受到的攻击，也恰恰是解放论对保护论的攻击，解放论者主要从以下两个方面对保护论进行了有力的批判。

首先，是对年龄标准任意性的批判，即对年龄划分标准的整齐划一性进行的批判。对皮亚杰理论进行批判的心理学家通过考察来自不同文化背景下的儿童执行皮亚杰设定的实验任务的研究证据显示，来自不同文化背景的儿童完成任务的年龄存在着很大的差别，在实验任务中的表现取决于很多因素，如社会背景、儿童对大人意图的理解、采取的步骤、所采用的测量方式等，这些因素皮亚杰都没能考虑进去。总的来说，儿童成功完成任务的年龄比皮亚杰认为的年龄要早很多。当然实验也清楚地表明，即使是在发展明显滞后的情况下，从一个阶段到下一个阶段的进步依然遵循皮亚杰概括的基本顺序，也就是说，文化因素只能改变他们取得成就的速度，而不能改变发展的顺序。尽管如此，我们也会看到，用年龄标准来判断能力的缺失与否实则存在着极大的任意性，不仅不同文化背景下的儿童表现不一样，即便是同样文化背景下的儿童，由于其所具有的不同个性和认知结构的差异，以及性别的差异等因素都有可能会导致他们在能力方面表现出极大的差异。那么在一个社会里要想精准地划分出一个达到成熟的年龄实际上是非常困难的，年龄和

---

① 参见［英］鲁道夫·谢弗《儿童心理学》，王莉译，电子工业出版社 2010 年版，第154 页。

② 同上书，第 179 页。

能力之间即便存在着大致的相关关系，但其中影响能力的文化因素、个体差异的因素、性别的因素等都会对能力产生微妙的作用。将年龄与能力简单地对应起来，而忽视其中更为复杂的因素对能力的影响可能会出现相当大的偏差。可见，将年龄与能力勾连起来的任意性是解放论者无法接受的。

其次，是对阶段性发展模式的批判，即对阶段性发展的突然性进行的批判。皮亚杰的阶段性发展模式有别于连续不断发展的模式，其认为儿童认知发展在一定的成长关键点上，儿童的行为和思想会发生质的改变，而且这种质的改变像台阶一样，而不是斜坡，也就是说这种改变是突然发生的，而不是渐进的，并且这种突然的改变还具有全面的意义，会影响问题解决的所有方面，而不只是某些方面。[①] 皮亚杰的阶段性发展模式的好处在于它的简单，容易掌握，容易总结。但近些年越来越多的心理学家认识到发展呈现出更为复杂、更不均衡的形式，改变不是一夜之间发生的，而应该更准确地描述为具体到领域范围内部，而不应当是所有领域范围的一般性概括。[②] 这种认识更加切断了年龄与能力之间简单的相关关系，能力的发展是一种渐进的、连续的过程，我们不能精确地从中找出代表能力成熟与不成熟的特定年龄，因此，以某个特定的年龄作为划分有无能力的界限是没有办法做到的。能力发展是连续渐进的，而年龄是可以以具体的数字表示出来的，因此是可以跳跃断裂的，那么用一个跳跃断裂的量去衡量一个渐进连续的量的时候，就不免存在着极大的任意性和随意性。

经由以上两方面的批判我们看到，认知发展的理论在试图简单地建立起年龄与能力之间的正相关关系方面着实存在着极大的任意性和偶然性，这也是解放论的重要突破口，即要切断保护论者建基在年龄与能力之间的联系，当这种联系被切断之后，解放论就会批判到保护论在对待儿童的问题上，存在着年龄和能力上的歧视。当然，我们说解放论借鉴后续心理学实证研究的成果对早期发展心理学，尤其是皮亚杰心理学的

---

① 参见［英］鲁道夫·谢弗《儿童心理学》，王莉译，电子工业出版社 2010 年版，第175—176 页。

② 同上书，第 176 页。

攻击是相当有效的。但是我们也不得不看到，尽管认知发展心理学在儿童的年龄和能力之间建立简单相关关系的努力存在着任意性和简单化的问题，但是我们不能否认，认知发展心理学研究的儿童的认知顺序是不能改变的，这种认知顺序也许不是呈阶段性的突然的转变的，但至少是按一种认知顺序渐进连续发展的。儿童要达到成熟确实需要一定的时间，这是毋庸置疑的。从皮亚杰的发展理论中，我们可以证明个体内部自主发展的部分，但儿童发展亦包括非自主的发展。保护论者珀迪（Purdy）就从心理分析、精神分析以及洛克学派的学习模式（learning model）等面向，证实儿童的成熟化过程是十分复杂的，因为儿童仍有着无法自动发展其自我控制的本质，需要相当漫长的学习时间，以及适当的教育、指导等外在因素的介入才有可能达到成熟。虽然达到成熟的时间可能会因人而异，但特定年龄仍能成为能力的可靠指标。[①] 也即说，年龄可能不像保护论所主张的是一个绝对的、可靠的指标，但至少是一个可能的、有效的指标。确切地描述年龄和能力的关系就是，年龄和能力之间不具有绝对的相关关系，但是却有正相关的关系，亦即，年龄可以带来能力，但却并不必然保证带来成熟。

## 二　保护论与解放论在能力—权利问题上的争论

可以说在解放论者攻击保护论试图建立起年龄与能力的绝对相关性方面是很成功的。但正如我上文提到的，虽然我们很难确切地划定出某些关键和特定的年龄作为能力有无的标准，但儿童心理发展的基本顺序在一定意义上告诉我们年龄标准仍然有很重要的参考价值。保护论者并没有因为受到解放论的批判而放弃年龄标准，为了进一步强化年龄同能力的稳固关系，他们将能力和权利建立起对应的关系。

简要地说，由于保护论者坚持认为儿童是脆弱、无知、非理性、缺乏推理和理解能力、不能自我控制和作出理性决定的，因此，保护论者认为只有当儿童具备了可以自我作出决定的理性，以及和理性相关的一些能力，如推理能力、判断能力、理解能力等，儿童才能被赋予同成人

---

① 参见沈宝潆《当代西方儿童与成人平权争议之探讨》，硕士学位论文，（台北）"国立中央"大学哲学研究所，2007 年，第 30 页。

一样的权利，也即保护论在能力与权利之间建立起这样的对应关系，即有能力—有权利；无能力—无权利。实际上，保护论者是将能力作为配置权利的一个重要指标，当然这里的权利指的是成人特有的权利。在此，我们会进一步追问，到底儿童需要具备什么样的能力才可以拥有同成人一样的权利？也即，究竟什么样的能力能够成为权利的基本配置？这是一个非常重要的追问，保护论者如果主张儿童缺乏能力而不同意为儿童配置同成人一样的权利，那么他们首先必须要澄清一个问题，即儿童到底缺乏怎样的能力。我们从保护论者对儿童本质的认识可以推断出，他们在最一般的意义上所谓的儿童缺乏能力是指儿童缺乏理性的自治能力。由于保护论者在能力和权利之间建立起对应关系，那么我们可以说保护论也就将理性和权利对应起来，将理性作为权利的基础。这样，解放论者就在以下三个层面上对保护论进行有力的批判：一是批判保护论的理论预设——理性作为权利的基础；二是批判保护论对儿童本质的基本判断——儿童是缺乏理性能力的；三是批判保护论在能力和权利之间建立的对应关系，即有能力—有权利；无能力—无权利。

（一）解放论对保护论的理论预设——理性作为权利的基础的批判

在自由主义的传统中，理性成为权利的基础是受到普遍认可的观点，各种权利学说的前提性理论预设都是理性的成人，任何法律上的权利都是理性逻辑和理性实践的产物，可以说一部权利观念的历史，就是一部理性主义的文化史与观念史。理性能力作为赋予权利的基础的观点，重点强调一个具有理性能力的人，才有能力基于理性的判断作出自主的选择，才有能力控制和管理自己，也才有能力不受他人的干预而自由地行使自己的权利。在这种传统中，儿童是不被视为具备理性能力而可以作出自我决定的个体的。事实上，儿童权利最为要害的问题就是必须要对这种传统进行有力的批判，否则在这种传统之下，儿童实际上是没有权利的，权利话语本身就是与儿童这样缺乏理性的主体不相容的。因此，要想将儿童融入权利文化或者重新理解儿童的意象，就必须要对理性作为权利基础的理论预设进行批判和重构。

保护论者坚持理性作为权利基础的观点实际上在儿童权利问题上出现了一个悖论：一方面，保护论暗设了理性作为权利的基础，另一方面，保护论又将儿童的本质定义为缺乏理性能力的存在者。那么依保护论的逻辑，我们可以做这样的推论：只有有理性能力的人才可以被赋予权利，而儿童缺乏理性能力，所以，儿童不可以被赋予权利，也即儿童不能成为权利的主体。我们看到，如果保护论者坚持这样严格的理性作为权利基础的观点，那么他们持有儿童权利的话语就丧失了正当性，也即在这种逻辑中，儿童成为权利主体的问题受到了威胁。当解放论者在这个问题上质疑保护论时，保护论者一般会用这样的策略来回应，他们会将理性能力与理性潜能区分开来，然后，将儿童对应于具有理性潜能的状态，成人对应于理性实现的状态。这种观点来源于洛克的观点，"我们是生而自由的，也是生而具有理性的；但这并不是说我们实际上就能运用此两者：年龄带来自由，同时也带来理性"。① 依这种理解，保护论者会将儿童看成是一种理性潜能的状态，而成人是一种理性实现的状态。在这里我们看到，保护论对待儿童实际上采取了一种十分暧昧的态度，这种不明晰的态度将会直接威胁到儿童作为权利主体的正当性问题。此外，在后续的研究中也将会影响到诸如儿童可以拥有什么样的权利，儿童所拥有的权利的性质，如何对儿童拥有的权利进行制度上的配置以及如何处理儿童—父母—国家三者关系等问题。当然我们也会看到，如果在理论上完全采纳解放论者的观点，尤其是持绝对平权主义的解放论者的观点可以规避保护论所遇到的一些困境，但主流和绝大部分学者一般是不会接纳儿童与成人绝对平权的理论的，因为绝对平权理论同样存在着诸多不尽如人意的理论悖论和矛盾。

（二）解放论对保护论关于儿童本质的基本判断——儿童是缺乏理性能力的批判

在自由主义的传统脉络中，儿童不具有理性的观点是非常普遍的。保护论秉承这样的观点，更在发展心理学上寻求证据来描述儿童作为理性缺乏者的形象，即便保护论用区分理性潜能和理性能力的方法将儿童看成是一种理性潜能的状态，而将成人看成是一种理性实现的状态，也依然没有真正改变他们对儿童缺乏理性的意象的认识。解放论者对保护论视儿童为非理性存在者的观点给予了最为猛烈的批判。他们指出要重

---

① 沈宝潆：《当代西方儿童与成人平权争议之探讨》，硕士学位论文，（台北）"国立中央"大学哲学研究所，2007 年，第 33 页。

新认识儿童的本质，儿童并不是非理性的存在者。他们最重要的理论资源是童年建构理论，同时他们也借用保护论所依凭的发展心理学的研究成果来攻击保护论者。

童年建构理论的内容我已在第二章详细阐述过了，这里便不再赘述。在此我主要考察解放论者是如何借鉴发展心理学的研究成果来攻击保护论的。解放论者不仅借鉴童年建构理论，还借以皮亚杰的认识发展理论来反驳保护论认为儿童是非理性存在者的观点。他们指出根据皮亚杰的认知发展理论，12—14 岁的青少年，即一般所谓的青春期的儿童，其理性或道德发展均已完全，这就是说，12 岁以后的儿童，已具备成熟的理性能力。即使我们承认儿童是缺乏成熟理性的，但从皮亚杰的研究即可证明，这只适用于小于 12 岁的儿童，而保护论者声称儿童是非理性的存在者的假设却涵盖了所有的儿童，因此否决了所有儿童的权利，乃是建立在一种不可靠的假设之上的推断，因此，保护论的假设不能成立。[①] 进一步，解放论者还指出青少年在法律背景下作出的决策与成年人非常相似，如在堕胎的问题上，发展心理学的理论和实证的研究都显示青少年在该问题上所作出的决定与成人是一样的。他们的推理和理解能力与成人是相同的，因此，在这种知情同意原则（informed consent doctrine）下青少年应该适用成人法律能力的标准。[②] 对此，保护论者试图作出这样的回应，他们主张要在更为宽泛的意义上和更大视域中理解针对儿童和青少年的严格的家长主义政策。他们一方面指出解放论实际上夸大了成年人与未成年人在自行作出决定能力方面没有不同的事实，另一方面他们试图拓展传统的知情同意模式（主要考察推理和理解能力），认为传统的知情同意模式所包含的决策性因素范围比呈现在法院或政策制定者面前的决策性因素范围要狭窄得多，这在一定程度上限制了该种模式的效用。他们主张将更广泛的因素，如同伴和父母的影响（peer and parental influence）、对风险的偏好和看法（risk preference and perception）、暂时性的判断力（temporal perspective）等因素涵盖进

---

① 参见沈宝漧《当代西方儿童与成人平权争议之探讨》，硕士学位论文，（台北）"国立中央"大学哲学研究所，2007 年，第 34—35 页。

② See Elizabeth S. Scott, N. Dickon Reppucci, and Jennifer L. Woolard, Evaluating Adolescent Decision Making in Legal Contexts, *Law and Human Behavior*, Vol. 19, No. 3, 1995, p. 222.

新的判断模式中。由此，他们认为青少年不仅仅在推理、理解能力上与成人存在着不同，而且他们的选择和行为还受到其他决定因素的影响，这些因素是以前的发展心理学所没有照顾到的。事实上，这种研究是顺应心理学发展的一个新转向，即由皮亚杰的认知发展心理学向社会合作、协作模式的转变，也即大部分心理学家认为，即便是相似的能力在不同的任务范围内发展的速度也是不相同的。① 该种研究方法契合了一些保护论者拓展理性理解的进路，即他们认为，理性的定义还包括与理性相关的能力概念，而且，这些能力概念将会影响一个人能否作出理性的选择。保护论者认为儿童所缺乏的理性能力不能被狭隘地理解为心理学以及生物学发展意义上的机能上的理性缺乏、逻辑判断推理能力缺乏以及理解能力上的缺乏，还应当包括运用理性的相关能力，即与理性相关的概念——经验、自我维持和有计划的目标系统的缺乏。针对保护论者所做的上述修正，解放论者批判保护论这样来理解儿童缺乏运用理性相关能力时，实际上是对儿童采取了一种双重标准。如果以这些能力来判断，那么对于那些没有充足的理性能力、缺乏经验、无法进行自我维持并缺乏目标系统的成人，也不应当被赋予权利。

（三）解放论对保护论在能力和权利之间建立的对应关系的批判

解放论者在批驳保护论关于理性是权利的基础的理论预设后，又攻击了保护论将儿童视为非理性存在者的观点，接下来，解放论者就试图切断保护论将能力与权利勾连起来的努力，也即批判能力被看作赋予成人权利的充要条件的主流观点。由于能力在保护论者眼里主要是指理性能力或是与运用理性相关的能力，那么我们就可以将保护论的观点简单地描绘成：有理性能力—有权利；无理性能力—无权利。他们的基本逻辑是，如果一个人具备了理性能力，他就可以作出理性的选择，那么我们就应当尊重并保护这种基于理性决策而作出的自治决定，此时，我们就可以赋予他们权利。反之，如果一个人不具备理性能力，他就无法作出理性的选择，那么为了避免这种因缺乏理性而作出的非理性选择可能带来的伤害，就不能赋予他们权利，而是应当由有理性的人为其作出决

---

① See Elizabeth S. Scott, N. Dickon Reppucci, and Jennifer L. Woolard, Evaluating Adolescent Decision Making in Legal Contexts, *Law and Human Behavior*, Vol. 19, No. 3, 1995, p. 224.

定或是由有理性的人来保护他们。

以上的推论主要受到解放论者以下两个方面的攻击：一是，在这个逻辑中，实际上隐含着这样的推论，即有理性能力的人就一定能作出理性的决定，反之，缺乏理性的人就无法作出理性的决定。换句话说，有理性能力约等于理性的决定，而无理性能力就约等于非理性的决定。事实上，理性人作出的选择不一定就是理性的选择，而非理性人作出的选择也不一定就是非理性的选择。例如理查德·尼斯比特（Richard Nisbet）和李·罗斯（Lee Ross）在《人类的推理》（*Human Inference*）一书中描述了大量由成人，甚至是一些非常有智慧和受过良好教育的成人作出错误判断的事例，尤其是涉及与新的信息相关的判断。他们的研究显示，不仅仅是孩子，包括成人，他们组合所掌握的信息，并依据这些信息作出一个恰当的决定也是非常困难的。[①] 由此，解放论者指出，成人并不如人们所假设的一样成熟，可以为儿童作出理性的选择，如果对成人给予绝对的信任，那么对儿童而言可能是一种灾难。

二是，解放论会诉诸公平原则，他们会指出，如果彻底贯彻保护论的主张，即以理性能力作为赋予权利的条件，那么一方面，对于那些缺乏充足理性能力和成熟运用理性能力的成人也应当被否决权利；另一方面，对于儿童当中的精英，也即比普通儿童提早具备了足够的理性能力，并且有足够的经验和目标计划，可以成熟运用自己理性能力作出理性决定的那些儿童应当被赋予权利。对此种责难，保护论者一般会诉诸效益原则，他们会说，理性能力的运用往往依赖于经验、特定的情势以及具体的任务等非常复杂的因素，如果具体考察每一个个体的理性能力及运用情况，社会的运行成本会过于高昂，并且这种能力测试可能会涉及到人为任性的问题。依这种进路，我们看到保护论实际上又将该问题转化为年龄问题，也即通过年龄与能力的相关关系，用年龄替代能力，寻求一种更为客观、简便和更有效益的方法来作为赋予权利与否的标准。但是我们会清楚地看到，这种依据效益原则的进路确实无法回避对待儿童缺乏公平，歧视儿童的指责。在这一点上，我们可以合理质疑，

① See Ferdinand Schoeman, Protecting Intimate Relationships: Children's Competence and Children's Rights, *Ethics and Human Research*, Vol. 4, No. 6 (Jun. – Jul., 1982), p. 2.

政策的制定者对青少年判断力的关注是否正当，因为成人的法律能力大体上是不受这种评估的。①

　　基于以上的考察，我们看到，保护论和解放论在能力—权利问题上争议的一个焦点是对儿童本质的判断。两派都试图在发展心理学领域寻求支持自己观点的证据，但我们会惊讶地看到，同样是基于认知发展心理学的研究成果，两派却得出完全不同的结论。实际上，正如加德纳（Gardner）和谢勒·特斯特（Scherer Tester）尖锐指出的，即使研究显示儿童与成人在决策能力方面并没有什么不同，但支持儿童的自治实际上超越了科学研究的限度。即便进一步的研究证实青少年有着与成人相同的理解所披露信息含义的能力，并能够通过理性程序作出相关决定，也不能就此解决这个问题，即青少年是否应当被看作与成人有同样的法律对待。② 也就是说，由于对待儿童的问题更多地是涉及价值层面的问题而不是科学事实的问题，那么即使有再多的实证研究结论，也无法有效地支撑解放论和保护论的任何一方在价值层面上关于儿童与成人是否应当给予同等对待的争论，但我们也要看到关于能力问题的探讨确实是探讨儿童权利无法回避和绕开的核心问题。

### 三　保护论与解放论在年龄—权利问题上的争论

　　一般而言，保护论者主张对儿童进行保护的原因是由于儿童年龄太小，还不具备能够行使权利的相关理性能力。在保护论者的逻辑推理中，年龄与能力成绝对的正相关关系，或者说是同步发展的关系，也即儿童获得理性的能力需要时间的积累，儿童达到特定的年龄便会成熟，从而获得理性的能力，儿童获得理性的能力是赋予其权利的基础，由此我们看到，年龄借由能力这一指标也与权利产生对应关系，即儿童达到成人的年龄，即可获得成人的权利，也即形成成年—有权利，未成年—无权利的模式。保护论关于年龄与权利的对应关系同样也遭到解放论者的猛烈攻击，他们对该问题的批判主要从三个层面进行：一是切断年龄

---

①　See Elizabeth S. Scott, N. Dickon Reppucci, and Jennifer L. Woolard, Evaluating Adolescent Decision Making in Legal Contexts, *Law and Human Behavior*, Vol. 19, No. 3, 1995, p. 227.

②　Ibid. , p. 224.

与能力的绝对正相关关系，也即否定年龄是能力发展的指标；二是诉诸公平原则，给予本体论的正义原则以最高的考量，认为年龄标准是对儿童的一种歧视；三是指出基于实用原则的年龄标准是一种与道德无涉的任意性标准，缺乏可靠性。第一个层面的批判，即切断年龄与能力的绝对正相关关系已经在年龄—能力部分详细地展现过了，在此不再赘述，下面主要从第二和第三个层面的批判入手。

首先，解放论者诉诸公平和正义原则，批判年龄标准实际上是对儿童的一种歧视。他们质疑，保护论并没有明确交代"何以年龄可以影响到我们对于一个人的利益或所拥有的权利的道德判断的问题"。① 正如民权运动（Civil Rights Movement）与妇女运动（Women's Movement）所主张的，一个人的法律地位不应当建基在种族或性别之上，除非有非常令人信服的正当理由这么做。他们尖锐地指出，儿童因与成人在年龄上的差异而被排除于权利范围之外，与过去女性因其性别或是黑人因其肤色而在权利上受到差别对待的处境一致。② 因此，他们认为年龄标准乃是一种歧视、压迫儿童的形式。解放论者强调，在道德上，我们不能因为人的肤色、种族或者性别来判断不同的人具有不同的道德地位，同样不能以年龄来区分成人与儿童的不同道德地位，儿童道德地位的基础在于儿童也是人，人之为人的事实是考虑权利分配的最重要的因素。当然，保护论者会做这样的回应，年龄是一个与肤色、种族、性别等相当不同的因素。我们能够发现，因为黑人肤色是黑色的而拒绝雇佣黑人或是某人苛加一些无关紧要的雇佣条件从而导致间接的歧视都是没有根据的。但是，对于限制小孩受雇佣的机会却很容易达成一致的观点。不考虑年龄的主张与我们关于生理学、心理学或是经济学的观点不相符合。③ 至此，我们看到，保护论者开始将这个争论引向心理学上的争论。事实上，即便保护论者试图借鉴发展心理学的研究成果，一方面他

① 沈宝漾：《当代西方儿童与成人平权争议之探讨》，硕士学位论文，（台北）"国立中央"大学哲学研究所，2007年，第14页。

② 参见沈宝漾《当代西方儿童与成人平权争议之探讨》，硕士学位论文，（台北）"国立中央"大学哲学研究所，2007年，第20页。

③ See Freeman, Michael D. A , *The rights and the wrongs of children*, London, Dover, N. H. F. Pinter, 1983, p. 23.

们仍然受到解放论者关于年龄是一种任意性标准的攻击，另一方面他们也没有意识到价值层面的问题已然超越实证科学研究的限度。

其次，解放论者进一步盯住年龄标准，指责年龄标准是一种与道德无涉的任意性标准，缺乏可靠性。他们将年龄看作是一条连续无中断的线，能力也是一种渐进、连续的过程，但依保护论者的逻辑，以年龄来配置权利，那么就说明在年龄这条无中断的线上要将某个年龄固定下来，并以这一点作为基点，在此之前的人被称为儿童，对应着无能力，被认定为无权利，而在此之后的人被称为成人，对应着有能力，被认为有权利。也就是说，如果假定 18 岁代表成年与有成熟能力，那么 17 岁，或是 $18^{-1}$ 岁（差一天满 18 岁者）即都表示未成年与不具备成熟能力。对此，科恩质疑道："18 岁的人与 $18^{-1}$ 岁的人之间，真的存在重要的差异吗？而这个重要差异足以决定某人应拥有权利而其他人则应被否决权利吗？"[1] 科恩认为，当保护论者执意以年龄来划分权利的界限，便会产生滑坡（slippery slope）效应，即是说当我们无法提出任何在 18 岁与 $18^{-1}$ 岁的人之间具有重要意义的差异，如果 18 岁的人可享有权利的话，那么便没有理由拒绝给 $18^{-1}$ 岁的人赋予权利。而且我们也可以继续切割，如 $18^{-1}$ 岁、$18^{-2}$ 岁或是 $17^{+1}$ 岁（再过一分钟就满 18 岁者）、$17^{+2}$ 岁……，因为我们无法指出它们之间的差异在哪里，然而如此一来，便会演变成无限下滑的问题。[2] 我们看到造成此问题的原因就在于，年龄和能力代表着一种渐进、连续、累积的过程，而非跳跃、断裂、突变的过程，那么我们就无法在这种渐进、连续、累积的过程中精确地找出代表能力成熟与不成熟的特定的年龄界限来。因此，解放论者指责保护论采取年龄的标准完全是一种任意性的标准。

对于解放论者的指责，保护论者会做这样的回应，即他们会明确表示他们承认也接受这种以年龄进行能力成熟与否的区分确实是一种任意性标准，但是我们必须要接受这种任意性标准。保护论者试图对这种任意性标准进行一定的修正。例如弗里曼提出的完善年龄标准的三种策略：

---

① 沈宝漾：《当代西方儿童与成人平权争议之探讨》，硕士学位论文，（台北）"国立中央"大学哲学研究所，2007 年，第 26 页。

② 参见沈宝漾《当代西方儿童与成人平权争议之探讨》，硕士学位论文，（台北）"国立中央"大学哲学研究所，2007 年，第 26 页。

　　首先，最简单的策略就是接受一些虽然是任意的但却是非常必要的区分，这种区分仅仅用来对目前已经被假定的界限进行重新评估而已。这种策略的意思就是说，假定我们以前规定满 20 岁才能享有投票权，也就是说我们认为 20 岁才代表有成熟的理解能力，可以判断参选政党的基本政治趋向，各参选政党的理念所蕴含的意识形态，以及互相竞争的政党候选人各自所追求的目的等信息，进而可以享有投票权。而 20 岁之前的人就被归为无这样成熟的能力，不能享有投票权。规定 20 岁确实是一个任意性的坐标点，但是规定 20 岁这个任意性的坐标点是有必要的，它为我们重新评估我们的公民参与民主政治的成熟度提供了一个标尺，也就是说这个坐标点的意义在于我们可以重新评估将投票权定为 20 岁是否合适，是否可以提前至 19 岁、18 岁等。第二种策略，确实有人会像法森和霍尔特一样主张摒弃任何与年龄有关的缺陷性，但弗里曼指出这么做却与来自发展心理学的证据相悖。该种策略是将保护论的观点牢牢建基在发展心理学的实证研究之上，承认年龄与能力的正相关关系，该问题的争论在前面已经展开过，这里便不再赘述。第三种策略，弗里曼认为可以根据不同的情况来做具体的决定。该种策略的意图就是依据不同的人的不同情况来确定其能力状况，其实简单地说就是放弃年龄标准，转而求助于能力标准，通过能力测试的方式来配置权利。① 保护论者试图通过以上的策略对年龄标准进行的修正仍然受到解放论的攻击，下面我们再详细展现一下解放论者的攻击与保护论者的辩护。

　　关于第一种最简单的策略，保护论者通过承认年龄是一种任意性，但确是非常必要的标准的策略依然捍卫年龄标准，他们会进一步论证说，社会上有很多标准都是任意的，也可能是与道德无涉的，我们不能因为它们具有的任意性而摒弃划分合格标准的界限，因为切割合格范围的主要目的在于使社会能够和谐运作，我们可以探讨合格标准的界限，但不能摒弃这种合格标准本身。如以高速公路行车速度限制为例，为了在高速公路上行车安全，我们同意在高速公路上设置最高速度标准，如以 120 公里作为限速标准，这个标准就是任意的，我们无法保证低于

----

① See Freeman, Michael D. A, *The rights and the wrongs of children*, London, Dover, N. H. F. Pinter, 1983, pp. 45 – 46.

120 公里行车我们就一定会安然无事，而高于此标准行车就一定会发生
交通事故，我们可以怀疑 120 公里的这个界限是否合理，但是我们却不
能因此而怀疑在高速公路上设置最高行车速度标准的合理性。对此，解
放论者一般会这样质疑这种合理性，"我们以年龄来将人分类，这是涉
及道德的问题，但是，高速公路的速限或考试及格的标准，其订立的准
则并不是与某种价值观或与道德相关的，而是取决于实用原则，当人们
对这类标准感到怀疑时，应该没有人会说这类限制是不道德的，反而可
能会说的是，它们不符合实用原则，此即对儿童限制权利与一般方便社
会运作的各种限制最大的差异所在"。①

关于第二种策略的进一步争论已经在年龄—能力问题中详细阐述
过，在此不再考察。

关于第三种策略，有的保护论者试图放弃年龄标准，转而求助于能
力标准，主张通过能力测试的方式来配置权利。实际上，这种策略不仅
遭到解放论者的攻击，即便在保护论内部也存在着巨大的纷争，争论的
焦点集中在到底是年龄标准更可行，还是能力标准更可行的问题。主张
年龄标准的人主要会从两个角度指责能力标准：一是担心人为操作会导
致操纵及不客观的问题，如瓦尔德（Vald）所担心的："这样一种确定
能力的方法只有在有'客观的方式测试能力'（objective ways to measure
capacity）的时候才是可行的。"② 也就是说，如果无法保证测试的客观
性，该种标准会产生新的歧视。二是认为举办能力测试的成本过于高
昂，不符合成本效益。③ 但是仅从效益成本考量也是很可疑的，因为一
个社会对于"无能力"的界定基于各种各样因素的考虑，比如心理学
的经验，还有其他的社会性因素，如社会所能承受的风险以及整个社会
大的决策背景等。④ 解放论者对于保护论或选择年龄标准，或选择能力

① 沈宝潆：《当代西方儿童与成人平权争议之探讨》，硕士学位论文，（台北）"国立中
央"大学哲学研究所，2007 年，第 23 页。

② Freeman, Michael D. A，*The rights and the wrongs of children*, London, Dover, N. H. F.
Pinter, 1983，p. 46.

③ 参见沈宝潆《当代西方儿童与成人平权争议之探讨》，硕士学位论文，（台北）"国
立中央"大学哲学研究所，2007 年，第 43 页。

④ See Ferdinand Schoeman, Protecting Intimate Relationships: Children's Competence and
Children's Right, *Ethics and Human Research*, vol. 4, No. 6, 1982, p. 2.

标准都不赞同，他们指出无论年龄还是能力标准实则都是一种基于效益和实用原则的标准，那么，同样地，我们也可以依据效益和实用的观点来选择一种更多、更实用的标准来作为标准。例如，哈里斯就认为，我们可以以人（person）或非人（non-person）作为标准，只要有自我意识，能注意到自己是个存在者，有智力、语言这些能力即可享有权利，这显然比年龄标准更为实用，更为客观。[①] 由此，我们看到，保护论者两种标准的选择确实无法逃脱解放论对其的责难，即这两种标准都是以一种道德无涉的方式，或者说是以一种功利的方式来看待儿童，而没有对儿童的内在价值给予认真的考量。

## 第五节　调和保护论与解放论争议的可能进路

保护论与解放论的争论是儿童权利论述中非常重要的理论争论，虽然这种争论只是西方儿童权利论述中的一个方面，不能完全覆盖儿童权利的所有面向，而且这种理论争论也主要是自 20 世纪 60 年代起由儿童解放运动繁荣引发的最为激烈的争论，到 20 世纪 80 年代以后，以这种方式的争论渐渐开始衰退，但是这种争论却启发了大批儿童权利学者开始从多种角度将儿童权利理论向更深入的层面推进。保护论与解放论的争论最重要的理论价值就在于，两派在争论过程中将儿童权利的基本面向呈现出来，不断提升了儿童的地位，使人们不得不开始认真反思儿童权利的各种面向。在两派的争论中关于童年、家长主义、能力、年龄等问题基本涵盖了儿童权利的关键理论内核，他们的争论激发了很多学者开始试图调和保护论与解放论的争议和冲突，试图建立起能够最大限度促进儿童利益，最大程度保护儿童权益，也尽可能照顾到儿童自治要求的理论框架。如弗里曼分析了自治的儿童权利理论与家长制观念的儿童权利理论的冲突，他认为单独任何一种理论都不能令人满意，其主张最大限度自治的家长制，这个概念指的是给予儿童最大限度的独立和自

---

① 参见沈宝漩《当代西方儿童与成人平权争议之探讨》，硕士学位论文，（台北）"国立中央"大学哲学研究所，2007 年，第 43 页。

· 102 ·

治，尽管家长的介入在某些情况下是正当的。① 另外，萨曼莎·布伦南（Samantha Brennan）和罗伯特·诺格尔（Robert Noggle）也试图将关于儿童道德地位的三种最普遍的理论：平等考虑理论（The Equal Consideration Thesis）、不平等对待理论（The Unequal Treatment Thesis）和有限的父母权利理论（The Limited Parental Rights Thesis）调和在一起。② 下面我将主要考察布伦南和诺格尔的研究进路，从而展现调和保护论和解放论争议的可能进路。

**一　关于儿童道德地位的三种普遍主张**

保护论和解放论的争议向我们展示了儿童权利的多重面向和整体面貌，儿童权利需要涵盖儿童保护和自治的要求，但我们也看到这两种要求实际上存在着极大的冲突和对峙。从保护论和解放论的争论中我们可以总结出关于儿童道德地位的三种普遍的主张，正如布伦南和诺格尔所言，"任何可以被接纳的关于儿童道德地位的理论必须容纳三种主张：儿童应受到与成人同样的道德考虑，他们需要有别于成人的对待，儿童的父母应当拥有有限的权威来指导他们的成长"。③ 这三种主张体现的是当代自由民主社会关于儿童道德地位越来越多的共识，它们的相互融合是可能的、合理的。

第一种主张是儿童应当与成人受到同样的道德考虑，布伦南和诺格尔将这种主张称之为"平等考虑理论"④。这种理论要求对于儿童的道德考虑要同成人一样，这意味着儿童必须被作为道德上的行为主体给予认真的对待，他们的道德要求不能仅仅因为他们是儿童而被大打折扣。但是，这也并不意味着，儿童总是同成人拥有同样的权利和义务。这就好比，两个人可能受到同样的道德考虑，但是并不完全拥有一样的道德权利和义务。"平等考虑理论"还主张儿童的道德地位不完全依赖于他

---

① See Michael Freeman and Philip Veerman (eds.), *The Ideologies of Children's Rights*, Martinus Nijhoff Publishers, 1992, p. 60.

② See Samantha Brennan, Robert Noggle, The Moral Status of Children: Children's Rights, Parents' Rights, and Family Justice, *Social Theory and Practice*, 1997, 23 (1).

③ Ibid., p. 2.

④ Ibid.

们的年龄，也即不能因为儿童年龄小而被赋予较低的道德地位。"平等考虑理论"的基础是这样的事实：儿童是人，因为他们是人，所以他们被赋予任何人仅仅依赖于人之为人的事实而获得的同样的道德考虑。换句话说，这种道德地位及于所有的人，包括儿童。如果否认这种主张，要么是在否认人不能从人之为人的事实中获得他们的地位，要么是在否认儿童是人。这种主张主要是解放论最核心的主张，也是解放论对儿童权利理论作出的最大贡献。这种主张的价值在儿童权利发展历史和理论脉络中再怎么评估也不为过，正如学者约瑟夫·霍斯（Joseph M. Hawes）与许多儿童权利的倡导者一致认为的，20 世纪 60 年代的儿童权利运动使儿童的地位较过去历史提高更多，同时也促进更多人反思过去所没有深入探讨的对待儿童的问题。① 我们不得不说解放论让我们重新发现了儿童的内在价值，儿童无论如何都不得不在我们的视野范围之内，并且要求我们对他们的权利给予认真的对待。这种平等考虑的理论要求儿童应受到和成人一样的道德考虑，其最核心的理论基础便是在本体论的意义上给予儿童最高的道德考量，也即基于儿童是人的事实，因为他们也是人，也仅仅因为他们是人的这一自然事实，他们就应当被赋予同样的道德考虑。

第二种主张是儿童与成人要区别对待，布伦南和诺格尔将这种主张称之为"不平等对待理论"②。该理论认为至少在特定的年龄，禁止儿童做一些特定的事情是合法的，而禁止成人做这些特定的事情就是非法的。这种主张主要是保护论最基本的主张，事实上，排除极端的解放论者，我们大部分人都会接受这样一种观点，即对儿童和成人不能够完全平等对待。对儿童一定程度的保护是必要而且是重要的，当然对于应该对儿童的保护以什么样的标准来衡量，对儿童自由的限制应当控制在什么样的范围之内是非常有争议的。这种理论被广泛地接受，以致成为人们理解儿童道德地位的核心问题，如果完全否认这种主张，主张儿童与成人在具体权利上的完全平等，那么理解儿童权利理论将是非常困难

---

① 参见沈宝潆《当代西方儿童与成人平权争议之探讨》，硕士学位论文，（台北）"国立中央"大学哲学研究所，2007 年，第 67 页。

② Samantha Brennan, Robert Noggle, The Moral Status of Children: Children's Rights, Parents' Rights, and Family Justice, *Social Theory and Practice*, 1997, 23（1），p. 3.

的，不仅如此，关于儿童及儿童权利概念的存在也都将变得毫无意义。这种理论具有很强的实践性理由，在公共政策中我们不大可能允许儿童投票、驾车、签订合同、喝酒、吸烟等。这种理论还具有契约意义上的理由。成长中的儿童一般都会认可在他们小的时候，对他们的行为进行必要的限制是合理的。我们一般都会认同一种"具有溯及力的同意"①（retroactive consent），也即在我们是孩子的时候，我们的行为会受到很多限制，即使那个时候我们并没有同意这些限制，但这是一种具有溯及力的同意和契约。此外，这种理论还有着很重要的心理学实证研究的支撑，其最重要的意义在于指导儿童权利观念转化为制度和政策的实践，无论我们如何来界定儿童的道德地位，在实践领域，很少有人会让儿童，尤其是非常小的孩子去从事投票、签订合同、喝酒、吸烟、驾车等行为。

　　第三种主张是儿童的父母应当以有限的权威来指导他们的成长，布伦南和诺格尔将这种主张称之为"有限的父母权利理论"②。这种理论主张父母在养育子女的过程中可以正当地运用有限的，但却非常重要的自行决定权。我们很难看到有人会否定这种理论。这种理论的基本主张在保护论与解放论的争论中并没有被特别的强调，那是因为保护论和解放论的主要焦点集中在儿童与成人是否平权的问题上，这是在最一般层面上的探讨，并没有将儿童放置在具体的家庭背景中给予考察。儿童最初的成长、发育和社会化过程都是在家庭中完成的，家庭的意象、家庭的关系、家庭的正义等问题对于儿童权利的发展起着至关重要的作用。所以，探讨儿童权利如果抛开父母和子女的关系是完全没有办法想象的。儿童有限的认知能力和生活经验使得他们在判断自己利益的时候容易产生错误的判断，他们也很难知道如何实现自己的利益。他们身体、心理和情感的健康发展需要父母为之负担起养育和保护的责任。因此，父母在养育子女的过程中对子女实行一定程度的限制是合理的，但是这种限制应该非常谨慎从而能为儿童发展自治的潜能留有尽可能大的空

---

① See Samantha Brennan, Robert Noggle, The Moral Status of Children: Children's Rights, Parents' Rights, and Family Justice, *Social Theory and Practice*, 1997, 23 (1), p. 4.

② Samantha Brennan, Robert Noggle, The Moral Status of Children: Children's Rights, Parents' Rights, and Family Justice, *Social Theory and Practice*, 1997, 23 (1), p. 4.

间。父母的有限权威实施的理想化状态是：对于非常小的孩子，由于他们太不成熟，完全没有相关的能力去做某些事情时，父母应当基于子女的利益为其作出决定和选择，而当孩子已经发展出相关的能力去做某些事情时，父母对子女施加的权威以不会妨碍到儿童自治潜能的发挥为最理想化状态。儿童在关涉自身利益的事情中有表达自己的喜好和意见的权利，父母在施加权威时应当尽可能谨慎，对儿童的表达权应当给予充分的尊重，并不妨碍儿童自治潜能的发挥。

## 二　调和关于儿童道德地位的三种普遍主张的策略

平等考虑、不平等对待和父母有限权利的主张，是关于儿童道德地位最普遍的主张，也是儿童权利理论必须要容纳的主张。但是我们从保护论与解放论的争论中清楚地看到，这三种主张之间实际上存在着普遍的张力和矛盾。如果主张儿童与成人在道德地位上是平等的，那么为什么还要对儿童和成人的对待和权利分配上作出差别对待呢？如果儿童与成人在道德上并没有不同，儿童作为有独立意象和内在价值的个体为什么要受到父母权威的支配和控制呢？如果对儿童和成人进行不平等对待，是否就意味着成人有凌驾于儿童之上的特权呢？父母有限的权威和儿童自身的利益发生冲突，是采用平等考虑主张还是采用不平等对待主张来处理冲突呢？这些问题都是这三种主张碰撞在一起而产生的冲突，我们能看到如果极端地采纳其中任何一种主张，都会出现完全否定另一个或者另两个主张的情况。例如，如果我们走到一个极端，将儿童看作是父母的财产，那么我们将完全否认平等考虑的主张，而是将儿童，尤其是年龄小的孩子看成是隶属于父母的完全被父母拥有的财产；而如果我们再走向另一个极端，认为儿童拥有完全的自决权，儿童可以自己决定关涉自己的任何事情，可以为自己的利益作出任何选择而不受成人（父母）权威的影响和控制，我们赋予儿童和成人完全一样的权利，那么我们将完全否认不平等对待的主张和父母有限的权利的主张。事实上，我们很少有人会坚持以上两种非常极端的观点，我们采取的立场基本是游走在将儿童视为父母财产的观点和赋予儿童完全自由权的观点的中间地带，只是我们无法正正好好地踩踏在中间点上，而是或倾向于给予儿童更多的保护和控制，或倾向于赋予儿童更多自决的权利，我们总是试图在这个中间地带寻找微妙的平衡点，以期待这种平衡能够既让儿童可以免受身体、智力和情感健康发展的各种危险，又可以最大限度地激发儿童自治的潜能，让儿童能够顺利完成社会化过程，从而健康成长为可以独立思考、决定和选择的理性个体。实际上，这个平衡点非常难以找到，在实践领域我们甚至无法评估这个平衡点是否存在，但是我们却必须要在这个中间地带作出必要的努力，以使儿童权利的理论真正可以为了儿童最大的利益作出有益的指导。下面我就试图展示以上三种理论互相开放出来的可能调和策略。

第一种策略，平等考虑理论向不平等对待理论的开放。极端的平等考虑理论主张儿童与成人的道德地位是平等的，不仅如此，还要求在权利分配上儿童和成人也是相同的，也即主张儿童要与成人享有同样的权利。这种绝对平权的主张受到最猛烈的攻击便是其完全忽视心理学实证研究的证据，过度忽视成人与儿童在身体、智力和感情等方面的差异。由此，我们看到这种平等考虑的主张向不平等对待的主张开放的可能性，即我们可以相信并主张儿童与成人的道德地位是平等的，但是这并不意味着要求在权利分配上儿童和成人也是相同的。一个人可以获得和别人一样的道德尊重和平等，但并不意味着他一定和别人拥有同样的具体的道德权利和法律权利。我们完全同意两个人在道德上应当给予同样的道德考量，但是我们依然会认为他们可能会有不同的道德权利和义务。这是因为，人的道德地位除了来源于人之为人的事实以外，还有很多的渊源，如角色、承诺、财产、政治权利的需要和不同等。例如，角色通常可以授予道德地位。医生、律师、教师、法官等不仅可以从人之为人的事实中获得道德地位，也可以从职业的角色中获得道德地位。医生有权利开药方，律师有权利参加诉讼，教师有权利组织上课，法官有权利组织开庭等，这些角色性的权利依赖于人们的角色，如果没有了这种角色，这种权利也将随之消失。在这里，我们看到两种权利，一种是基本的权利，通常我们可以称之为"人权"，这种权利来源于人之为人的事实，这种权利要求平等对待每一个人，包括儿童；另一种是其他的权利，这种权利来源于人之为人的事实以外的因素，权利的来源不同，权利的内容也是有差异的。基于上面的原因，我们说"平等考虑理论"和"不平等对待理论"是可以兼容的。儿童应当受到和成人一样的尊重和考量，他们拥有和成人一样的基本人权，但并不意味着儿童和成人就拥有同样的权利清单，也就是说儿童可以拥有一大包不同于成人的权利和义务清单。通过这样的考量，我们看到平等考虑的理论将可以容纳不平等对待理论的策略，并可以真正体现对儿童的尊重和特有的保护。

第二种策略，不平等对待理论向平等考虑理论的开放。不平等对待理论试图用同样的刷子为所有的儿童涂漆从而掩盖了一些重要的不同，基于这种认识，以往理解权利的发展阶段总是在整体的意义上，这种单一标准的框架无法理解不同发展阶段的儿童各种能力的差异，也无法理解不同发展阶段的儿童在对保护和自治权利理解上的不同。① 事实上，保护论者也深刻地意识到这种单一年龄标准存在的问题，他们也承认年龄确是一种任意性的标准，但是他们坚持这是一种必要的任意，他们可以接受通过降低年龄门槛的策略来允许对特定的年龄进行争论，但是不能质疑年龄标准本身的合理性。不仅如此，他们还试图通过发展能力策略来弥补所有的人达到特定的年龄即代表成熟的假设这种不可靠性。此时，我们看到不平等对待理论向平等考虑理论开放了一个地带，即通过修正不平等对待的策略来尽可能导向一种公平考虑的模式。这种导向并不是一种对儿童和成人达到公平的策略，而是一种对所有儿童尽可能达到公平的策略，通过这种策略趋向平等地尊重儿童。对于不平等对待理论的修正策略一般是：取消单一的成人年龄门槛，修正为多组年龄，同时搭配能力测试，设定多种成年的年龄，如将婴幼儿、年龄较小的儿童、青春期的儿童以及年龄较大的儿童等区分开来以配置不同的权利，当然这些年龄组的修正既要基于发展心理学的实证研究成果，同时也还要考虑到社会文化的因素，注意到社会群体和人际交流对儿童智力的影响。这种修正策略将可以有效地避免单一成人年龄标准的任意性，同时也能够增加能力测试的合理性和公平性，通过这种修正我们便可以将不平等对待的主张尽可能导向一种平等考虑的模式。

第三种策略，平等考虑理论向有限的父母权利理论的开放。在平等

---

① See Martin D. Ruck, Rona Abramovitch, and Daniel P. Keating, Children's and Adolescents' Understanding of Rights: Balancing Nurturance and Self-Determination, *Child Development*, 1998, 69 (2), p. 404.

考虑的理论向不平等对待的理论开放中，我们看到，虽然儿童与成人有同样的道德考量，应当受到同样的尊重，但是儿童可以拥有不同于成人的权利清单。对儿童这样的不同对待其中一个重要的因素就是基于角色的考量，这种角色考量也成为平等考虑理论向有限的父母权利理论开放的核心因素。儿童最初的和最重要的社会角色就是作为父母的孩子，这种角色因素将会分配给儿童在家庭关系中特定的要求。对儿童最重要的角色要求就是子女要维护家庭的利益和父母的福利，同时要接受父母的教育和管理。这样的家庭角色事实上为父母的权利留下了可作为的空间，父母在家庭中以及对子女的教育抚养中应当被赋予一定的权威，这种权威将上升为父母权利，从而成为制约儿童权利的边界。通过这种方式平等考虑的理论将可以容纳并接受父母有限的权威，当然父母施展权威时应当保持必要的谨慎从而可以为儿童自我发展的潜能留有尽可能大的发展空间。可以说，子女的权利和父母的权利是互为制约的，通过这种相互的制约，一方面儿童获得平等的考虑，另一方面父母有限的权利也获得应有和必要的尊重和保护。

　　基于以上的考察，我们看到一个可以容纳下儿童权利多种面向的理论必然要包含处理儿童与成人道德地位的问题，包含对儿童区别于成人的对待问题，包含儿童权利和其父母权利平衡的问题。无可否认，这些问题常常处于深深的张力之中，需要我们为之努力，试图找到合适的途径和进路来调和这些冲突，寻找恰当的标准和原则来处理这些矛盾，以期为更好地促进儿童的利益给予有价值的引导。

# 第四章 儿童权利体系和内容的理论

儿童权利理论上的保护论与解放论的基本争议向我们展示了儿童权利的复杂面向，面对两派的争论，我们一方面会同意儿童应当受到同成人一样的道德考虑，另一方面我们也会主张儿童拥有的权利同成人是有区别的。那么，接下来我们需要进一步追问的便是，儿童到底拥有什么样的权利？这些权利的性质到底是怎样的？基于这样的理论追问，学者们开始试图构建儿童权利体系的基本框架，深入展开对儿童权利体系和内容的理论研究。儿童权利体系的构建不仅可以深化儿童权利理论的研究，同时也将指导儿童权利的立法实践，从而将儿童权利保护的理想付诸现实。

## 第一节 儿童权利体系的基本分类考察

### 一 儿童权利体系的基本分类

保护论与解放论的基本争议为儿童权利体系的划分奠定了重要的基础。从两派的争论中，我们看到一个主张对儿童的保护，一个主张对儿童的解放，无论是在道德层面上还是在经验层面上，这两种权利主张都存在着巨大的矛盾和冲突。西方学者对于儿童权利体系的建构最初就是将儿童权利做这样的二分。英国学者弗里曼就曾尖锐地指出，在儿童权利研究方面，很多作者通常采用二分法：要么拯救（salvation），要么解放（liberation）；要么养育（nurturance），要么自主（self-determination）——用理查德·法森言简意赅的话说就是一方面是保护儿童，一方面是他们的权利。① 基于此，多数学者遵循这种二分的思维进路来探讨儿童权利的内容，构建儿童权利的体系。

当代哲学家威廉·鲁迪克（William Ruddick）对儿童权利的探讨就是这种二分进路的典型代表，他在《生育子女：关于父母身份的哲学和法律反思》（*Having Children: Philosophical and Legal Reflections on Parenthood*）一书中借鉴当代哲学家和政治学家将权利区分为主张权（claim rights）和自由权（liberty rights）的进路来探讨儿童权利。所谓的主张权就是把权利定义为法律上有效的、正当的、可强制执行的主张。这里的"主张"是指言论行为（a speech-act），其内容是以某种正当的、合法的理由要求或吁请承认主张者对某物的占有，或要求返还某物，或要求承认某事实（行为）的法律效果。所谓的自由权，是指权利是法律允许的自由，即一种有限制的但受到法律保护的自由。② 鲁迪克指出，由于自由权是指一种对抗国家的权利，是一种不被干预的权利，而主张权所主张的资格是指国家必须履行的积极义务，因此，他认为儿童是没有自由权的，但他们可以拥有主张权。③

还有很多学者也是借鉴这种二分的进路来划分儿童权利体系的，例如有学者（Baumrind，1978；Hart，1982；Wrightsman, Rogers, &Percy, 1975）类似地将儿童权利划分为养育的权利（Nurturance rights）和自决的权利（Self-determination rights）。所谓养育的权利是指儿童被照顾和保护的权利；自决的权利是指儿童有手段来控制他们自己生活的权利。④ 亚契也基于这种划分将儿童权利分为福利权（Welfare rights）和自由权（Liberty rights），他指出福利权是指保护一个人福利基本方面的

---

① See Michael Freeman, *The Moral Status of Children: Essays on the Rights of the Child*, Martinus Nijhoff Publishers, 1997, p. 37.

② 参见张文显《法哲学范畴研究》，中国政法大学出版社 2001 年版，第 301 页。

③ See David J. Rothman and Sheila M. Rothman, The Conflict over Children's Rights, *The Hastings Center Report*, Vol. 10, No. 3 (Jun. , 1980), p. 9.

④ See Martin D. Ruck, Rona Abramovitch, and Daniel P. Keating, Children's and Adolescents' Understanding of Rights: Balancing Nurturance and Self-Determination, *Child Development*, 1998, 69 (2), p. 404.

权利；而自由权是指选择福利的权利。① 这种基于主张和自由、养育和
自决、福利和自由、保护和自治的儿童权利体系分析框架对儿童权利的
理论和实践都产生了重要的影响。人们意识到儿童就是这么一个特殊的
群体，一方面确实需要保护，一方面他们也有一定自治的要求。事实
上，儿童权利始终游走于保护和自治之间，表现在司法、立法、教育、
社会服务和医疗等领域的法律、决策以及实践也是摇摆于保护与自治之
间，在保护与自治的冲突中艰难地寻求平衡。当然，弗里曼对这种二分
法提出了批评，他指出，"人们应当意识到，目前在保护儿童和保护他
们的自主权方面所做的二分法是虚假的。儿童得不到保护，他们的福利
就得不到促进，他们就将不能够行使自我决定的权利。而另一方面，对
儿童个性的错误认识将导致削弱对儿童的保护，这种削弱将会使儿童成
为被干预的客体"。②

很多学者并不满意这种二分的分析框架的简陋和粗糙，他们开始寻
求更为复杂和精细的分析框架来构建儿童权利的体系。其中比较有影响
力的是迈克尔·沃尔德（Michael S. Wald）所进行的分类，他将儿童权
利概括为以下四种类型：第一种类型的权利是一种对世的普遍主张，比
如这是一种免于歧视和贫穷的自由。这种主张有人也称之为"福利权
利"（welfare rights）或"积极权利（positive rights）。这种类型的权利
常常出现在"儿童权利清单"（Children's Bills of Rights）中，例如，主
张免于贫困的自由、主张充足的卫生保健、主张充足的住房条件和安全
的社区等。第二种类型的权利是更好地防止成人对儿童的虐待、忽视或
剥削。这种权利的基本主张是国家应当更为积极地保护孩子免受成人，
尤其是他们父母的伤害。这种权利要求国家要防止孩子受到不充分的照
顾，防止来自父母的忽视和虐待，防止孩子不被作为雇佣者或潜在的雇
佣者而受到剥削，防止他们生活环境中的其他类型的危险。第三种类型
的权利是与国家行为相关的权利，其主张国家对待儿童和成人应当一视
同仁，儿童应当被赋予同成人一样的宪法上的保护。这种类型的权利主

---

① See David William Archard, *Children, Family and the State*, Ashgate Publishing Company, 2003, p. 11.

② Michael Freeman, *The Moral Status of Children Essays on the Rights of the Child*, Martinus Nijhoff Publishers, 1997, p. 53.

张成人拥有的权利应当被拓展至儿童，主张在国家政策方面，儿童要被赋予同成人一样充分的法律地位，大量的立法和司法活动要以儿童为中心。持有这种观点的人认为对待儿童有别于成人是没有正当理由的。第四种类型的权利是儿童独立行动而不受父母控制和引导的权利。这种权利是最富有争议的权利，这种权利主张要求赋予儿童更多的自由而不被控制，更多地承认他们自己有能力选择替代方案，在生活上他们应当被赋予更多的自治，它强调儿童独立行为的权利。①

此外，学者伊克拉的分类也极具启发性，他将儿童权利视为应当受到保护的利益，这些利益包括儿童基本的利益（basic interest）、发展的利益（development interest）和自治的利益（autonomy interest）。所谓儿童基本的利益通常是指儿童的直接照顾者对于儿童身体、情感和智力的照顾将可以被视为一个最低限度的期望。所谓发展的利益是指儿童在童年时代应当有一个平等的机会可以获得最大化的资源，以使他们在迈入成人生活时将他们在童年时代所形成的不可避免的偏见降低到最低程度。所谓自治的利益是指儿童可以主张选择他们自己生活方式的自由，可以依据他们自己的倾向不受成人世界权威（父母或机构）控制而自主形成社会关系的自由。②

这些更为精细的儿童权利体系的划分实际上具有非常重要的立法指导意义。联合国《儿童权利公约》吸收了这些有益的分类，它以权利清单的方式罗列了儿童权利包括的一些具体权利：生命权；最高标准的健康权；享有充分营养食品、清洁饮水，适当标准的生活水准权；名誉、荣誉和智力成果权；姓名、肖像和国籍权；教育权；接受抚养和继承权；发展权；劳动权；司法保护权；隐私权；以及发表意见权；表达自由、通信自由、结社自由、和平集会自由等权利。有学者便将自己对于儿童权利体系的划分建立在这些权利清单之上，将公约中的这些权利归纳为四个方面的内容：生存权、受保护权、发展权和参与权。还有学

---

① See Michael S. Wald, Children's Rights: A Framework for Analysis, *University of California, Davis*, Vol. 12, 1979, pp. 260 – 281. Freeman, Michael D. A., *The rights and the wrongs of children*, London, Dover, N. H. F. Pinter, 1983, p. 40.

② See John Eekelaar, The Emergence of children's Rights, *Oxford Journal of Legal Studies*, Vol. 6, No. 2 (Summer, 1986), pp. 170 – 171.

者将权利公约的权利做了如下归类①：（1）一般权利，包括生命权、禁止酷刑、表达自由、思想和宗教自由、通信自由和隐私权；（2）需要保护性措施的权利，包括防止儿童遭到经济剥削和性剥削，防止滥用药物，防止其他形式的虐待和忽视；（3）与儿童政治地位相关的权利，包括获得国籍，保持自己身份，同父母在一起，重新组建家庭的权利；（4）与儿童发展和福利相关的权利，包括儿童适当的生活水准权、健康和基本医疗权、社会安全权、受教育权和休息权；（5）关涉特殊状态下的儿童，尤其是处于困境中的儿童的权利，这些儿童扩展到残疾儿童、难民儿童和孤儿。还包括有特殊收养协议的儿童，不同文化下的少数民族和当地居民儿童，遭受剥夺而处于康复中的儿童；（6）程序上的考虑，尤其是要建立一个 10 人国际委员会来监督公约的实施。此外还有以"基本的健康和福利""教育、闲暇和文化活动"及"特别保护措施"来为儿童权利分类。②

以上对于儿童权利体系的分类都非常有意义，这些分类也基本勾勒了儿童权利的多种内涵和整体轮廓。但为了在理论上进一步明晰儿童权利与成人权利的不同之处，凸显儿童权利的特殊性和独特性，更好地再现儿童权利的层次性，笔者将综合沃尔德和伊克拉的分析框架，并结合《儿童权利公约》中的儿童权利清单，将儿童权利归纳为涉及基本利益（basic interest）的权利、涉及受保护利益（protected interest）的权利、涉及发展利益（development interest）的权利和涉及自治利益（autonomy interest）的权利来再现儿童权利的体系和内容。

## 二　本书选取的儿童权利体系框架的优势

在这里，我有必要简要地说明一下选取涉及基本利益的权利、涉及受保护利益的权利、涉及发展利益的权利和涉及自治利益的权利这四个方面来探讨儿童权利体系和内容的优势。

首先，该体系展现了儿童权利的独特性。可以说儿童权利观念的形

---

① See Michael Freeman, *The Moral Status of Children Essays on the Rights of the Child*, Martinus Nijhoff Publishers, 1997, p. 55.

② 参见王雪梅《儿童权利论——一个初步的比较研究》，社会科学文献出版社 2005 年版，第 114 页。

成与发展以及儿童权利运动最大的历史进步和理论贡献就在于，将儿童和成人世界区别开来，它迫使人们开始重新反思儿童的地位和特点。应该说这种反思是对现有成人世界秩序的一种最深刻的批判，是每个人都应当被以尊严相待道德准则最彻底的贯彻，它将人类自我存在的反思推向了更深入的层面。儿童权利观念强调儿童作为世界的一个特殊群体，理应受到应有的重视和对待，对于儿童权利考察最为核心的问题就是将儿童权利区别于成人权利的特殊性再现出来，以期为儿童权利的保护建立起自己特有的规范和秩序。当然，我们强调儿童权利区别于成人权利，并不意味着儿童权利与成人权利是全然对立的或是不相容的，正如以性别差异为理论核心的女权主义运动一样。将儿童权利归纳为涉及基本利益、涉及受保护利益、涉及发展利益和涉及自治利益的权利将清晰地再现儿童权利区别于成人权利的特殊性质。具体而言，涉及基本利益的权利并不是儿童所特有的权利，成人也一样享有，这种权利只是为了进一步强调儿童基本利益对于儿童发展的重要性和基础性；涉及受保护利益的权利是儿童非常独特的权利，这是成人所不具有的权利；涉及发展利益的权利即使不能绝对地说专属于儿童，但是儿童发展的利益和成人发展的利益确有本质上的不同；涉及自治利益的权利与成人自治的权利有着很大的差别，成人拥有的是完全自我决定的自由权，而儿童却只能拥有受到一定程度限制的自由权，这种自由权的层次很复杂，涉及的制度设计和实际运作都相当繁复和具有挑战性。这四种类型权利的性质和产生的问题是相当不同的，它们常常处于深深的张力之中，对于这四种权利的规范和制度设计相当的复杂，需要我们采取非常不同的态度、不同的公共政策和不同的原则来给予特别的考量、对待和处理。这四种类型的权利充分展现了儿童权利的独特性，这些独特性是儿童权利保护原则和制度安排的前提基础，只有深刻认识儿童权利这些独特的性质，才能采取适当的制度设计来真正实现对儿童权利的保护。

其次，该体系涵盖了儿童权利的多面性。儿童权利包含了非常复杂的面向，从儿童权利运动的历史我们可以看到，儿童权利运动经历了由对儿童的主张权向对儿童的自由权的转向。随着儿童解放运动的蓬勃兴起，当儿童自治要求的面向被挖掘出来之后，我们便不得不思考这样的问题，如果儿童可以像成人一样自由决定自己的事情，那么成人如何保护他们免受由于年轻和缺乏审慎而受到的伤害或危险？相反地，如果成人有保护和养育儿童的责任，那么成人对于儿童自由的限制在何种程度上是恰当和可行的？人们清晰地感受到在保护和自治之间有一条深深的鸿沟，当儿童权利复杂的面向被充分挖掘出来之后，促使人们深入反思的便是如何处理好主张与自由、保护与自治、养育与自决、福利与公平之间的冲突和矛盾，如何在这些对儿童有意义的价值之间进行有效的平衡和协调。无可否认，儿童应当受到保护和引导，但当我们试图确定应当在多大程度上限制儿童自治和自我表达时便会产生大量的问题和麻烦。诸如，儿童应当如何行使他们参与的权利，对谁行使？儿童应当获得什么样的信息，从哪里？在什么年龄儿童应当给出自己的意见？儿童如何给出这些意见？儿童应当被保护而不能作出何种类型的决定？成人如何保护他们免受到可能的伤害？什么时候和在什么情势下儿童应当对于形成和表达的意见减轻责任？这些问题都是需要我们给予认真的反思和考量的。涉及儿童基本利益的权利、涉及受保护利益的权利、涉及发展利益的权利和涉及自治利益的权利体系框架将儿童权利的复杂面向清楚地再现出来，它促使我们必须要认真地考察和深入研究儿童权利这些复杂的面向以期指导我们真正促进儿童的最佳利益和自我发展。

再次，该体系突出了儿童权利的层次性。将儿童权利归纳为涉及基本利益、涉及受保护利益、涉及发展利益和涉及自治利益的权利很好地再现了儿童权利的层次性。当然有人会批判，这四种权利的性质不同，它们之间还存在着相互重叠的部分，不仅如此，它们之间更是充满了矛盾和冲突，比如对儿童过多的保护将会损害儿童自治的利益要求，它们的关系是如此的复杂，以至于根本就不存在简单的递进关系。我们也承认这种区分确实存在着一定的缺陷，但是尽管如此，这种区分却为我们提供了一个简便的、清晰的分析框架，这个分析框架可以帮助我们深入思考这些权利的不同性质和深层次的矛盾。这个体系的层次性体现在，涉及基本利益的权利是儿童最为根本的权利，它涉及儿童的基本生存问题，是其他权利的基础，只有这种权利获得了充分的保障后才有可能发展其他层面的权利，当然这种权利获得了保障后并不一定就可以促进其他层面权利的发展，但是若没有此项权利的获得，其他权利根本就无从谈起；涉及受保护利益的权利在一定意义上与涉及基本利益的权利是有所重合的，比如，如果一个父母虐待自己的孩子，造成孩子严重的身体伤害，此时该父母侵犯了儿童受保护的利益，同时也威胁到孩子的基本生命安全，也即侵犯了涉及儿童基本利益的权利。但是总的来说，涉及受保护利益的权利更多的是基于儿童的脆弱性，它旨在强调应当给予儿童一定形式的特殊保护，相对于涉及儿童基本利益的权利而言，是更高一个层面的权利保护；涉及儿童发展利益的权利主要指儿童受教育的权利，这种权利指向儿童未来的、潜在的和全面的发展，相对于涉及儿童基本利益和涉及儿童受保护利益的权利而言，这种权利主张是一种更高的权利要求。涉及儿童自治利益的权利可以说是最富有争议的，很多人在赋予儿童一定自由的问题上相当谨慎，限制儿童的自由是一种比较普遍的观点，由此，我们知道为儿童争取自治的权利是最高的权利要求，它位于儿童权利主张的最高层面。当然这种勾勒相当的粗糙，这四种权利的复杂关系远不是通过层级的安排就可以阐释清楚的，但至少这种层次性的思维进路给我们提供了一个可靠的思维框架，可以指导我们对于儿童权利保护的制度设计和实践操作。

鉴于以上考察，笔者认为将儿童权利归纳为涉及基本利益的权利、涉及受保护利益的权利、涉及发展利益的权利和涉及自治利益的权利四个方面，将可以比较清楚、全面和完整地再现儿童权利体系的内容。

## 第二节 涉及儿童基本利益的权利

涉及儿童基本利益的权利一般可以概括为儿童最普遍的利益主张，有人将其定义为福利的权利，有人将其定义为儿童的人权。[①] 该项权利的道德基础是人之为人的事实，属于儿童的基本人权。在权利位阶上，该项权利属于儿童最基础和最首要的权利，居于儿童福利的核心地位。[②] 该项权利的获得是儿童其他层面权利获得的前提和保障，即只有该项权利获得满足和保障，才可能谈及其他权利的获得与发展。在这个

---

① See Freeman, Michael D. A. , *The rights and the wrongs of children*, London, Dover, N. H. F. Pinter, 1983, p. 40.

② See Michael S. Wald, Children's Rights: A Framework for Analysis, *University of California*, *Davis*, Vol. 12, 1979, p. 260.

意义上，该项权利的获得具有优先性，是优先需要满足和保障的权利。但是该项权利却并不是儿童所特有的权利，成人也一样拥有该项权利。

## 一 涉及儿童基本利益的权利的内容

英国学者弗里曼称涉及儿童基本利益的权利为福利的权利，他指出1959 年联合国《儿童权利宣言》对儿童福利的权利做了最清晰的阐述，该宣言重申了基本人权和人格尊严与价值的理念，通过发表这样的宣言，以期给予儿童一个幸福的童年，并通过如下十项原则逐步采取立法和其他措施力求实现这些权利：（1）儿童应享有本宣言中所列举的一切权利；（2）儿童应受到特别保护，并应通过法律和其他方法而获得各种机会与便利，使其能在健康而正常的状态和自由与尊严的条件下，得到身体、心智、道德、精神和社会等方面的发展；（3）儿童应有权自其出生之日起即获得姓名和国籍；（4）儿童应享受社会安全的各种利益，应有能健康地成长和发展的权利；（5）身心或所处社会地位不正常的儿童，应根据其特殊情况的需要给予特别的治疗、教育和照料；（6）儿童为了全面而协调地发展其个性，需要得到慈爱和了解，应当尽可能地在其父母的照料和负责下，无论如何要在慈爱和精神上与物质上有保障的气氛下成长；（7）儿童有受教育之权，其所受之教育至少在初级阶段应是免费的和义务性的；（8）儿童在一切情况下均应属于首先受到保护和救济之列；（9）儿童应被保护不受一切形式的忽视、虐待和剥削；（10）儿童应受到保护使其不致沾染可能养成种族、宗教和任何其他方面歧视态度的习惯。[①] 我们看到这里涉及儿童福利的权利范围很广，几乎涵盖了儿童保护和发展的各个方面。实际上，这是一种在最宽泛的意义上对儿童福利权利的理解，而笔者对于涉及儿童基本利益的权利，或称儿童福利的权利的理解主要是依据 1989 年联合国《儿童权利公约》的规定在相对狭窄的意义上所做的理解，做此种理解为的是区分涉及儿童基本利益的权利与涉及儿童受保护和发展利益的权利。

---

① See Freeman, Michael D. A. , *The rights and the wrongs of children*, London, Dover, N. H. F. Pinter, 1983, pp. 40 – 41.

依据《儿童权利公约》的规定，狭义的涉及儿童基本利益的权利主要和首要的是指儿童的生命安全和生存保障的权利，在公约中该项权利被表述为生命权、最高标准的健康权、相当生活水准权等，这些权利属于儿童最基本的权利范围，是儿童其他层面权利获得的基本保障。（1）生命权。儿童的生命权是其他权利的前提条件。《儿童权利公约》第6条确认每个儿童具有固有的生命权，并敦促各缔约国有"最大限度地确保儿童的存活与发展"的责任。这一条款可以被看作统领其他条款的纲领性条款，"最大限度地确保"意味着即使在最贫困的国家也要尽量保障儿童生命权所需要的资源和保障措施，并应当予以优先考虑。① （2）最高标准的健康权。世界卫生组织章程从广义上，把健康看作身体、精神和社会福利的状况，儿童权利委员会也是从较宽泛的角度来理解健康权的，并不限于《儿童权利公约》第24条②界定的范围。因此，健康不再只是消灭疾病这一单一的事情，健康权的实现涉及儿童权利很多方面的问题，如非歧视、尊重儿童、安全生活环境权、保健服务等。健康权的实现还涉及很多经济和社会的因素，促使人民可以享有健康生活的条件，包括各种健康的基本决定因素，如食物和营养、住房、使用安全饮水和得到适当的卫生条件、安全而有益健康的工作条件和有益健康的环境等。《儿童权利公约》第24条和第25条③具体规定了儿童的健康问题，确认儿童"享有可达到的最高标准的健康"，并享

---

① 参见王雪梅《儿童权利论——一个初步的比较研究》，社会科学文献出版社2005年版，第118页。

② 第24条 1. 缔约国确认儿童有权享有可达到的最高标准的健康，并享有医疗和康复设施；缔约国应努力确保没有任何儿童被剥夺获得这种保健服务的权利。2. 缔约国应致力充分实现这一权利，特别是应采取适当措施，以（a）降低婴幼儿死亡率；（b）确保向所有儿童提供必要的医疗援助和保健，侧重发展初级保健；（c）消除疾病和营养不良现象，包括在初级保健范围内利用现有可得的技术和提供充足的营养食品和清洁饮水，要考虑到环境污染的危险和风险；（d）确保母亲得到适当的产前和产后保健；（e）确保向社会各阶层、特别是向父母和儿童介绍有关儿童保健和营养、母乳育婴优点、个人卫生和环境卫生及防止意外事故的基本知识，使他们得到这方面的教育并帮助他们应用这种基本知识；（f）开展预防保健，对父母的指导以及计划生育教育和服务。3. 缔约国应致力采取一切有效和适当的措施，以期废除对儿童健康有害的传统习俗。4. 缔约国承担促进和鼓励国际合作，以期逐步充分实现本条所确认的权利。在这些方面，应特别考虑到发展中国家的需要。

③ 第25条 缔约国确认在有关当局为照料、保护或治疗儿童身心健康的目的下受到安置的儿童，有权获得对给予的治疗以及与所受安置有关的所有其他情况进行定期审查。

有为维持健康、治疗和康复所需的医疗和保健服务。① （3） 相当生活水准权。生活水准是一个宽泛的概念，《儿童权利公约》并未对相当生活水准作出限定。相当生活水准除包括充足食品、衣着、住房和健康方面外，《儿童权利公约》第 27 条②还确认儿童享有足以促进其生理、心理、精神、道德和社会发展的生活水平。《儿童权利公约》把儿童的生活水平和儿童的社会和道德的发展相联系，在以前的条约中是没有的，这样一来，儿童的生活水准就构成了儿童生存权的基本要素。③

## 二  涉及儿童基本利益的权利的基础和性质

涉及儿童基本利益的权利一般也被称为儿童的基本人权，因此该项权利的理论基础和性质需要从人权的理论脉络中寻求。该项权利的道德基础就是儿童是人的事实。儿童之所以享有该项权利，只因为儿童是人。由此，儿童的尊严和人格应当获得平等的尊重和考量，而且该项权利及于所有的儿童，是儿童最普遍的利益主张。该项权利属于儿童最为基础和最为首要的权利，从属性上说是一种对世的权利，而非对人的权利。但是正是基于该项权利的普遍性，我们也看到，该项权利并非儿童所特有的权利，该项权利同样及于所有的成人，它不是区别儿童权利和成人权利的标志性的权利。

该项权利往往倾向于成人社会对于儿童的保护和关照，更多的是强调成人社会对于儿童生存和发展所承担的义务，并且该义务及于所有的人。鉴于该项权利在性质上倾向于对儿童的保护和关照，我们也看到该

---

①  参见王雪梅《儿童权利论——一个初步的比较研究》，社会科学文献出版社 2005 年版，第 122 页。

②  第 27 条 1. 缔约国确认每个儿童均有权享有足以促进其生理、心理、精神、道德和社会发展的生活水平。2. 父母或其他负责照顾儿童的人负有在其能力和经济条件许可范围内确保儿童发展所需生活条件的首要责任。3. 缔约国按照本国条件并在其能力范围内，应采取适当措施帮助父母或其他负责照顾儿童的人实现此项权利，并在需要时提供物质援助和支助方案，特别是在营养、衣着和住房方面。4. 缔约国应采取一切适当措施，向在本国境内或境外儿童的父母或其他对儿童负有经济责任的人追索儿童的抚养费。尤其是遇对儿童负有经济责任的人住在与儿童不同的国家的情况时，缔约国应促进加入国际协议或缔结此类协议以及作出其他适当安排。

③  参见王雪梅《儿童权利论——一个初步的比较研究》，社会科学文献出版社 2005 年版，第 126 页。

项权利的获得只是满足儿童的基本生存条件，而无法在实质上促进儿童发展利益以及儿童自治利益的提升，可以说该项权利只是儿童发展和自治利益的基础，而并不是最主要的促进因素，并且该项权利往往会与涉及儿童自治利益的权利主张发生冲突。

该项权利作为儿童首要和基础的权利对于儿童的基本生存和其他层面权利的发展至关重要，同时我们也必须要看到，该项权利虽然可以为儿童创造更好的生存和发展环境，但是该项权利对于重新评估儿童的法律和道德地位并没有太多助益，也即是说儿童的基本利益主张与儿童自治的利益主张之间并没有直接的关联性，或说涉及儿童基本利益的权利的获得与实现无助于诸如霍尔特、法森等儿童解放运动的倡导者们试图通过为儿童寻求与成人拥有同样权利的方式来提高儿童道德地位的努力。这是因为，一方面，该项权利主张的道德基础是人之为人的事实，那么该项权利就是对人的普遍的主张和要求，恰恰是由于该项权利所具有的普遍性使得该项权利并不仅仅是对儿童有益的，而是及于所有的人。正是由于该项权利是基于人作为类存在形态而享有的生存和发展的基础性权利，它是为儿童和成人所共同享有的权利，而并非专属于儿童，因此，从儿童权利的特殊性角度来考察，该项权利对于促进和提升儿童的自治利益就不具有特别重要的意义。另一方面，尽管该项权利确实对于儿童的基本生存和发展具有重要的意义，但是提供给儿童最高标准的健康权，充分营养食品、清洁饮水，相当生活水准权等并不能促进儿童获得更多的自由和自我决定的权利。相反地，对于这些权利的主张恰恰是承认了儿童不能自我供给和自我发展的，而是需要成人的照顾和指导的，那么该项权利的主张可能会由于儿童是脆弱的、不能自足的事实而更多地倾向于成人世界对儿童的保护和控制，而不是赋予儿童更多自治的权利。因此，认识到涉及儿童基本利益的权利的基础性地位，同时也认识到涉及儿童基本利益的权利与涉及儿童自治利益的权利的内在张力对于我们深刻理解儿童权利的体系、各项权利的性质以及各项权利规范的复杂性具有十分重要的意义。

### 三　涉及儿童基本利益的权利的实现途径

由于涉及儿童基本利益的权利具有对世的性质，因此该项权利的获得和实现往往更多地要求立法上的保障，同时也需要司法上的保障。当然学者们对于该项权利的实现到底更多是依赖于立法保障还是依赖于司法保障存在着巨大的争议。例如沃尔德比较强调该项权利实现的立法保障问题，他指出："事实上，这些主张（涉及儿童基本利益的主张）通常来说并不是传统意义上作为法律的'权利'的观念所主张的东西，如法院判决强制赋予的某种资格，法院不可能判决这个世界要免于贫困或是所有的儿童要获得充足的健康照顾，因而，只有立法程序可能提供所有的儿童这些目标，但立法程序却不能确保这是一个儿童应得的'权利'。"① "由于这些主张基本上是道德和社会所追求的目标，因此它们应当在立法上被强调，而不是在司法上。争议的焦点应当集中在如何确立社会对成人和儿童所应当承担的责任，而不是集中在儿童和成人的道德地位或是集中在儿童是否有能力自我决定。"② 对于沃尔德倾向于依赖立法保障该权利实现的观点，弗里德曼对此有不同的理解，他更倾向于依赖司法保障该权利的实现。他指出："它（立法）根本无法确保实际操作能否达到相关权利规定所要求的标准。这样，法院实际上就可能扮演一个非常重要的角色，当然这需要假定有人质疑某人或某个制度没能达到强加给这个人或这个制度的某种标准。"③ 从以上的分歧我们可以看到，涉及儿童基本利益的权利的实现实际上既涉及立法上的考量问题，同时也涉及司法上的保障问题。

不仅如此，涉及儿童基本利益的权利的实现还需要有相关的义务主体承担起保障该项权利实现的责任，也即需要国家和父母担负起养育儿童的责任。一般来说，儿童的父母是最基本的义务主体，而国家是补充的义务主体。《儿童权利公约》第27条第2款规定：父母或其他照顾儿童的人负有在其能力和经济条件许可范围内确保儿童发展所需生活条件的首要责任。本条设定了满足儿童充足生活水准的需要是父母的首要责任，同时国家也有帮助父母履行照顾儿童责任的义务。国家对孩子的

---

① Michael S. Wald, Children's Rights: A Framework for Analysis, University of California, Davis, Vol. 12, 1979, p. 261.

② Ibid.

③ Freeman, Michael D. A., *The rights and the wrongs of children*, London, Dover, N. H. F. Pinter, 1983, p. 42.

救助应该是针对儿童本身的，对父母的支持也是为了使其更好地履行养育子女的责任。[①] 对于确有困难和非常规状态下的父母，国家应当帮助他们满足儿童的基本生存需求，这种帮助的形式很多，比如财政支持和服务。《儿童权利公约》第 27 条第 3 款明确了国家的帮助义务：缔约国按照本国条件并在其能力范围内，应采取适当措施帮助父母或其他负责照顾儿童的人实现此项权利，并在需要时提供物质援助和支助方案，特别是在营养、衣着和住房方面。当然对于国家和父母分担育儿责任的问题并非如公约规定之如此简单，国家与父母和子女的关系问题实则相当的微妙和复杂。例如密尔就曾对父母和国家对将要出生的儿童所应承担的责任做过相当深刻的思考。密尔在《论自由》中谈道："大家都还没有认识到，一个人只愿把孩子生育出来而没有不仅能喂养他的身体并且能把他的心灵教练好的相当预计，这对于那个不幸的后代以及整个的社会来说都是一种道德上的犯罪。大家也还没有认识到，如果做父母的不尽这项义务，国家就应当实行监督，务使这项义务尽可能在父母的负担之下得到履行。"[②] 在这里密尔谈及父母无法承担养育责任而导致的"错误的出生"的情况，他称这种情况为"道德上的犯罪"。[③] 这样，我们看到涉及儿童基本利益的权利的获得和实现实则需要父母和国家为之担负起必要的责任和义务，但是这种责任和义务的划分和负担实际上涉及相当复杂的因素，是需要我们不断反思和探究的重要理论问题。

#### 四 涉及儿童基本利益的权利实现的困境

在上文，沃尔德指出立法程序可能为儿童的基本利益提供保障，但同时他也指出这种立法上的保障无法真正确保儿童获得这些"权利"。事实上，在这里沃尔德暗示了一个需要进一步考察的问题，即立法能够在多大程度上保障这些"权利"的获得与实现，而这个问题更深层次的考量在于，一个国家到底能够给予他们国家的儿童什么样的基本权利。这种考量不仅涉及国家在对儿童基本利益保护上的公共服务系统的

---

① 参见王雪梅《儿童权利论——一个初步的比较研究》，社会科学文献出版社 2005 年版，第 130 页。

② 同上书，第 120 页。

③ 同上书，第 120—121 页。

支撑问题，即国家资源投入的问题，同时也涉及国家到底要在多大程度上保障儿童基本利益的问题，即何谓充足的营养、健康、生活水准等问题。涉及儿童基本利益的权利最关键的问题，同时也是该项权利获得与实现最大的困境便是如何界定"充足"的营养、健康、生活水准的问题。弗里德曼就曾尖锐地指出："所有这些'对世权利'所面临的最主要的问题是它们太过模糊，何谓'充足'的'营养'、'教育'、'娱乐'和'信仰'？联合国在这些方面进行着如下的努力，即通过将这些主张以更为精细但却仍旧是模糊的方式转化成为一些基本的原则。"①对于界定何为充足的营养、健康、生活水准等问题，事实上需要考察以下一些因素：

首先，涉及对多元文化的理解问题。不同的社会有不同的知识和价值理解系统，它们对于何谓充足的营养、健康、生活水准等问题的理解是不同的，不仅如此，它们对于如何达至这样的标准所具有的能力和手段也是不同的。对于这些问题的理解必须要被置于一个社会一系列道德或社会目标之中才有可能获得有效的理解和实践，抽象的权利清单往往无助于这些权利的真正实现。

其次，涉及国家资源的投入问题。不同的社会对于何谓充足的营养、健康、生活水准等问题的理解由于多元文化的因素会有所不同，但更为重要的制约因素是国家可能为生活在其中的儿童所能提供的资源是什么。涉及儿童基本利益的标准的设立必须要考虑到国家有限的能力和资源，这不是仅仅需要善意的"营救梦想"就可以达至的。一个社会不可能保证人们所有的主张和需要都获得满足，而只能对个人生存必要的资源给予保障。因此，对于涉及儿童基本利益权利的设计、规范和运作必须要考虑到一个国家的资源和投入能力。

再次，涉及标准的可行性问题。正如伊克拉在谈及儿童基本利益时所指出的：我们有必要做这样一个假设，即一个孩子达到成熟状态时他可能回溯他所期望的目标会是什么，这或许是无法探究的，但却是可以公开接受讨论的，这将鼓励一些非常有价值的探讨。通常儿童的直接照

① Freeman, Michael D. A. , *The rights and the wrongs of children*, London, Dover, N. H. F. Pinter, 1983, p. 42.

顾者对于儿童身体、情感和智力的照顾将可以被视为一个最低限度的期望，我们称之为"基本的利益"。① 一般而言，在社会系统中，最低限度的生存标准往往是比较容易被设计的，而最高限度的标准往往由于缺乏可行性而无法达至。因此，我们在界定何谓"充足"的营养、健康、生活水准的问题时必须要考虑到这个标准在一个国家的可行性、实际运行效果以及运行的限度等问题。

## 第三节　涉及儿童受保护利益的权利

涉及儿童受保护利益的权利主要是指对儿童特有的保护，这种保护含有两个层面的意思：第一个层面的保护是指儿童免于成人的伤害；第二个层面的保护是指成人对儿童必要的限制，从而防止儿童的自我伤害。

### 一　涉及儿童受保护利益的权利的内容

可以说，涉及儿童受保护利益的权利是保护论者的基本主张，但需要指出的是，该项权利所涉及的内容和问题与保护论的论述角度有着一定的差异。保护论是从儿童是非理性存在者的假设出发，由此论证儿童是需要成人的保护、照顾和监督的，保护论的主要论证逻辑是要对抗解放论所主张的儿童与成人应当享有同样的权利的论点。应该说保护论更侧重于论证成人对儿童的保护和干预在道德上是合理的，而探讨涉及儿童受保护利益的权利的内容和性质的思维进路与保护论是有一定差异的，该项权利更多地是着眼于成人可能对于儿童实施的虐待和各种形式的身心摧残、照料不周以及剥削等问题。该项权利敏锐地察觉到，成人世界不总是善意和友爱的，他们常常会对弱小的儿童实施各种形式的侵害，因此，我们有责任禁止和防止这样的侵害和危险发生，从而为儿童的生存和发展创造良好的社会环境。因此说，该项权利所涉及的保护更多的是关照儿童可能受到成人伤害的问题，而保护论所涉及的保护更多

---

① See John Eekelaar, The Emergence of children's Rights, *Oxford Journal of Legal Studies*, Vol. 6, No. 2 (Summer, 1986), p. 170.

的是关照儿童受到成人限制的问题，这两种侧重点有交叉，但又是不同的，儿童受到成人的限制并不一定产生严重的身心伤害，如果说这种限制会伤害到儿童，那么更多的是伤害到儿童未来发展的机会和潜在的理性，而常常不直接针对儿童的身心摧残。

从大多数学者的理解和《儿童权利公约》涉及儿童受保护利益的规定来看，涉及儿童受保护利益的权利，或称受保护权，基本上是指防止儿童受到成人伤害的权利，而这种伤害主要是指现实的、严重的、明显的直接针对儿童身心的各种形式的摧残。该项权利在《儿童权利公约》里大致包括三个方面的内容：一是反对一切形式的儿童歧视：每一个儿童将得到平等对待，不因儿童或其父母或法定监护人的种族、肤色、性别、语言、宗教、政治或其他观点、民族、族裔或社会出身、财产、伤残、出生或其他身份而有任何歧视（第 2 条）；身心有残疾的儿童应能在确保其尊严、促进其自立、有利于其积极参与社会生活的条件下享有充实而适当的生活，确认残疾儿童有接受特别照顾的权利（第 23 条）。二是保护儿童一切人身权利：每一个儿童将受到如下保护：家庭团聚保护（第 10 条）；儿童隐私权保护（第 16 条）；免受虐待和任何形式的身心摧残、照料不周以及剥削的权利（第 19 条）；收养保护（第 21 条）；禁止童工（第 32 条）；禁止滥用药物（第 33 条）；禁止性剥削（第 34 条）；禁止诱拐、买卖和贩运儿童（第 35 条）；任何儿童不受酷刑或其他形式的残忍、不人道或有辱人格的待遇或处罚（第 37 条）；司法保护（第 40 条）。三是处于危机、紧急情况下的儿童保护：脱离家庭的儿童保护（第 10 条）；难民儿童保护（第 22 条）；对儿童的安置（第 25 条）；武装冲突中的儿童保护（第 38 条）；以及帮助遭受虐待、剥削、战争、忽视的儿童身心复原，重返社会。其康复和重返社会应在能促进儿童的健康、自尊和尊严的环境中进行（第 39 条）。

但是基于上述的理解，我们可能会发现这样的问题，这些伤害提到的很多情形其实并不只是针对儿童的，这些伤害的形式在成人世界也是经常发生的，而且也是被普遍禁止的行为。由此，我们看到，如果只是把保护限定在成人世界对儿童伤害的意义上，这些伤害显然不是儿童会特别碰到而成人不会碰到的情形，那么针对这些伤害给予儿童的保护就将无法体现出对儿童特有的保护，也即说这些保护不只是针对儿童，其实也可以针对成人，如此一来，该项权利就无法表现出儿童权利具有的特殊性。不仅如此，我们还会看到，由于该项权利所指的虐待、剥削等行为可能会直接威胁到儿童的生命权和健康权，那么该项权利指向就完全可以被涉及儿童基本利益的权利所覆盖，也即说该项权利可以被归结到涉及儿童基本利益的权利当中，而完全没有必要进行单独的论述。鉴于将该项权利的理解狭义地定义在防止成人可能对儿童进行伤害的意义上存在上述两方面的问题，笔者不倾向于这样窄化理解涉及儿童受保护利益的权利，而是倾向于在宽泛的意义上理解该项权利，也即认为该项权利应该含有两个层面的含义：一方面这种保护要体现出防止成人对儿童的伤害，另一方面这种保护要体现出成人对儿童必要的限制，从而防止儿童的自我伤害。这样该项权利的内涵就可以比较全面地覆盖"保护"的多层含义，同时也可以展现该项权利非常独特的性质，即是儿童所特有的或被禁止的，而不是成人普遍拥有的或被禁止的，如禁止童工、禁止性剥削、禁止儿童饮酒等成人可以为的行为，但是儿童却不可以为的行为。

## 二 涉及儿童受保护利益的权利的性质

涉及儿童受保护利益的权利基本体现了保护论的普遍主张，保护论主要基于家长主义的理论，并诉诸发展心理学的实证研究成果，强调儿童本质上的缺失，论证由于儿童年龄太小，缺乏理性能力，尚未成熟，因而需要对儿童的自由和自主选择进行家长式的干预，从而保护儿童免受由于发展不成熟所导致的利益受到损害。这种理论的基本前提假设是将儿童视为非理性的存在者，尤其是婴儿和非常小的孩子，由于他们的脆弱性，不能进行自我照顾和自我发展，而是需要成人的保护、照顾和引导。当然保护论的主张受到了解放论的质疑和批判，但是我们依然会坚信对儿童进行必要的保护是非常重要的。对于儿童个体生命价值的尊重，最重要的表现就是为儿童的成长和发展构建良好的社会环境，使他们能够免受歧视、剥削、酷刑、虐待或疏于照料，尤其是对于年幼的儿童和失去家庭以及处于非常规状态下的儿童。涉及儿童受保护利益的权利首要的是强加给国家一个积极的义务，即国家要主动地防止成人对儿童可能造成的各种形式的伤害，尤其是他们的父母，这是儿童权利保护最为核心的问题。

由于该项权利一方面要体现出防止成人对儿童的伤害，另一方面要体现出成人对儿童必要的限制，简而言之，该项权利的性质是对儿童特殊的保护和必要的限制，这样，我们就可以比较清晰地识别出该项权利与儿童其他方面权利的区别与联系。该项权利与涉及儿童基本利益的权利相区别的地方就在于该项权利是特别针对儿童的，而涉及儿童基本利益的权利并不是特别针对儿童的，它也可以及于所有的成人。当然该项权利与涉及儿童基本利益的权利在一定意义上也有重合，例如父母严重虐待自己的孩子而造成孩子的身体伤害实则既侵犯了涉及儿童基本利益的权利，也侵犯了涉及儿童受保护利益的权利。但是一般而言，由于该种情势下往往是由对儿童负有特别保护义务的人对儿童所实施的伤害，实施伤害的主体往往具有特定性，因此，为了更多地体现基于儿童脆弱性而给予儿童一定形式的特别保护的重要性，一般将这类伤害视为对儿童受保护权利的侵犯。该项权利与涉及儿童自治利益的权利相区别的地方在于该项权利倾向于对儿童的自由进行必要的限制，而涉及儿童自治利益的权利倾向于为儿童争取更多的自由，这两种权利的指向恰恰是相反的，因此，这两种权利往往处于巨大的张力中，不断地相互撕扯着，明显地表现出内在固有的矛盾和冲突，大致呈现出此消彼长的态势。对儿童不断增加的照顾和保护并不会在实质上提升儿童在社会中的地位。相反地，过多的保护、照顾和控制使得由一个成人的决定替代了另一个成人的决定，却并没有给予儿童更多选择来决定他们自己喜欢的生活，这在一定程度上就会剥夺儿童自我决定的能力，妨碍儿童自治能力的培养和发展。认识到该项权利所具有的对儿童的特别照顾和保护的性质，以及该项权利同儿童其他方面权利的关系会促使我们深入探讨儿童权利体系内部冲突的协调机制、方法和途径等问题。

### 三 涉及儿童受保护利益的权利的实现

该项权利类似于涉及儿童基本利益的权利主张，主要侧重于对儿童的保护，而不是自治，那么如何确保对儿童保护可以有效地实现将是该项权利理论必须要涉及和处理的问题。

针对该项权利第一个层面的含义，即防止成人对儿童的伤害，我们面临的最为棘手的问题就是如何处理父母对子女伤害的问题，我们有必要确定成人（尤其指儿童的父母）对儿童的照顾在什么程度上是必要的，这种照顾怎么才能够被很好地提供。① 该问题实质涉及家庭正义和家庭自治的问题，关于儿童在家庭中是否应当获得公正对待的问题是主流的道德哲学极少涉及的。传统的观点往往是将家庭视为自治的领域，善意信任父母总是能够最大限度地代表子女的利益而谨慎排除来自家庭之外的对于儿童的侵害，但却往往忽略了来自家庭内部的忽视、虐待和剥削等各种形式的对儿童的侵害行为。我们面临的挑战便是，对这些来自家庭内部的各种不同形式的侵害行为到底依据怎样的标准和原则来判断和衡量，如何采取必要的措施对这种伤害行为进行有效的预警和监督，如何有效地处理和排除这些伤害行为使得一方面既可以对儿童进行有效的保护，同时又能够尽可能维护家庭的完整和维系父母子女之间的关系。因此，涉及儿童受保护利益的权利的核心问题就是要探究父母和国家在养育儿童方面各自恰当的角色。我们必须确定对于儿童来说必要的照顾到底应该达到怎样的标准，如果达不到这样的标准，国家该如何行动的问题，这些问题涉及国家—父母—儿童之间复杂的关系，下文将详细论述。

　　针对该项权利第二个层面的含义，即成人要对儿童进行必要的限制，从而防止儿童的自我伤害，我们面临的最大问题是成人对儿童进行的必要限制到底在什么程度上是合理的。对于儿童的限制，一般是通过为儿童设定禁止性规则来避免儿童由于能力缺失可能造成的自我伤害。排除极端的解放论者，我们一般都会承认，对儿童进行必要的保护和限制是必要而且重要的，儿童和成人需要区别对待，这种不平等对待的观点最为显著和合理的例子就是我们允许成年人，但是不允许儿童参与投票，驾驶车辆，签订合同，喝酒，吸烟等。对此，有人会继续追问下去，是否要禁止儿童从事一些诸如拳击、登山等可能发生危险的活动或竞技活动呢？这样，我们看到如此追问下去，对儿童的禁止性规则将会出现所谓的"滑坡效应"，为此我们必须要反思如下一些问题：如果我

---

　　① See Michael S. Wald, Children's Rights: A Framework for Analysis, *University of California*, Vol. 12, 1979, p. 264.

们无法在这些禁止性事项上提出具有重要意义的差异的话，也即如果我们无法合理论证禁止儿童从事某些事项的正当性的话，那么我们有什么理由和权利对儿童设置禁止性规则？对儿童保护性的禁止规则到底应该覆盖哪些方面？到底应该依据怎样的标准来衡量对儿童的禁止性规则是否合理和正当？我们可以接受的赋予儿童自己决定自己的利益实现的程度是什么？这些问题再现了涉及儿童受保护利益和涉及儿童自治利益的权利之间的矛盾和冲突，事实上，整个儿童权利理论的困境便是在保护和自治之间如何寻求有效的平衡和协调的问题。

## 第四节　涉及儿童发展利益的权利

涉及儿童发展利益的权利主要是指，儿童在童年时代应当有一个平等的机会可以获得最大化的资源，以使他们在迈入成人生活时将他们在童年时代所形成的不可避免的偏见降低到最低程度。简而言之，就是他们的能力可以被发展成为他们最大的优势。[1] 我们可以期待社会，而不仅仅是儿童的父母来确保一个儿童在实现他自己的人生目标时不比其他儿童缺乏机会。当我们谈到这种平等的机会的时候，就要求我们要分配一定的资源来确保儿童在童年时代不会遭到公平机会的剥夺。

涉及儿童发展利益的权利对于儿童相当重要，从广义上来说，儿童的发展是指儿童成长为一个完全个体的过程。[2] 这种理解的前提假设是儿童在发展初始阶段是非完全的个体，也就是存在能力缺失的个体，在这种理解中实际上已经隐含了人们对于儿童发展目标的界定，也即我们对于儿童发展的期待是希望他们成为有理性的自治的成年人。可见，这种理念中儿童发展的目的是成为一个自治的人，因为只有这种自治的人才能够按照自己的理性发展出自己的目标系统，从而进行自我维持和自我发展。儿童的父母及社会需要做的事情就是为儿童发展成为自主和自足的人创造公平的机会和条件，而能够实现这样的发展目标的最重要的

---

[1]　See John Eekelaar, The Emergence of children's Rights, *Oxford Journal of Leagal Studies*, Vol. 6, No. 2（Summer, 1986）, pp. 161 – 182.

[2]　参见王雪梅《儿童权利论——一个初步的比较研究》，社会科学文献出版社 2005 年版，第 146 页。

手段就是对儿童进行一切形式的教育，由此，涉及儿童发展利益的权利最重要的内容就表现为儿童接受教育的权利。

教育是促进人权发展的先决条件①，是个体和社会发展的关键，也是促进儿童发展利益最重要的手段和福利。当谈及儿童接受教育的权利的时候我们会质疑这样一些问题，这种权利对儿童到底意味着什么？教育的目的是什么？实现教育权的手段是什么？这些都是教育学科里争论不休的话题。下面笔者仅就这些问题做以简单的描述以期展现涉及儿童发展利益的权利的复杂性。

## 一　教育对儿童的意义

当我们谈及教育是儿童权利的时候，我们往往是将成人的美好意志强加在儿童身上，我们总是认为儿童的发展需要父母和社会担负起重要的责任和义务，这种义务担负的最佳方式便是对儿童进行各种形式的教育，以使他们能够发展成为自主和自足的个体。这种愿望总的说来是与社会的总体目标相协调的，可以说这种愿望在一定程度上展现了成人社会对儿童的一种担心和害怕，也即说成人社会总是在"担心孩子"与"害怕孩子"之间进退维谷。正如历史学家罗伯特·布雷姆纳（Robert Bremner）对这一矛盾现状的解析，一方面，"从积极的方面而言，在民主国家里，儿童是未来的公民，是国家最有价值的资源，为了其自身的安全，国家必须贯彻执行儿童受教育的权利，以使他们成为有益的公民"。然而另一方面，他警言："从消极方面而言，国家必须保护自身免遭那帮被允许在无知、无纪和无敬中成长起来的危险少年的侵害。"② 由此可见，我们主张并赋予儿童受教育的权利的内在考量因素相当的复杂，既有善意的方面，也有恶意的方面。

但需要我们反思的是，我们在考察儿童受教育权的时候往往是从成人社会的角度出发，对孩子的担心也好，害怕也好，总之都是以成

----

① 参见王雪梅《儿童权利论——一个初步的比较研究》，社会科学文献出版社 2005 年版，第 146 页。

② ［美］玛格丽特·K. 罗森海姆等：《少年司法的一个世纪》，高维俭译，商务印书馆2008 年版，第 3 页。

人的视角来外在地考察教育对于儿童的价值和意义，而往往忽略从儿童的视角内在地考察儿童对于教育的理解，为此，我们不禁会质问，在儿童的眼里，受教育权对儿童到底意味着什么？从我们有限的经验和直觉来判断，也许很多儿童会说，我不愿意接受教育，而更愿意每天在旷野里玩耍。儿童的天性是以一种非常接近"自然状态"的方式展现的，这或许与教育都是要达到一定人类设定的理想化目标和状态相悖的。那么，在这种意义上来说，受教育的权利对儿童来说本质上就不是儿童要争取的权利，而成为一种义务和负担。① 对此，我们不禁会追问，儿童受教育权对于儿童到底是权利还是义务呢？奥尼尔（Onora O'Neill）就曾对儿童受教育权的主张提出如下的质疑，把儿童的消极权利视作基本权利的根据是否足够充足？她主张，"如果我们不试图去把这些消极权利看作基本权利，或许我们能进一步为儿童的消极权利的道德基础提供保障"。② 儿童的基本权利的最好根据是把它们放入广泛的基本义务的话语中，这样也同样可以用作证明消极权利和义务的基础。③ 当然这种将儿童接受教育视作义务论的理解也招致了将儿童接受教育视作权利论的学者的批判，他们会说，我们不能由于儿童无法理解权利的意义就说权利对儿童是不重要的，这就如某些成人可能对于法治和权利的理解也完全达不到法治社会对公民法治意识的要求一样，但我们不能因为权利持有者对权利不理解而否认权利对权利持有者的重要性，也正如我们不能因为公民不理解法律的规定而违法就不追究其违法责任一样。但是义务论的主张确实向我们展示了一个重要的但却常常被遮蔽掉的思维面向，即儿童是否能够以一种理性和有意义的方式理解他们的权利。就儿童接受教育而言，儿童对于受教育权利及其对自己的意义的理解在很大程度上制约了儿童接受教育的兴趣和偏好问题，并且也制约了儿童受教育权对儿童产生的实际价值和意义的问题。

---

① 参见王雪梅《儿童权利论——一个初步的比较研究》，社会科学文献出版社 2005 年版，第 37 页。

② 同上。

③ 同上。

## 二　教育的目的

教育的目的通常因不同的历史、政治、文化、宗教和国情有所区别。联合国《儿童权利公约》为教育的目的设定了基本框架，公约第29 条第 1 款宣称教育的目标应当是：（a）最充分地发展儿童的个性、才智和身心能力；（b）培养对人权和基本自由以及《联合国宪章》所载各项原则的尊重；（c）培养对儿童的父母、儿童自身的文化认同、语言和价值观、儿童所居住国家的民族价值观、其原国籍以及不同于其本国的文明的尊重；（d）培养儿童本着各国人民、族裔、民族和宗教群体以及原为土著居民的人之间的谅解、和平、宽容、男女平等和友好的精神，在自由社会里过有责任感的生活；（e）培养对自然环境的尊重。① 这些目标与实现儿童的个人尊严以及儿童特殊的发展需要和能力相连。

大多数教育专家和政府官员都一致同意《儿童权利公约》第 29 条第 1 款（a）项所规定的教育的目的，即"最充分地发展儿童的个性、才智和身心能力"，而其他四项不过是向儿童传播某一方面的价值观而已，一般不认为是教育的主要目的。有学者认为，《儿童权利公约》把这一项作为教育儿童的准则，而不是作为一种理想，其实，更应该把这一条看作一项应承担的法律义务。② 我们看到这条目标实际上隐含了儿童是缺乏能力主体的假设，能够弥补这种能力缺失的方法便是对儿童进行必要的教育，这种教育的目标可以概括为一种面向自治和自由的目标，也就是洛克所主张的"为了自由"应该作为教育的终极目标，在洛克看来，儿童的个性、才智和身心能力的发展不过是获得自由的基础。③ 事实上，尽管教育的目的通常因为不同的历史、文化、政治等因素有所不同，但是基于儿童本身特殊的发展需要和不同的发展能力而言，一个指向自由、自治和未来的面向应该成为指导儿童发展利益的基本准则，在自由社会里这种准则是最被人们所珍视

---

① 参见王雪梅《儿童权利论——一个初步的比较研究》，社会科学文献出版社 2005 年版，第 153 页。

② 同上。

③ 同上书，第 154 页。

的价值。

在这里，我们还有必要将教育的目的区分为基于儿童自身特殊发展要求和能力的发展目标及基于社会文化发展要求的发展目标。基于儿童自身特殊发展要求和能力的目标是指向自由、自治和未来面向的，而基于社会文化发展要求的目标是指向价值观的传播和文化的认同的。简单地说，《儿童权利公约》第 29 条第 1 款（a）项的规定属于基于儿童自身特殊发展要求和能力的目标，而（b）、（c）、（d）、（e）项的规定属于基于社会文化发展要求的目标。就我个人的观点，这两种目标既是相互联系又是相互区别的，基于儿童自身特殊发展要求和能力的目标较基于社会文化发展要求的目标更为基础和重要，因为只有在培养儿童独立思考、独立决策和独立选择的价值之后，儿童才可能辨别出社会文化对他们的要求，也才可能在社会文化中发展出自己的目标系统和多元的价值观念。如果儿童缺乏自我理解、自我判断和自我选择的能力，那么对价值观念的教育和灌输在一定意义上就是对儿童的压抑和强制。当然，会有人批判我所主张的基于儿童自身特殊发展要求和能力的发展目标和基于社会文化发展要求的发展目标的区分，他们会说，这两种发展目标往往交织在一起，无法被清楚地区分开来，因为儿童总是成长在一定社会里的儿童，其成长和发展不可避免地深深打上某种社会文化和价值观的烙印。我会同意这样的批判是有一定道理的，但是我还是坚持认为有必要进行这样的区分，并且有必要理清这两种不同目标之间的关系，因为面向自治的教育目标，既是达致儿童发展利益的基本要求，也是发展其他社会文化教育目标的基础，同时这也是理解涉及儿童发展利益的权利和涉及儿童自治利益权利的关键。

### 三　受教育权的实现

一般来说，教育的基本方式有两种，家庭教育和包括学校教育在内的社会教育。① 从义务主体的角度考察儿童受教育权的时候，我们

---

① 参见王雪梅《儿童权利论——一个初步的比较研究》，社会科学文献出版社 2005 年版，第 149 页。

一般都会将儿童的父母和国家作为最重要的义务主体来考察。事实上，我们在强调儿童的父母和国家要积极地为儿童提供受教育的机会和条件以实现儿童受教育权的时候，我们已经在这样一种默契上探讨儿童受教育权的实现问题了，即儿童、家长和国家对教育目标、教育手段、实现途径等问题达成了一致的认知。但我们必须清楚地看到，由于各主体衡量教育价值的标准和立场等因素的不同，各主体对于教育理念、教育价值、教育目标、教育手段等问题的理解是存在巨大差异的。正如我上文提到的，我们赋予儿童受教育权的内在考量因素相当的复杂，以至于很多时候在儿童、家长和国家之间产生巨大的张力和冲突。在西方社会，根据父母的意愿让孩子接受教育还是必须到学校进行教育是经常讨论的话题，而在我国这样一个"望子成龙"的教育传统中，我们也会非常疑惑，标榜为儿童的发展利益而设立的受教育权到底是为了儿童发展的利益还是为了父母期许的利益呢？由此我们看到，各利益主体对于教育理解上的差异和冲突是实现儿童受教育权的最大障碍。

我们在评估教育价值的时候常常流连于教育带给儿童、家庭和国家的巨大潜在价值，却往往忽视了各种主体自身对教育评估的巨大差异和冲突。对儿童而言，我们往往会说，儿童是教育最大的受益者，教育是帮助儿童实现全部潜能的基础，但是我们却常常忽视儿童自身发展的特殊要求，往往将家长和社会认为正当的教育价值和理念强加给儿童，对于不接受这种教育理念的儿童会被视为反社会的儿童，这在一定程度上就剥夺了儿童对不同教育理念和形式选择的权利。对家长而言，教育子女在很大程度上是自己一项特有的权力，在抚养子女的同时，家长必然要对自己的子女进行必要的教育，家长在这种教育中获得的利益大致是，他们可以通过教育将自己的价值传递到子女身上，作为自身生命价值的延续和对生命愿景的期许，教育是最好的手段。家长总是希望按照自己的意志来规划和教育自己的子女，而使自己子女的发展深深打上自己生命的烙印，希望子女他日能够成为他们所希望成为的人。可见，家长在教育中有其独特的利益期许，这种期许或许与子女的意志完全相悖，也可能同国家的教育目标南辕北辙。但家长在教育中独特的利益期许往往被认为是正当的，且是可以对抗国家的。比如洛克就认为，尽管教育的目标在于训练幼童逐步成长、他日可作好公民，但教育是私事，统治者不应干预。维护个人自由最迫切要求得到的是限制政府权力来保障个人权利。[①] 对国家而言，教育是定国安邦的大事，开发国家最有价值的资源，同时也免于这些无知和无纪的儿童所带来的危险，对儿童实行教育对促进国家的民主、和平、宽容和发展是至关重要的利益所在。基于此种考量，国家会积极推进与社会整体目标相协调的教育理念，然而这种教育理念往往又是与儿童、家长的教育期许是不一致的，由此产生的对于国家强制推行教育的方式争议就不足为奇了。

鉴于以上的考察，我们可以很警觉地看到在儿童、父母和国家之间由于各主体对于教育的利益期许的不同，对教育理念、教育目标和教育手段等理解的差异，往往会产生尖锐的冲突，因此，对于儿童受教育权实现的困难和复杂性我们必须要有清醒的认识。我们需要一些制度、技术和手段去平衡儿童、家长和国家三个主体的不同教育利益期许，只有在这些方面做更为深入和有益的探索才能真正促进儿童受教育权的实现。

## 第五节　涉及儿童自治利益的权利

涉及儿童自治利益的权利主张实际上很复杂，总的来说可以分为两种类型的主张：第一种类型是一种基于社会公正的要求，主张成人拥有的权利应当被拓展至儿童，儿童应当享有和成人一样的权利，这种主张认为区别对待儿童和成人是没有正当理由的，此则是一种典型的儿童与成人平权论的主张；第二种类型主张儿童应当被赋予更多的自由，他们应当免于受到严格的控制，要认可和承认他们有在多种选择方案中作出抉择的能力，应当赋予他们在决定自己生活时更多的自由，尊重他们独立行动的权利。

---

① 参见王雪梅《儿童权利论——一个初步的比较研究》，社会科学文献出版社 2005 年版，第 99 页。

**一　涉及儿童自治利益的权利的内容**

大体而论，涉及儿童自治利益的权利主张是解放论者启蒙的结果，但是该项权利主张却是儿童权利理论中最富有争议的主张，该项权利主张大致可以分为两种类型。

第一种类型的主张是儿童权利理论中极端的解放论者的核心主张，即主张儿童和成人具有同样的道德地位，享有同样的权利。由于这种主张相当极端，以至于绝大部分学者无法接受这种主张，但是这种主张确实启示了我们儿童作为有独立尊严和价值的个体，作为独立于家庭的有特殊需求和利益诉求的主体，他们应当被给予同成人一样的道德考量，这样的个体也确实展现出对自治利益的某种需求。儿童随着年龄的增长，理性能力逐步完善和成熟，其自治的要求越来越高，这种动态发展过程中对自治的要求是我们必须要认真对待和重视的。但是由于这种平权论的主张在理论和实践上都有着无法解决的困境，人们普遍无法接受这种主张，法律上也通常会拒绝这样的利益诉求。第二种类型的主张可以说是一种适当的、有限的自治主张，由于绝大多数学者不接受第一种类型的主张，涉及儿童自治利益的权利主张实际上就是指上述第二种类型的主张。这种权利主张的特点是一方面承认儿童确有自治的利益要求，另一方面也承认儿童由于缺失能力而需要对儿童进行必要的限制。因此，儿童可以获得的自由是一种适当的、有限的自治权利。

20世纪后半叶西方社会普遍出现了从对儿童保护的关注向对儿童自治关注的转变，这种转变在司法、立法、教育、社会服务和医疗等领域都有所体现，而且这种不断提升的关于儿童自我决定的意识在联合国《儿童权利公约》中也得以体现并得到认可和法律化，在《儿童权利公约》中几乎有四分之一的条款涉及儿童的自我决定问题。它规定了儿童不仅被视为脆弱的、发展中的个体，而且应当把他们作为平等的个体来对待，作为社会个体，他们正发展着理性选择的能力、独立决策能力，并且还有由此产生的、日益增强的道德和法律责任。换句话说，少年正越来越被当作完全的行为能力人，应当对自己的行为负责。① 《儿童权利公约》第 12 条②、第 13 条③、第 14 条④、第 15 条⑤和第 16 条⑥集中对儿童的参与权、通信、表达、思想和信仰自由以及结社和集会的自由给予了确认，实际上这几款规定已经清晰地展现了儿童可以通过表达自己的思想和观点来实现其选择权或自由权的自治的主张。当然我们也看到，由于多元化的社会差异以及对儿童权利理解的差异，加之实践的复杂性等原因，人们在理解公约赋予儿童上述自由权的问题上存在着巨大的分歧和异议，但是公约的规定已经向我们展示了一种有限度地承认并保护儿童自治利益主张的趋向，也较为详尽地规范了涉及儿童自治利益的权利的基本内容。

## 二　涉及儿童自治利益的权利的性质

或许在儿童权利理论中最有争议，也最为复杂的问题就是涉及儿童自治利益的问题。儿童自治的利益要求一方面与儿童其他方面的利益要求相冲突，另一方面又与儿童父母的利益相冲突，因此，人们在谈及儿童自治利益的时候总是持比较保守和谨慎的态度，赋予儿童的自由和自

---

①　参见［美］玛格丽特·K. 罗森海姆等编《少年司法的一个世纪》，高维俭译，商务印书馆 2008 年版，第 568 页。

②　第 12 条 1. 缔约国应确保有主见能力的儿童有权对影响到其本人的一切事项自由发表自己的意见，对儿童的意见应按照其年龄和成熟程度给以适当的看待。2. 为此目的，儿童特别应有机会在影响到儿童的任何司法和行政诉讼中，以符合国家法律的诉讼规则的方式，直接或通过代表或适当机构陈述意见。

③　第 13 条 1. 儿童应有自由发表言论的权利，此项权利应包括通过口头、书面或印刷、艺术形式或儿童所选择的任何其他媒介，寻求、接受和传递各种信息和思想的自由，而不论国界。2. 此项权利的行使可受某些限制约束，但这些限制仅限于法律所规定并为以下目的所必需：（a）尊重他人的权利和名誉；或（b）保护国家安全或公共秩序或公共卫生或道德。

④　第 14 条 1. 缔约国应尊重儿童享有思想、信仰和宗教自由的权利。2. 缔约国应尊重父母并于适用时尊重法定监护人以下的权利和义务，以符合儿童不同阶段接受能力的方式指导儿童行使其权利。3. 表明个人宗教或信仰的自由，仅受法律所规定并为保护公共安全、秩序、卫生或道德或他人之基本权利和自由所必需的这类限制约束。

⑤　第 15 条 1. 缔约国确认儿童享有结社自由及和平集会自由的权利。2. 对此项权利的行使不得加以限制，除非符合法律所规定并在民主社会中为国家安全或公共安全、公共秩序、保护公共卫生或道德或保护他人的权利和自由所必需。

⑥　第 16 条 1. 儿童的隐私、家庭、住宅或通信不受任意或非法干涉，其荣誉和名誉不受非法攻击。2. 儿童有权享受法律保护，以免受这类干涉或攻击。

治也是相当有限的。

首先，儿童自治的利益在性质上与儿童的基本利益、儿童受保护的利益和儿童发展的利益是有冲突的，在解放论与保护论的论争中我们已经窥见到了这种尖锐的冲突，当然我们也看到了一些调和这些冲突的思维进路，但是这个问题的复杂程度仍然需要我们给予认真的对待。主张儿童与成人具有同样的道德地位，儿童可以依据自己的意志决定自己的事务，一些专属于成人的权利应当向儿童开放，这些主张与传统上对儿童保护的观念是相当不同的。传统上，年龄几乎被接受为一个排斥儿童享有某些成人享有的特权的非常充分的理由，基于此，成人享有的一些特权，诸如投票、结婚、驾驶、饮酒、工作、教育选择等权利是儿童所不能够享有的。解放论者对这种传统进行了最为猛烈的批判，他们攻击了保护论为儿童塑造的无能力、非理性的形象，也抨击了年龄标准的任意性。这些尖锐的批判激起了当代儿童权利理论中一些重大的理论和实践上的争论，如关于儿童是否可以自己决定医疗方案，是否有投票权，是否可以饮酒，是否有不经过父母同意进行堕胎以及在少年司法领域的儿童是否可以适用和成人一样的正当程序等问题开始受到新的审视和考察。这种不断扩张的儿童自治利益的要求在司法、立法、教育、社会服务和医疗等领域都有所体现，儿童权利的理论在保护与自治之间，在福利和权利之间摇摆不定，对于儿童权利保护的实践更是在矛盾和冲突中寻求着有效的平衡。

其次，儿童自治的利益要求不仅与儿童其他方面的利益要求相冲突，而且它还与父母的权威发生抵触。这种利益主张儿童可以独立于父母的意志而自主地作出决定和行动，小到吃什么，穿什么，几点钟睡觉等问题，大到自己选择教育、自己决定堕胎等问题，儿童都应当自由地作出自我决定。传统上，所有这些决定权都属于父母自治的领域，然而在拓展儿童自治利益的时候，便是对原本属于父母权威领域的一种"入侵"，即要排斥父母在这些领域的自治权。在现代西方社会，儿童自治的主张在法院和立法者那里已经得到了一定程度的认可，例如，一些立法者赋予儿童自己决定医疗方案的权利，尤其与怀孕或是堕胎有关的医疗方案，可以没有父母的同意或认可。① 实际上，涉及儿童自治利益的权利的扩展方式多种多样，或是通过赋予儿童独立行动权利的方式，或是通过寻求父母同意的方式，或是通过挑战父母自治的方式等。② 总之，伴随着儿童自治利益要求的扩展，父母为子女做决定的权威便受到排斥，对于父母的权威是否应当被排除，在何种程度上被排除的考量，一般要考察以下一些要素：（1）孩子是否有充足的能力做这样的决定；（2）如果孩子没有这样充足的能力，是否有其他的决策者，或决策程序可以作出比孩子的父母更好的决定；（3）就家庭的自治和家庭的隐私而言，国家是否能够真正地排除父母为其子女所做的决定；（4）就家庭的自治和家庭的隐私而言，排除父母为其子女所做的决定的成本；以及（5）不赋予儿童自己做决定的成本。③ 由此，我们看到儿童自治利益扩张所引发的各种考量因素实际上相当的复杂，如何处理父母子女之间的关系成为重要的理论议题。

　　基于以上的考察，我们看到，涉及儿童自治利益的权利不仅同儿童其他方面的权利和父母的权利存在着冲突，而且该项权利面临的最大问题在于这种权利主张在实践中缺乏可行性。例如，我们可以宣布儿童可以为自己的事情作出自己的决定，儿童有权利自行决定每天穿什么样的衣服、留什么样的发型、几点钟上床睡觉，什么时候吃饭和吃什么等事情，然而，我们如果期待这种主张可以产生有效的结果那将是非常不现实的。因为，如果孩子因为父母侵犯了自己上述的权利而诉至法院寻求权利保护，那么司法在处理这样的纠纷时耗费的将是巨大的资源，而不是产生效益，并且实施这样的规则也是相当困难的，因为我们不可能对家庭生活做到全面的监督和控制。当然我们的考察也不可能停留在这样一个层面，虽然我们从效益的角度和实践的可行性角度考察赋予儿童完全自治的主张是无效率且是不可行的，但是我们不能因此而放弃这样的反思，我们会质疑，很多儿童自治的主张既不会伤害到儿童，同时儿童也有能力做相应的决定，那么我们到底有什么理由仅仅基于效益的观点

---

① See Michael S. Wald, Children's Rights: A Framework for Analysis, *University of California*, Vol. 12, 1979, p. 271.

② Ibid.

③ Ibid.

就剥夺儿童自决的权利呢？并且，随着儿童年龄的增长，年龄较大的儿童对这种自治的要求明显要比年龄较小的儿童更加强烈，如果我们是希望将儿童培养成为自治的个体，那么我们还有理由随意忽视儿童日益增长的自治要求和主张吗？或许有学者会这样批判到，以上的分析似乎是没有必要的，因为关于这种问题的讨论可能仅仅被限定在哲学或是修辞学领域。[①] 这种批判确实有一定的道理，但是，这并不能成为忽视儿童自治利益要求的合理理由，我们可能不会赞同赋予儿童完全自治的权利，但是我们会同意赋予儿童适当的、有限的自治，尤其是那些对儿童未来面向的发展具有决定性和无法回溯性的领域的自治利益，我们必须要给予认真的考量和对待，否则将是对儿童的一种压迫和剥夺。基于以上的考察，我们看到事实上关于儿童自治的主张是最富有争议的领域，但同时也是儿童权利理论中最具亮点和最具特色的领域，如果我们忽视儿童自治利益的要求就将无法真正理解儿童，也就不可能公平地对待儿童。

### 三　儿童参与权的实现

对于涉及儿童自治利益的权利，《儿童权利公约》集中对儿童的参与权、通信、表达、思想、信仰、结社和集会的自由给予了确认，其中对于儿童参与权的确认是公约中最具亮点的规定。鉴于儿童参与权的特殊性，在这里我将主要阐述儿童参与权的实现问题，而对于儿童通信、表达、思想、信仰、结社和集会的自由等权利不做过多陈述。当然这并不是说这些权利对儿童而言是不重要的，而是因为这些权利是将成人关于基本自由的权利拓展至了儿童，这些权利的保障和实施所遇到的困难和问题在传统法律哲学中已经被论述得相当细致了，相比较而言，儿童的参与权作为儿童特有的一种新型的权利论述比较粗略，因此需要我们给予更多的关照和考量。

《儿童权利公约》第 12 条详细规定了关于儿童的参与权，儿童权利委员会曾经指出，《儿童权利公约》的第 12 条是与公约执行和对公

---

① See Michael S. Wald, Children's Rights: A Framework for Analysis, *University of California*, Vol. 12, 1979, p. 272.

约所有其他条款的解释有关的具有基本价值的一般原则。① 该条第 1 款
要求缔约国确保有主见能力的儿童有权对影响到其本人的所有事项自由
发表意见，对儿童的意见应按照其年龄和成熟程度给予适当的重视。第
2 条要求儿童应当有机会在影响到儿童的任何司法和行政诉讼中，以符
合国内法诉讼规则的方式，直接或通过代理人或适当机构陈述意见。该
条款明确了儿童具有参与家庭、学校和社会生活的权利，并有权对所有
影响其自身的事项发表自己的意见。该条款意味着承认儿童是积极的权
利主体，强调了儿童作为有独立价值和尊严的个体在涉及自身事务的事
项中有表达自己的感受，发表自己的意见，表明自己的态度的自由，这
是涉及儿童自治利益要求最为重要的体现。当然这种自治的要求是不完
全的自治，也可以说是非常弱势意义上的一种自治要求，但是这种参与
权已经非常明显地表现出向成人权利（尤其是父母权威）的领域拓展
的趋向，其对于促进儿童道德和法律地位的提升，对于促进儿童自治利
益的发展都具有十分重要的意义，并且这种权利深深打上儿童特殊性的
烙印，是儿童非常典型的一种权利。但无可否认的是，儿童的参与权实
际上也存在着巨大的争议和实际运作上的困境。儿童参与权的实现涉及
到以下几个方面的问题：（1）参与的性质，即指儿童的意见在整个决
策中的权威性，也即指儿童参与到关涉自身生活的事项发表意见时，他
们的意见是做决策必须参考的事项，还是优先考虑的事项，还是一般考
虑的事项；（2）参与的方式，即指何种参与方式是有效的并可以为儿
童所把握和理解的方式；（3）参与的程度，即指儿童的意见被考量的
程度，或说儿童的意见在决策和行动中的重要程度，也即指在参与中是
以成人的意见为主，儿童只被一般考量，还是以儿童的意见为主，成人
帮助式的参与；（4）参与的保障，即指如果儿童的意见没有得到适当
的重视和尊重，或是根本没有得到任何程度的考量，儿童如何来主张并
保障自己的参与权；（5）参与的效度，即指儿童什么样的参与是有效
的，也即说如果是违背常识，有害儿童身心健康的意见是否应当被排
除，无效的参与按照什么样的标准进行排除。这些问题是儿童实现参与
权必须要考量的因素，但我们不无遗憾地说，儿童的参与更多的时候是

① 参见贺颖清《中国儿童参与权状况及其法律保障》，《政法论坛》2006 年第 1 期。

依成人的意志行动，是被动性参与或是象征性参与，① 儿童参与权的保障和真正实现不仅在考验着现有的司法技术标准和手段，而且也在考验着人们对于儿童参与权尊重和重视的程度。

---

① 被动性参与指不明白参与的含义；象征性参与指没有选择权的参与。参见王雪梅《儿童权利论——一个初步的比较研究》，社会科学文献出版社 2005 年版，第 160 页。

# 第五章 国家介入父母子女关系的理论

对于儿童权利在最为一般意义上的解读和定义是不够的，我们还必须要在特定的权利义务关系中来理解和叙述儿童权利。由于儿童经历的第一次关系通常是发生在家庭中的，儿童天然地与家庭生活具有密切而特殊的关系，家庭这个亲密的小群体是大多数儿童接触社会生活的基础，家庭对于儿童的成长和发展起着至关重要的作用。因此，只有将儿童权利的保护问题放置在家庭的背景中考察，探讨国家介入父母子女关系的正当性和限度，探究儿童—家庭—国家三方复杂的关系，才能够细致地揭示出儿童权利概念的丰富内涵，构建出儿童权利、义务、规则和原则这些概念之间的具体关系，也才能真正实现和落实儿童权利的制度性保护。在国家—父母—子女三者的关系中，父母、子女关系更为紧密，那么国家有没有权力介入父母、子女的关系？对该问题的深入探讨对于研究父母、子女之间的权利义务关系，平衡和协调父母子女之间的冲突，促进良好家庭秩序的建构具有重要的理论意义。

## 第一节 父母子女关系的基本属性

父母子女关系①又称亲子关系，是一种基于血缘的最自然、最亲密的直系血亲关系，同时它也是一种最稳定、最牢固的身份关系。尽管社会进步的运动正如 19 世纪英国法律史大师梅因所描述的，"所有进步

---

① 本书所探讨的父母子女关系界定为父母与未成年子女基于自然血亲形成的父母子女关系，本书暂不讨论基于拟制血亲形成的父母子女关系。

社会的运动，到此处为止，是一个从身份到契约的运动"。① 正是这样一种运动，使得现代社会呈现出身份权日渐消隐，而契约关系普遍扩张的趋势，但父母子女之间这种牢固的身份关系仍然保持着一定的传统地位和现实价值。尽管在现实生活中，父母侵害未成年子女权益的事件时有发生，子女不服从父母的管教甚至离家出走的现象也屡见报端，但社会对亲子关系所具有的亲密性、依赖性、忠诚性的信任从未在根本上发生过动摇。但一个不可否认和忽视的问题是，尽管这种传统关系如此稳定和牢固，但在现代社会，这种关系也面临着新的挑战，受到现代契约关系和理性智识的冲击，这种关系中隐含的生物性和身份性渐渐衰退。不仅如此，个人权利（在父母子女关系中尤其体现为子女的权利或儿童权利）的扩张，使得这种关系的亲密性和隐私性也遭到普遍地质疑。基于此，对这种关系的再反思就具有重要的学术价值。由于父母子女关系是基于自然事实而形成的关系，它先于各种法律典章，所以对父母子女关系进行的探究必须建立在家庭的本质之上。而对于家庭本质的探讨有多重视角，下面笔者就从人类学、社会学和心理学的视角对父母子女关系进行简要的描述。

**一 父母子女关系的生物属性——基于人类学视角的考察**

安德烈·比尔基埃等人在《家庭史》一书中提出了家庭二元本质的观点，他们认为"……这些难题来自家庭的二元本质：它既建立在生物性需求（生儿育女）之上，又受某些社会方面限制的制约。因为，如果每一个生物性家庭都形成一个封闭的世界，自行繁衍，社会就无法存在。正如人们所观察到的那样，家庭总是在天性与文化之间来一个妥协。"② 基于这样的认识，他们提出了人类学家和社会学家在家庭问题上形成了对立的两派："纵向派"（人类学视角）与"横向派"（社会学视角）。家庭的本质是生物性和社会性的统一，任何单一因素的解释都是不完全的。这种理解对于我们深入认识父母子女关系，从而规范和

---

① ［英］梅因：《古代法》，沈景一译，商务印书馆1996年版，第97页。
② ［法］安德烈·比尔基埃等：《家庭史》，袁树仁等译，生活·读书·新知三联书店1998年版，第6页。

调整父母子女关系具有重要的意义。

人类学家对于家庭本质的认识属于"纵向派"。安德烈·比尔基埃等人说道："纵向派认为社会是始基家庭的集合体，每一个始基家庭由一男一女及他们的子女组成。他们说，始基家庭的这一至上地位建立在生物及心理基础之上。异性相吸，一种本能促使他们去繁衍，另一种本能促使母亲去养育自己的子女，等等，这些都是实实在在的天性。如果始基家庭以天然的需求为基础，那么，它就是任何社会组织坚硬的内核，任何社会组织的主体。通过扩展或衍生，其他的社会性关系似乎可归结为以下几种，这是一些生物学方面的考虑迫使你必须承认它为最原始的关系：父母与子女的关系，同父同母的子女之间的关系，作为同一子女或同一代子女的双亲的男人与女人之间的关系……在这个从拉德克里夫－布若文借用来的图表上，父母与子女的关系占据首要位置。在'纵向'教条的信仰者来看，一代一代之间的关系是根本性的，相连续的一代一代头尾相接，便构成子孙代代相传的纵线，家庭这一现实首先来自其时间上的延续性：父母生出子女；子女成年以后，再生出子女。家庭被看成是一个组织，它体现了这种线性的忠实性，将一代一代连接起来。对于每一个人来说，家庭是最古老的、最深刻的情感激动的源泉，是他的体魄和个性形成的场所。通过爱，家庭将长短程度不等的先辈与后代系列的利害与义务结合在一起。从这方面说，似乎可以将家庭与经纱相比，由天性在织布机上将它整理好，以使社会料子得以织成。"①

从人类学的角度来看，家庭是一种血缘关系，是指一个由亲子所构成的生育社群，即基于血缘、婚姻以及收养关系等结成的分享共同利益的亲属群体。这说明家庭有两个特征，一个是血缘关系，一个是分享共同利益。由此可见，父母子女关系的自然本性是基于血缘关系之上的自然事实，并且具有共同的利益。当然，我们也要时刻牢记，将父母子女关系只归结为这种生物性的联系也是大错特错的。但正是这种特殊的自然血缘关系，使得父母子女的关系与其他任何社会组织，甚至包括夫妻

---

① ［法］安德烈·比尔基埃等：《家庭史》，袁树仁等译，生活·读书·新知三联书店1998年版，第4—5页。

关系都存在着巨大的差别。这种建基在血缘上的亲情联系，在某种程度上具有高度的稳定性和忠诚性，由此在父母子女之间体现出高度的伦理性和身份性。

父母子女之间基于生物性关系自然形成一定自发的伦理规范，尽管不同的社会类型、人口结构、经济组织、宗教信仰及文化体系等千差万别，但我们都可以从一些固定的伦理规范中识别出父母子女之间的伦常，这些伦常具有一些特殊的生物性烙印。

父母子女关系最显著的一个生物性烙印就是自然的身份关系，而非契约关系。这种身份关系表现出两个完全不同于契约的最突出的特点：一是选择的单向性。所谓选择的单向性是指，父母在最大的程度上有选择子女的权利，而反过来，子女却没有选择父母的权利。在这个意义上，父母对于建立父母子女关系具有一定的主动性和选择性，而子女在该问题上却是被动的和不具有选择性的。二是不可放弃性和不可竞争性。父母子女关系的自然事实不可以放弃，父母子女关系一旦形成，不能单方宣布放弃、断绝父母子女关系。同时父母子女关系也不具有竞争性，父母不能在比较自己的子女与他人的子女之后，作出抛弃或是继续抚养自己子女的选择，同样，子女也不能竞争性选择父母。

这种相对牢固的身份关系使得父母子女之间形成了特殊的自然义务。例如父母有养育子女的最自然、最本能的义务，否则子女将无法生存和发展。同样，子女有孝敬报答父母养育之恩的伦理义务。这种在父母子女之间的自然义务更多是靠爱、仁慈、感激等人类情感来维系的，而且在很多时候父母子女之间的关系不限于自然的义务，而表现出超自然的义务，如仁慈、怜悯、英雄主义、自我牺牲等行为。父母可以为子女牺牲自己的生命，子女也可以投以同样的回报。可见，在父母子女之间更多的是人类之爱的原则，所谓人类之爱的原则正如罗尔斯在区别人类之爱与正义感时所言："……前者（人类之爱）更强烈和更广泛地表现这一欲望（行使正义的欲望），它除了正义的义务之外还准备履行所有的自然义务，甚至要超出它们的要求。人类之爱比正义感更为宽广全面，它推动着分外的行为，而后者（正义感）

却不如此。"①

正是父母子女之间的生物性联系，使得家庭成为人类体验爱、仁慈、忠诚、服从、信任、谦卑等美德最重要的场所，这些美德对于维持良好家庭秩序和个人的成长都具有重要的价值。家庭对于其成员的要求比任何团体都要迫切和重大，也就是说，家庭中相互的责任、使命、统治、期待对其成员影响更大。也正是父母子女关系的生物性联系自发地形成了家庭的固有秩序，使得家庭生活具有高度的调整性。父母子女关系的生物性质自然而然地倾向于强调家庭利益的同一性和情感的相互依赖性，强调家庭自治利益对于维护父母子女之间生物性联系的重要性。也因此，这种生物性联系更侧重于赋予父母生育、管理、教育自己后代的自治权利，保护人类试图将自己的基因更多地传播开来的良好的自然生命延续的愿望，而相对不大注重子女个人的权利要求。

## 二 父母子女关系的社会属性——基于社会学视角的考察

与人类学家从人类学视角考察家庭本质不同，社会学家从社会学视角来考察家庭的本质，其形成了安德烈·比尔基埃等人所说的"横向派"。"'横向派'教条的信奉者是将重点放在纬纱上。他们强调，事实上禁婚规定普遍存在，所以每一个家庭都由来自两个家庭的人结合而成，也就是说，每一个家庭的组成，都来自另外两个家庭的破裂：要建立一个家庭，必须由这两个家庭各自切除一个成员。从这个新家庭出生的子女，以后又要脱离这个家庭，每个人再去娶或嫁一个人，组成另一个家庭，他（她）与之结婚的人，也是脱离了自己所出生的家庭。小型家庭，社会只许它在有限的时间内存在，时间长短视不同情形而定，但总是有条件地存在。这条件就是组成这些家庭的人要移位，要送给别人或还给别人，以便用这些家庭解体下来的部分，建成另外的家庭。然后这些家庭再分成一块一块。这样一种来来往往永恒的运动，使生物性的家庭解体，将这些家庭的成分远距离运送，再与其他成分结成一体，形成新的家庭，这一运动织成了横向联姻网。'横向派'的信奉者将这

---

① ［美］约翰·罗尔斯：《正义论》，何怀宏、何包钢、廖申白译，中国社会科学出版社1998年版，第 190 页。

个横向联姻网视为力线，认为它是一切社会组织的基础，甚至由此产生一切社会组织。"①

从社会学的角度，家庭的社会功能是社会学家所最为关注的。社会学家在认识家庭功能的时候，认为如果社会要存在，只有两性的结合以及生育子女的生物性联系是不够的。因为没有家庭就没有社会，反过来，如果先没有社会，也就没有家庭。他们更侧重家庭为社会提供和输送的个人，也就是家庭切除下来的社会成员。家庭的成员不仅属于家庭，而更属于社会，是社会组织细胞的坚实基础。社会学家一般认为家庭的社会功能大致有：生育功能、抚养功能、经济功能、娱乐功能、教育功能、宗教功能等等，家庭的社会功能是社会得以存在的重要保证。

基于这种对家庭本质的认识，子女不仅仅是家庭的成员，更重要的是社会的成员。家庭的目标是将子女培养成为健康、具有理性和责任能力的社会成员，家庭肩负着这种子女社会化的重要功能。因而，父母的责任就是将自己的子女培养成为独立自主的个体，培养成为具有自主、自治、自律能力的行为主体以适应社会的发展和变化。然而从另一角度来看，父母的重要职责也是将子女培养成为脱离自己意志、统治和权威的独立个体。这样，在这种社会化的过程中，父母子女之间的关系就会出现很大的张力和冲突。儿童社会化和个体化进程的显著特征是，儿童断绝始发纽带的程度越高，他渴望自由和独立的愿望就越强，其自我膨胀的需要也就越强，脱离父母权威的要求也越强。由此，父母子女之间的关系也变得越来越复杂和紧张，父母的职责是帮助自己的子女尽快完成社会化的过程，同时父母对于子女与自己的分离又会感到焦虑和不安。这一过程，对于孩子来说是一个通过"心理断奶"，求得解放的过程，而对于父母来说，则是一个因为控制失灵而产生心理失落感的过程，二者之间的基本冲突永远不会消失。在这种社会化过程中儿童自身的权利意识普遍膨胀，而且这种膨胀还要求社会和家庭给予承认，它要求社会和家庭要把儿童看成是和父母非同一的独立的个体，儿童有自己的感觉、期望、需要、选择和自由。

---

① ［法］安德烈·比尔基埃等：《家庭史》，袁树仁等译，生活·读书·新知三联书店1998年版，第5—6页。

由此可见,父母子女关系的这种社会属性与生物属性恰恰相反,它倾向于强调父母子女利益的对立与分离,而非强调同一与依赖;它倾向于强调子女独立的利益需求,而非强调父母自治的利益需求;它倾向于强调子女身心发展与社会化的重要性,而非强调维持父母子女之间生物联系的重要性;它倾向于强调从子女的角度看问题,而非从父母的角度看问题。

### 三 父母子女关系的系统属性——基于心理学视角的考察

父母子女关系的研究是儿童社会性发展研究的重要课题之一,在心理学领域,关于父母子女关系的研究深受弗洛伊德重视儿童早期经验观点的影响,但后来,心理学家们对这一问题的基本态度和研究重点已有所改变。一般认为,父母子女关系是一种双向作用的关系,儿童在双亲的抚养下长大,同时儿童的身心反应又影响着双亲的行为。但是,儿童毕竟是不成熟的个体,他们生活于成人提供的环境中,因此,相对来说,成人对儿童的影响更深。父母子女关系是关于儿童在家庭环境中如何达到社会化的课题,这个课题主要探讨在家庭生活中,父母与儿童的相互作用在什么程度上、通过什么方式来影响儿童的身心发展的。

"父母子女关系研究中的一个重要方面,是关于婴儿对母亲依恋关系的研究。在这方面,研究者首先对动物进行了观察和实验,进而又研究了人类婴儿。结果发现,婴儿对其母亲有一种天然的情感依恋,这种情况就为以后母子之间的相互影响和作用提供了生物性的充分准备。目前,对于依恋的研究涉及:动物的依恋行为,人类依恋行为的生物学和社会学意义,依恋的起源及其发展变化,依恋产生及其消失的原因,早期依恋的后果,不同依恋类型的特点以及母亲和婴儿在依恋关系中的作用等。"[1] "父母子女关系的另一方面的研究,是探讨父亲对于儿童发展的作用。有研究表明,父亲对于男女儿童的性别角色发展有着特别重要的作用,他不仅为男孩提供模仿同化的榜样,同时也为女孩提供与异性成人交往的机会。那些早年未与父亲有过接触的男女儿童,在其性别的

---

[1] 朱智贤、林崇德:《儿童心理学史》,北京师范大学出版社 2002 年版,357 页。

社会化方面，往往是不完全的。"①

很多心理学家相当注重父母子女关系的互动，他们使用系统理论这个概念来思考家庭问题，系统理论可以运用到各种各样的复杂组织上，但是用在家庭上被证明尤其有效。② 运用系统理论认识家庭，一般会对家庭的本质产生如下一些有价值的认识："（1）整体性（Wholeness）。一个系统是一个有组织的整体，比它的组成部分要大。所以，它的性质不能通过研究其每个组成部分而得到。就家庭而言，就是说家庭不能被看成是各个家庭成员或关系的总和。它有其自身的性质，如凝聚力或者感情氛围，这是其他层面所没有的。全面了解各个家庭成员以及他们在家庭中的关系并不能解释这个组织。（2）系统的完整性（Integrity of systems）。复杂的系统是由相互联系的子系统组成的。每个这样的关系都可以被看成是一个子系统，都能被单独研究。就家庭而言，关系不仅能被当做系统，还能当做关系之间的关系。夫妻关系与母子关系之间的联系就是一个研究课题。（3）影响的循环性（Circularity influence）。一个系统的所有组成部分都是相互依存的，一个组成部分的改变对其他所有的成分都有影响。'A 导致 B'这样的陈述是不充分的，因为各个组成部分都是以互动的方式影响其他的成分。就家庭而言，这成为一个最重要、也是难以掌握的结论。简单的因果陈述，尤其是用在父母和孩子之间的关系上，被看成是一个常识，但是，在无数的例子证实了所有的社会交往都是相互影响的（包括孩子和成人的交往）之后，用循环思维替代线性思维就成为必需。家庭功能的相互性：一个孩子的行为既被父母的行为影响，也影响父母的行为；更进一步，它被父母之间的关系的影响，也影响父母之间的关系；而父母之间的关系反过来影响抚养行为的性质，同时也受它的影响。这样，这个系统的每个部分都与另外的部分相互联系在一起。只讨论抚养对儿童行为的影响并没有给出一个完整的事实。（4）稳定性和变化（Stability and change）。像家庭和关系这样的系统是开放的，就是说，它们会受外部因素的影响。一个成分的变

---

① 朱智贤、林崇德：《儿童心理学史》，北京师范大学出版社 2002 年版，357 页。

② 参见 ［英］鲁道夫·谢弗《儿童心理学》，王莉译，电子工业出版社 2010 年版，第 79 页。

化意味着其他所有成分的变化，以及它们之间关系的变化。一个突然的压力，比如父亲失去工作或孩子遭遇到意外，会影响到所有的家庭成员和他们之间的关系，还可能改变家庭作为一个整体的平衡。"[①]

基于以上系统理论对家庭本质的认识，我们看到家庭是一个动态的实体，组成部分包括每个家庭成员、他们之间的关系以及作为整体的家庭组织。[②] 以一种整体性、完整性、循环性和动态变化的理解模式来把握家庭本质和父母子女关系是非常重要的，在这种理解模式中我们尤其要重视父母子女关系两个方面的性质：一方面，父母子女关系是双向的。儿童心理学家们在很长时间里在研究父母子女关系的时候不由自主地忽视了这个问题，他们往往将儿童社会化的过程看作是从父母到孩子的一个单向过程，就像捏泥人一样，父母可以把被动的儿童随意地捏成任何样子。而实际上，哪怕是涉及最小婴儿的关系（或是交往）也是双向发展的，尽管是不同的影响，但儿童对父母的影响同父母对儿童的影响一样巨大。即使是年长的、力量更大的一方，只研究这一方的特性并不足以解释儿童的发展。只有被看成是双向的（而不是单向的）过程，社会化才能被理解。另一方面，父母子女关系并不是独立于其他的关系而存在的，每一个关系都和其他关系联系在一起，关系总是在网络中出现的：夫妻之间的关系对他们各自与孩子的关系都有影响，兄弟姐妹之间的关系也会影响到母亲和她每个子女的关系，等等。同样地，对婚姻冲突的研究生动地显示出，这样的环境中的父母和子女之间的关系也总是要蒙受伤害：关系网络中的一部分发生的事件会影响到其他的部分。[③] 因此，在规范父母子女关系时我们必须充分考虑到这种关系复杂的动态循环影响。

鉴于以上的考察，我们看到，基于人类学视角的考察向我们揭示了父母子女关系的生物属性，基于社会学视角的考察向我们揭示了父母子女关系的社会属性，而心理学视角的考察向我们揭示了父母子女关系的

---

① ［英］鲁道夫·谢弗：《儿童心理学》，王莉译，电子工业出版社 2010 年版，第 79—81 页。

② 参见［英］鲁道夫·谢弗《儿童心理学》，王莉译，电子工业出版社 2010 年版，第 79 页。

③ 同上书，第 78—79 页。

整体、完整、动态、循环的属性，这些方面的考察为我们在法律上规范
父母子女关系提供了重要的理论依据，法律必须在充分考量这些属性的
基础上给予恰当的回应和规范。

## 第二节　国家介入父母子女关系理论争议的由来

基于以上人类学、社会学和心理学上的考察，在国家—父母—子女
三者的关系中，父母子女的关系天然地具有高度的亲密性和私密性，因
此，传统上，家庭都被视为高度自治的领域，正如历史学者伊丽莎白·
普莱克（Elizabeth Pleck）所宣称的"家庭理想"："一系列将家庭隐私
神化、使得夫妇及父母亲变得极为神圣，并且有助于家庭稳定的主观意
愿。"① 这一家庭理想预设了社会公共领域与私人领域的基本分立，家
庭被归入私人领域的范畴，具有高度的自治性和隐秘性，是排斥外部力
量干预的地域。这一基本分立被证明是至关重要的，因为它有助于将儿
童问题作为一个私人问题来看待，而不是一个公共事务。根据此家庭理
想，公共和社区只有在父母失败之后方能介入家庭生活。即便是在此情
形之下，这种介入仍然是受到普遍质疑的。因为，在英美国家反国家主
义传统下，公民总是不愿意赋予国家官僚机构凌驾于他们社会与经济生
活之上的重大权力和权威，尤其是涉及家庭这种高度私密的领域。父母
自治的传统一直在处理儿童问题方面处于统治和支配地位，直到 19 世
纪以来的人道主义改革运动和儿童权利运动，关于儿童、家庭和国家的
新观念开始发生重大变化，家庭自治的传统开始慢慢被打破，尤其是在
法律社会化运动的推动下，传统家庭理想的信条和实践开始发生重大
变化。

自 19 世纪末以降，各资本主义国家相继面对各种工业化、都市化、
现代化成果对人性的挑战，各种社会矛盾趋向激化，战争、经济危机等
灾难频繁爆发，旧的利益结构急剧变动，工业革命所带来的社会问题和
公害日益严重，政府的道德正当性出现危机。各国因时因地制宜，相继

① ［美］玛格丽特·K. 罗森海姆等：《少年司法的一个世纪》，高维俭译，商务印书馆
2008 年版，第 16 页。

形成各种福利型国家，国家以维护"公共利益"为名，开始干预以往与国家不相干的劳动、福利、教育、经济等社会问题，"法律的社会化"成为时代的潮流。① 随着福利国家的日益茁壮，公共利益的涵盖面越来越大，国家为进一步保障弱者权益开始介入到传统上属于"私人领域"的家庭自治的关系，在某些方面开始重新调整个人从摇篮到坟墓对于家庭的依赖与信任。当福利国家透过法律干预家庭关系的程度日益深广时，国家介入家庭关系的合法性与正当性的问题开始遭受普遍的质疑，有关国家是否应当介入父母子女关系以及在何种程度上介入的各种争论相继展开。

笔者试图借用朗·L. 富勒在《法律的道德性》一书中论证义务的道德和愿望的道德时所设想出的某种刻度或标尺，来说明国家权力介入父母子女关系的问题。笔者也设想有一个标尺，它的最低起点是将子女作为财产的观点，这是这个标尺的一端，这个起点标示着国家完全不可以介入父母子女关系，由这个端点向上逐渐延伸，表明国家介入父母子女关系的程度越来越深，最后到达标尺的另一端，标志着主张极端的子女的自由权的观点。这个抽象的标尺上，也有一个看不见的指针，它标志着一条分界线，在这里，国家介入的行为应当止于此，家庭的自治和个人的权利得以平衡，家庭的关系和睦，家庭的功能良好地发挥。当然，想准确地划出这条分界线是非常困难的，持有不同观点的学者在此处分道扬镳。在国家介入父母子女关系的问题上持有标尺一个端点，即将子女作为财产的观点和持有标尺的另一个端点，即将子女的自由视为最高的价值的观点，这两种观点是非常少的，绝大部分的学者都认可了国家介入父母子女关系的正当性与合法性，只是在介入的程度上存在着巨大的分歧。在国家介入父母子女关系的问题上主要形成了两种对立的，同时也是最具代表性的理论，即自由放任主义的国家非介入理论（non-intervention）和干预主义的国家介入理论（intervention）。② 自由放任主义的非介入理论的代表人物有：迈克尔·沃尔德（Michael

---

① 参见张文显《二十世纪西方法哲学思潮研究》，法律出版社 2006 年版，第 96 页。

② 参见陆士桢、常晶晶《简论儿童福利和儿童福利政策》，《中国青年政治学院学报》2003 年第 1 期。

S. Wald)、约瑟夫·戈尔茨坦（Joseph Goldstein）、安娜·弗罗伊德（Anna Freud）和艾伯特·J. 索尼特（Albert J. Solnit）、罗伯特·巴里特（Robert Burt）、姆努金（Mnookin）、西姆庞吉米（Symposium）。干预主义的国家介入理论的代表人物有：S. 卡茨（S. Katz）、R. 肯普（R. Kempe）、C. H. 肯普（C. H. Kempe）、阿伦（Areen）、福斯特（Foster）、弗里德（Freed）、A. 萨斯曼（A. Sussman）、科恩（Cohen）。两派就国家是否有权力介入父母子女关系，国家在何种程度上的介入是正当的，以及国家介入父母子女关系的方式、手段和原则等方面都进行了详尽的论述。

# 第三节　自由放任主义的国家非介入理论

自由放任主义又称最少干预主义，其理论根源于自由主义的传统和理念。该理论认为家庭与市场类似，都属于私法自治的范畴，家庭有其自身的自发性，与自由市场的自发性秩序类似，家庭自身的效用和功能完全能够应对来自家庭内部与外部的挑战，从而自发维持自身的秩序。家庭是稳定性和秩序性非常强的社会基本单位，家庭中父母和子女关系的私密性与伦理性应该得到最高的尊重和保护，国家的干预反而适得其反，而且造成资源的浪费与分配的不均，干预的结果往往造成一系列复杂的社会问题。该理论从"最小的政府乃最好的政府"理念出发，主张家庭关系不容被干扰或干预，反对国家积极介入家庭关系。尽管自由民主的文化普遍信仰法律面前人人平等，但因家庭自治的利益受到宪法的保障，即使家庭成员中存在着权力不平等的情形，除非有严重虐待、剥削等紧急情势发生，否则家庭成员不能获得法律上的救济和帮助。

## 一　自由放任主义的国家非介入理论的基本前提

自由放任主义的国家非介入理论的基本前提是建立在对父母自治的传统利益的尊重和保护之上的，所谓父母的自治是指确保父母对子女养育、监护和控制的传统权利。具体而言，一方面是指要维护家庭的完整性和连贯性，另一方面是指禁止国家干预父母对子女进行管理所作出的

任何决定。① 尊重和保护父母自治的利益主张往往基于如下一些假设:
(1) 孩子由生身父母抚养和照顾最适宜他们的发展。② "法律上的家庭
概念依赖于这样一个推定:父母具有孩子所缺乏的成熟、经验以及作出
棘手决定时所需要的判断能力,更重要的是,人们一直认为,天生的亲
情纽带将使父母的行为更有利于他们孩子的利益。"③ 基于这样的推定,
人们总是认为孩子的父母总是能为孩子的利益着想,总是能为他们的孩
子作出最好的决定,因为他们最了解他们的孩子,也最了解他们孩子的
最佳利益。(2) 血缘的联系产生对于儿童抚养至关重要的关心和责
任。④ 天然的血缘联系使得父母愿意给予他们的后代更多的爱,这种爱
通常是无条件和可以作出自我牺牲的,这样的关心和爱使得家庭成为人
类体验爱、仁慈、忠诚、服从、信任、谦卑等美德最重要的场所,这些
美德对于维持良好家庭秩序和个人的成长都具有重要的价值。(3) 成
长中的孩子由生身父母抚养能够增进其身份和个性的认同。⑤ 一个人的
健康发展需要获得积极和稳定的个性认同,实际上,孩子和父母分享着
共同的遗传特征,这些共同的遗传特征不仅促进了孩子个性的形成和发
展,而且可以培养父母子女之间更深厚的感情和爱。(4) 尊重父母的
自治是对多元生活方式和思想的承认。⑥ 每个家庭的结构、基本的利益

---

① See Richard Bourne, Eli H Newberger, "Family Autonomy" or "Coercive Intervention"?
Ambiguity and Conflict in the Proposed Standards for Child Abuse and Neglect, *Boston University Law
Review*, Volume57, Number 4, July 1977, p. 671.

② See David William Archard, Children, Family and the State, Ashgate Publishing Company,
2003, p. 84. Michael S. Wald, Thinking about Public Policy toward Abuse and neglect of Children: A
Review of Before the Best Interests of the Child, Michigan Law Review, Vol. 78, No. 5, 1980 Survey of
books Relating to the Law (Mar. , 1980), p. 645.

③ [美] 玛格丽特·K. 罗森海姆等:《少年司法的一个世纪》,高维俭译,商务印书馆
2008 年版, 128 页。

④ See Michael S. Wald, Thinking about Public Policy toward Abuse and neglect of Children: A
Review of Before the Best Interests of the Child, Michigan Law Review, Vol. 78, No. 5, 1980 Survey of
books Relating to the Law (Mar. , 1980), p. 645.

⑤ See David William Archard, Children, Family and the State, Ashgate Publishing Company,
2003, p. 84.

⑥ See Michael S. Wald, Thinking about Public Policy toward Abuse and neglect of Children: A
Review of Before the Best Interests of the Child, *Michigan Law Review*, Vol. 78, No. 5, 1980 Survey of
books Relating to the Law (Mar. , 1980), p. 645.

以及家庭的观念都是有差异的，尊重父母的自治权威实则是对多元生活方式和价值理念的尊重和承认，这是自由主义传统的基本价值目标。（5）生身父母养育他们的孩子可以解决家庭与政府的角色分工合作。①尊重父母的自治和家庭的私密性，实际上是在家庭和政府之间确立了一种详尽的分工体系，父母负责"小家"，政府负责"大家"，家庭和政府应各守本分，各施其责。基于以上这些假设，自由放任主义的国家非介入理论者主张父母的自治权属于自然先验权或建构取得权，父母在养育子女的事务上有充分的主导权和决定权，国家应该高度尊重和保护父母自治的传统权利，对此权利的唯一限制是父母违反了最低限度的照顾义务。

以上是非介入主义者的一些基本前提假设，当然非介入主义者也意识到这些假设着实存在着一些问题，而并非普遍的真理，他们承认确实有很多自然血亲的父母不总是会达到我们所期待的目标，他们不能给予他们的子女爱护、关心和引导，甚至有些父母是相当冷酷和残忍的，他们会忽视、剥削、虐待，甚至杀害自己的子女，但通常这样的情形一般被认为是一些特例，而这些特例并不妨碍以上的一般性假设。②尽管如此，国家干预的介入主义者仍然对非介入主义者以上的基本前提假设进行了猛烈的批判。他们指出孩子由生身父母抚养和照顾并不必然适宜儿童的发展，父母子女之间的血缘联系也并不必然产生父母对于子女抚养至关重要的关心和责任，因为自然血亲的父母并不总是会为了孩子的利益着想，并不总是了解他们的孩子和他们孩子的最佳利益之所在，也并不总是能够为他们的孩子作出最好的决定。他们还指出，成长中的孩子由生身父母抚养并不必然能够增进儿童的身份和个性的认同，因为父母的专断、任性、控制、忽视和虐待等行为将可能会使孩子的童年生活和成长期在忐忑和梦魇中度过，这将会使儿童失去对家庭的依赖和信任感，也将会对孩子的发展和个性的形成造成无法弥补的伤害。对于尊重父母的自治是对多元生活方式和思想的承认的观点，他们批判到，国家

---

① See David William Archard, *Children*, *Family and the State*, Ashgate Publishing Company, 2003, p. 85.

② Ibid., p. 84.

对于多元思想的尊重并不必然表明国家对于家庭中父母侵害子女的行为可以听之任之，子女在家庭中的合法权益是父母行动的边界。对于生身父母养育他们的孩子可以解决家庭与政府的角色分工合作的观点，他们批判到，父母子女之间并不总是充满慈爱、信任和忠诚的理想化状态，而是常常表现出冲突和矛盾的状态，父母在负责"小家"时如果没有尽到责任和义务，那么国家就有义务和责任确保儿童获得充分的照顾和抚养。国家干预的介入主义者对于非介入主义者如上的批判是建立在家庭正义和儿童权利理论之上的，他们明确国家在确保儿童在家庭中获得充分的照顾和养育方面的责任，追求国家对于家庭生活的积极介入和对家庭正义和子女利益的保障。

介入主义者对非介入主义的批判，促使了非介入主义者寻求更为有利的论据来应对介入主义者的批判。为了捍卫父母自治的基本前提假设，尤其是要应对介入主义者对父母子女之间自然血亲联系会产生父母对儿童抚养至关重要的关心和责任的观点的攻击，非介入主义者更加精细化了他们的理论假设，例如戈尔茨坦、弗洛伊德和索尔尼特引入了"心理父母"（psychological parent）的概念来发展父母自治的理论假设，从而巩固他们非介入主义的立场。他们的基本观点如下：首先，他们声称儿童需要与他或她的"心理父母"保持连续不断的稳定性，他们甚至极端地认为任何国家的行为都可能破坏这种关系，他们认为只有当一个孩子正在遭受极端的危险时国家才值得冒险中断这种关系。其次，他们认为孩子与父母之间充分的心理联系只有在家庭隐私处于父母自治的监管之下时才能得以维持。如果家庭的完整性被国家的介入行为破坏或者削弱的时候，孩子的需要将会受到威胁，他们对于父母是全知全能和无比强大的信仰将会被轻易地撼动。这些对于孩子发展成长的影响是非常有害的。由此，他们主张，为了确保对儿童发展至关重要的家庭纽带的完整性，家庭应当免受国家的介入。[①] 由此可见，对于他们而言，维护家庭的自治比维护连续性的生理照顾更有意义，即使他们也相信连续性的生理照顾通常对于维护一个充分的心理关系是非常必要的。他们主

---

① See Joseph Goldstein, Anna Freud, and Albert J. Solinit, *Before the Best Interests of the Child*, New York: The Free Press, 1979, pp. 8 – 10.

张任何对家庭隐私的干预，包括将家庭置于法院的监管之下都是对儿童的伤害，因为孩子们再也无法将自己的父母看作是"全知全能和无比强大的"了。以上两个观点构成了戈尔茨坦、弗洛伊德和索尔尼特的"心理父母"理论的核心观点。①

可以说戈尔茨坦、弗洛伊德和索尔尼特等非介入主义者基于心理学发展主义的观点，将"心理父母"的概念引入国家介入父母子女关系的理论中是极具创建性的思维进路，开启了国家介入父母子女关系研究的另一个重要视角，即不单单是从父母或子女的方面来探讨国家介入的问题，而是从父母子女关系的相互性和双向性的视角来考察国家介入的问题。他们的主张实则也被国家干预的介入主义者所采纳，介入主义者往往将维护父母子女关系的稳定性和连贯性作为国家介入父母子女关系的重要推定原则来为国家介入行为设限，也即说，国家的介入行为要尽可能维护父母子女关系的稳定性和连贯性。但是我们也要看到，非介入主义者基于对"心理父母"重要性的强调而得出如下的结论可能是非常可疑的，即当家庭的完整性被国家的介入行为破坏或削弱时，儿童都会出现焦虑、信任消失、情感失控等心理情绪，此时儿童对父母是全知全能的信仰开始发生动摇，儿童的需要受到威胁，发展遭到破坏。同是主张非介入主义理论的沃尔德（Wald）就对这样的推论进行了这样的批判，由心理学上关于父母子女连续关系重要性的考证得出应当维护这种关系的连续性的论证实则存在着理论上的跳跃。他指出，事实上并没有数据支持即便是暂时的违反父母自治，儿童都会产生负面的心理情绪的主张，而且即便是孩子依赖、信任他们的父母，但只有非常小的孩子会认为父母是全知全能的，比较大的孩子接触到老师、同伴、电视等，父母的价值和观点便受到挑战，所以没有理由相信儿童就会受到伤害，发展就会遭到破坏。② 此外，他们的推论实际上还基于这样的假设，即将国家的强制介入对家庭产生的影响仅仅等同于国家介入家庭而使得孩子从家庭中被移走所产生的影响，由此，他们极端地将国家介入父母子

---

① See Michael S. Wald, Thinking about Public Policy toward Abuse and neglect of Children: A Review of Before the Best Interests of the Child, *Michigan Law Review*, Vol. 78, No. 5, 1980 Survey of books Relating to the Law (Mar. , 1980), p. 649.

② Ibid.

女关系的标准限定在尊重父母自治的需要上面。事实上，他们的理论暗设了这样一种观点，即国家的介入行为破坏或削弱父母自治给孩子造成的伤害总是大于非介入状态下儿童可能会受到的身体或情感伤害。沃尔德对此也提出质疑，他指出没有理由相信，即便父母是自治的，那么国家对家庭的监督就会妨碍到这种信仰，也即便是国家的监督会妨碍到孩子对他们父母的信任，也很难让人相信这种介入的伤害就必然会比儿童的身体伤害、严重的情感虐待、父母不能提供医疗照顾造成儿童失明的伤害更大。而且，大量的文献显示国家介入可能对许多孩子是有益的，这种介入可以防止再次的虐待和帮助父母发展积极的育儿方式。①

　　当然戈尔茨坦、弗洛伊德和索尔尼特等非介入主义者也意识到基于心理学发展主义的论证存在着一些难以克服的困境，为了弥补这种论证上的不足他们还寻求其他方面的理由来反对国家对家庭的介入行为。可以说，他们反对国家介入的主张不完全或不主要是基于发展主义的假设，还有如下一些原因。首先，他们认为最低限度的介入是与他们作为公民在个人自由和人类尊严方面的坚定信仰相适应的。其次，他们认为法律体系没有能力监督父母子女之间这种微妙的、复杂的关系，因为法律体系没有资源或敏锐度来回应一个在成长中的孩子不断变化的要求和需要。② 他们认为法律体系不可能迅速地作出决定和行动以满足儿童不断变化的需求。他们也指出，替代父母照顾的可行性方案通常无法提供给孩子一个同成人建立心理联系的机会，这样孩子就被剥夺了被征求意见和被尊重的机会。这样，即使当一个孩子处于不充分照顾的家庭环境的危险中时，国家的介入也是弊大于利。③ 再次，他们特别强调任何介入的制度必须向父母作出明确的警示，到底是什么行为违反了养育孩子

① See Michael S. Wald, Thinking about Public Policy toward Abuse and neglect of Children: A Review of Before the Best Interests of the Child, *Michigan Law Review*, Vol. 78, No. 5, 1980 Survey of books Relating to the Law (Mar. , 1980), p. 671.

② See Joseph Goldstein, Anna Freud, and Albert J. Solinit, *Before the Best Interests of the Child*, New York: The Free Press, 1979, pp. 11 - 12.

③ See Michael S. Wald, Thinking about Public Policy toward Abuse and neglect of Children: A Review of Before the Best Interests of the Child, *Michigan Law Review*, Vol. 78, No. 5, 1980 Survey of books Relating to the Law (Mar. , 1980), p. 649.

的责任。① 他们反对已经存在的关于忽视和虐待儿童的法律中存在的模糊性，他们认为当一个孩子生活在"不适合的家庭"，在其"缺乏适当的照顾"或是遭受"情感上的伤害"的情况下，法律的模糊性通常鼓励了国家介入的任性。由于他们认为每个介入行动都可能对孩子造成实质的威胁，因此他们要求法律必须明确提出什么情势下的介入才可能是利大于弊的。公正的警示本身是非常有价值的，因为它可以保护个人的自由，可以避免对贫困的、少数民族和其他不受欢迎的家庭的歧视。明确的法律可以防止法官、律师、社会工作者和其他人将个人的偏见强加给不情愿的父母身上。② 最后，他们还坚持认为模糊、不确定的法律鼓励国家的介入是通过一些心怀善意但却往往忽视他们行动负面后果的人们所实施的。他们主张模糊的法律不应当将其合理性建立在"幻想"之上，这种"幻想"便是，这些的模糊法律只能依靠那些最有能力、最富技能、最敏锐的律师、法官、医生、社会工作者、养父母、家庭助工和其他人才能很好地实施儿童照顾的可替代方案。但是在权威机构中将会有相当数量的人会妨碍这种幻想成为真正现实的期待。③

　　尽管非介入主义者的论证存在着一定的瑕疵，但是我们必须要承认，自由放任的非介入主义者为我们开放出许多值得深入思考的问题和思维面向，他们在根本上反对国家行动总是对儿童有利的假设，十分警惕国家的任何介入行为对儿童所产生的危害，以及介入行动本身的任意性和武断性，这些问题都是国家介入父母子女关系理论中最为核心和棘手的问题。

## 二　自由放任主义的国家非介入理论的基本策略

　　非介入主义者由于极为强调父母的自治，强调父母子女关系的稳定性和连贯性，警惕国家任何介入行为可能造成对儿童的危害和介入行为

---

　　① See Joseph Goldstein, Anna Freud, and Albert J. Solinit, *Before the Best Interests of the Child*, New York: The Free Press, 1979, p. 17.

　　② See Michael S. Wald, Thinking about Public Policy toward Abuse and neglect of Children: A Review of Before the Best Interests of the Child, *Michigan Law Review*, Vol. 78, No. 5, 1980 Survey of books Relating to the Law (Mar. , 1980), pp. 649 – 650.

　　③ Ibid. , p. 650.

本身的任意性和武断性，质疑法律在处理更多是基于情感和伦理判断时的有效性，他们总是倾向于禁止和限制国家对家庭的介入行为。他们的基本理论纲领建基在对如下三个基本问题的回答上面：（1）由国家的代理人调查私密的父母子女关系，其合理的根据何在。在被授权改变或终止一个特定的父母子女关系之前，我们必须做什么。（2）国家改变或终止父母子女关系的充足理由是什么。（3）如果有充足的理由改变或终止父母子女关系，哪种可替代方案可以将孩子的伤害降到最低限度。① 围绕这三个核心问题，非介入主义者展开了自己的策略安排。例如戈尔茨坦、弗洛伊德和索尔尼特提出了非介入理论在具体涉及儿童保护和处置问题上的一些基本策略，这些策略进一步表明了非介入主义者的基本观点和立场，即高度尊重和保护父母的权威和自治，国家的介入行为以最低和最少限度的干预为原则，干预策略要求清晰、明确并需要预先警示。这些策略分为实体上的策略和程序上的策略，具体如下：

首先是实体上的策略。戈尔茨坦、弗洛伊德和索尔尼特将国家的介入行为严格限制在以下四种情形，也即只有出现以下四种紧急和危险的情形时国家才被允许介入父母子女关系。第一种情形：父母双方、单亲（只有父或母）或唯一的监护人死亡或失踪时，孩子无法获得照顾和监护的情形。② 该种情形属于孩子面临即刻的生存危机的特殊情形，国家必须及时介入，以保障儿童的基本生存权利。第二种情形：父母被判刑，因精神失常犯罪而被宣告无罪的，以及对孩子有性冒犯的情形。③ 当然这种情形被严格限定在由父母实施的行为中，亲属、男朋友、家里的其他成员所为的行为不构成这种情形。第三种情形：孩子遭受到父母严重的身体伤害，这种伤害可能是父母试图实施的伤害或是父母无力防止孩子遭受经常性的严重身体伤害的情形。④ 一般而言，我们对于该种情形的理解包含对孩子的"身体虐待""忽视""无住所""监护不足"等情形，但是戈尔茨坦、弗洛伊德和索尔尼特对此却进行了严格的限

---

① See Joseph Goldstein, Anna Freud, and Albert J. Solinit, *Before the Best Interests of the Child*, New York: The Free Press, 1979, p. 19.

② Ibid., p. 59.

③ Ibid., p. 62.

④ Ibid., p. 72.

定。他们指出如果仅仅是"忽视"或是"情感上的伤害"国家不能介入，国家的介入要严格限定在父母故意或是疏忽而造成"严重的身体伤害"的情形，他们禁止为了保护孩子不受到感情上的伤害而进行的介入。在这里，我们也看到，是否允许对情感伤害进行介入是介入主义与非介入主义最主要的分歧点。第四种情形：当医疗专家认为某个医疗方案对孩子是非实验性的和恰当的时候，或是医疗专家认为拒绝某个医疗方案可能会导致孩子死亡的时候，或是可预期的医疗结果是社会要求必须为每个孩子提供的一种正常健康成长或生活的机会的时候，而此时父母拒绝为孩子提供医疗照顾的情形。[①] 如果父母不能为子女提供充分的医疗保健，大部分国家的法律会规定允许国家介入，但是法规往往不能确定或提供一何为充足医疗保健的衡量标准。戈尔茨坦、弗洛伊德和索尔尼特不赞同这种不确定的法规，相反，他们提议一种明确的标准，这种标准在非常窄化的层面上限定了何为充分的医疗保健，也即只有儿童面临着死亡危险的时候，医疗界必须一致同意这种类型的介入，其介入的标准主要是为了治疗有先天缺陷的新生儿，而且必须是严重的先天缺陷，且这个新生儿有机会达到一种正常的生活或是一个值得的生活，这种治疗才是可以介入的。戈尔茨坦、弗洛伊德和索尔尼特对以上四种紧急情势的规定，在根本上是将儿童的极端伤害情形作为判定国家介入的正当性标准，而且他们还主张除非政府的官员有足够的证据证明孩子处于以上的危险情势中，否则他们主张不允许对家庭展开国家调查，国家在代表儿童利益而采取行动前必须要有充足的证据证明以上危险情势的存在。[②] 以上的策略充分展示了非介入主义者的基本立场，当然，非介入主义在具体的实施标准方面是存在分歧的，但是他们都倾向于为国家介入行为提出清晰明确的实施标准，即只有出现以上紧急的、明显的和现实的危险的情形时，国家才可以对这些特殊危险情势中的孩子给予解救和援助。

---

① See Joseph Goldstein, Anna Freud, and Albert J. Solinit, *Before the Best Interests of the Child*, New York: The Free Press, 1979, p. 91.

② See Michael S. Wald, Thinking about Public Policy toward Abuse and neglect of Children: A Review of Before the Best Interests of the Child, *Michigan Law Review*, Vol. 78, No. 5, 1980 Survey of books Relating to the Law (Mar., 1980), p. 657.

其次是程序上的策略。戈尔茨坦、弗洛伊德和索尔尼特除了提出如上的一些实体性的策略，还提出一些有关调查、判决和处置程序上的策略。（1）他们主张即便是声称儿童正处于以上他们确定的危险情势的时候，国家也应当以最低程度侵入的方式进行调查。（2）他们严格限制在司法审判前国家将儿童带离家庭的权力。（3）他们主张即便当儿童正处于他们所确定的危险情势时，国家也应当采取最低程度侵入的处置方式，除非在这种情况下儿童受到伤害，他们才会同意终止父母的权利。（4）他们主张在调查和审判阶段不应当为儿童提供独立的法律顾问，除非出现以下的情形：a. 如果家长要求为孩子聘请顾问，或是在诉讼阶段，家长明确表示没有能力代表他们的孩子，或是父母子女关系因外部介入而破裂时，孩子是可以被单独指定法律顾问的；b. 在一些严重的身体虐待案件中，从儿童被带离家庭始，直到审判终止时，孩子是可以有自己单独的法律顾问的；c. 在离婚涉及孩子抚养权争议的案件中，因为父亲或母亲不能就抚养问题达成一致，孩子也可以有自己的法律顾问。① 戈尔茨坦、弗洛伊德和索尔尼特主张关于调查、判决和处置程序上的策略适用于所有的程序，包括少年罪错程序。

简而言之，以戈尔茨坦、弗洛伊德和索尔尼特为代表的非介入主义者在涉及儿童保护和处置的问题上的基本策略是采取最低限度的强制性介入原则，基本是将国家介入行为限制在诸如遗弃或是严重虐待的情形，就此种介入态度而言，国家介入通常产生的是终止父母权利的后果，也即说，非介入主义者基本上将国家的介入行为等同于终止父母权利的行为。当然，并非所有的非介入主义者都同意戈尔茨坦、弗洛伊德和索尔尼特所提出的策略，在非介入主义者内部关于国家介入的策略问题也存在着巨大的分歧，这种分歧多集中在国家到底在何种情势下介入父母子女关系，以及如何介入的问题上面。

## 三　自由放任主义的国家非介入理论的基本原则

自由放任的非介入主义者在国家的介入行为问题上奉行最低和最少

---

① See Michael S. Wald, Thinking about Public Policy toward Abuse and neglect of Children: A Review of Before the Best Interests of the Child, *Michigan Law Review*, Vol. 78, No. 5, 1980 Survey of books Relating to the Law（Mar.，1980），pp. 657 – 659.

限度的干预原则，这种介入原则又可被称为明显而现实的危险原则①。这个原则是从美国霍姆斯大法官关于言论自由的"明显而现实的危险原则"衍生而来的。该原则对于国家介入父母子女关系持谨慎和消极的态度，它高度尊重父母的自治和权威，强调家庭的完整性和统一性，重视父母子女关系的稳定性和连贯性。该理论认为家庭本身有聚集家庭资源、统筹安排、抵御风险的内在调节功能，主张尽可能避免国家对家庭关系的介入和干预，维护家庭自然自发的秩序，高度警惕国家介入行为可能造成对儿童的伤害和介入行为本身的任意性和武断性。其基本的内涵是，在家庭关系中，只有在对儿童严重的身体和情感伤害即将发生时，国家才有介入父母子女关系的正当性和必要性，且要求这种介入要比维持现状可能产生比较少的危害。②

非介入主义者奉行的最低限度的干预原则，从根本上来说是对国家介入行为本身任意性和武断性的高度警惕，是对国家介入行为所产生的负面后果的高度关注。这种原则的基本假设是，国家介入行为会割断父母子女之间的亲情纽带，会破坏和削弱父母子女关系的稳定性和连续性，来自打破父母子女关系的伤害总是比来自不充分的父母抚养的伤害更严重，国家的介入行为往往不是促进儿童的利益和发展，而是给儿童带来更多的伤害，国家介入的结果往往是弊大于利的。基于这样的假设，他们要求严格限制国家的介入行为，主张国家的强制介入应当被限定在有正当理由认为这种介入是利大于弊的情形，尤其是将孩子带离家庭的介入手段只可以被限定在产生极端的身体危害的情形。

由于非介入主义的最低限度的干预原则过于强调父母自治的利益，过于强调国家介入行为所产生的负面后果以及介入行为本身具有的任意性和武断性，因此忽视了对儿童权利的尊重以及对儿童利益和需要的保护，否定了好的国家介入方案和恰当的国家介入行为对孩子利益和发展的促进作用。对于最低限度的干预原则的基本假设也常常受到这样的攻击：来自打破父母子女关系的伤害并非总是比来自不充分的父母抚养的

① See Samantha Brennan, Robert Noggle, The Moral Status of Children: Children's Rights, Parents' Rights, and Family Justice, *Social Theory and Practice*, 1997, 23 (1), pp. 18 - 19.

② Ibid. , p. 19.

伤害更严重，国家的介入行为并非总是带给儿童伤害和危险，国家介入的结果也并非总是弊大于利。事实上，非介入主义的最低限度的干预原则存在的最大问题就是其忽视了家庭内部的正义问题，忽视了儿童作为权利主体所拥有的正当权利。在家庭这个非常私密的角落里，可能潜藏着对儿童最大地、最持久地、最隐蔽地忽视、剥削和虐待等行为，面对这些潜在的危险和伤害，儿童这样弱小的群体是无力应对的。如果赋予父母绝对自治的权利，国家对于发生在家庭内部的伤害持消极的态度，这将完全摧毁儿童充满希望的未来和蓬勃健康的成长，同时也将极大地损害社会的利益和秩序。伴随着儿童权利观念的产生和儿童权利运动的发展，以及儿童权利保护的国际化，非介入主义者的最低限度的干预原则在处理父母子女关系时越来越令人感到不满意，学者们开始追求能够最大限度地保护儿童利益的原则来指导国家介入父母子女关系的实践。

## 第四节　干预主义的国家介入理论

干预主义的国家介入理论是与 19 世纪末、20 世纪初福利国家日益壮大，政府介入社会福利事务紧密相连的。该理论秉持福利国家乃"万能政府"的理念，主张国家有积极保障并维护个人权益的职责，为防止家庭这种类似市场的私领域中出现权力滥用的情形，国家应当将家庭置于自己的积极监督之下，应当对家庭生活进行必要的控制和规范。在儿童的照顾和保护方面，国家被附加了监管家庭和保护孩子的义务，政府的职能不再限于消极地介入父母子女关系，而是被期待通过法律和其他各种社会福利等手段积极、主动地介入父母子女关系，从而避免儿童遭受忽视、剥削、虐待和不适当的照顾，保护儿童的合法权利，促进儿童的健康发展。国家对父母子女关系的介入主要体现在以下两个方面：一方面国家要通过积极的介入排除来自家庭中对儿童的各种形式的侵害，并对侵害进行及时、迅速的救助；另一方面，国家还要通过积极的儿童福利、社会救助、教育等福利措施为儿童提供完善的福利保障。该理论高度警惕赋予父母对子女完全的自治权可能对儿童造成的危害，承认子女有其自身的与其家庭相分离的独特需要和利益，强调对子女基本权益和福祉的尊重和保障。

## 一　干预主义的国家介入理论的基本前提

干预主义的国家介入理论的基本前提是对家庭正义问题的考量，是对根植于家庭理想中的父母自治传统的批判和重新反思。英语传统国家的政治哲学一般将家庭排除在正义之外，认为将家庭作为正义研究的对象是不适当的，传统政治哲学把注意力转向家庭正义的问题是相当晚近的事情，① 奥林（Okin）就曾指出，关于家庭正义的话题在历史和当代的正义理论中要么被假定为家庭本身就是正义的，那么被假定为家庭在正义问题之外。② 金里卡（Kymlicka）也指出，家庭问题不是大量地被转移到私人领域进行研究，而是完全被忽略了。③ 对于"家庭正义"问题的探讨主要受到以下三个方面的压抑：一是，传统认为家庭属于私人的非政治领域，而正义只能适用于政治领域。罗尔斯的正义理论就是比较典型的排斥家庭正义的，其在《正义论》中明确限定了他所谈及的并非一般的正义理论，而是社会正义，这种正义原则是统治社会基本结构的，而并非统治个人行为的，其不能应用于所有可能使用的正义领域。就家庭而言，罗尔斯认为家庭的存在是充分理解自由的公平机会原则的一个障碍，他甚至反讽地要求到，家庭似乎应当被取消。④ 二是，传统认为家庭是充满爱和情感的领域，这样的领域不适于正义原则的运行。⑤ 这种主张主要是将家庭看成是"蕴藏爱和传递爱的一个情感的联合体"⑥，即便这样的联合体可能是经济不平等的源头，更是情感不平等的源头，⑦ 但是，这样的组织结构特点是不适于正义原则运行的。三是，自由主义传统对个人自由选择的尊重，使得家庭并不适合正义原则整齐划一的指导。自由选择的基本主张是个人应当尽可能自由地追求他

---

① See Samantha Brennan, Robert Noggle, The Moral Status of Children: Children's Rights, Parents' Rights, and Family Justice, *Social Theory and Practice*, 1997, 23（1），p. 1.

② Ibid. , note1.

③ See David William Archard, *Children*, *Family and the State*, Ashgate Publishing Company, 2003, p. 103.

④ Ibid. , p. 111.

⑤ Ibid. , pp. 103 - 104.

⑥ Ibid. , p. 104.

⑦ Ibid.

们自己所理解和赞同的何谓好的生活，基于这种理解，奉行自由主义信条的人们会指出，就家庭内部不平等的劳动分工和等级结构而言，这可能是家庭成员自愿选择的结果，那么有什么理由反对他们自由组织和自主选择他们认为的所谓最好的家庭生活方式呢？正如劳埃德（Lloyd）所指出的，坚持要求所有的家庭都应当遵从女权主义者关于家庭正义的模式将是强加给那些并不赞同这种模式的人们有关何为好的生活的一种教条。①

正是基于以上的观点，有关家庭正义的问题在传统和当代正义理论中一直是被排斥和压抑的问题。事实上，对于家庭和正义之间的关系给予最多关注的是女权主义者，他们对家庭和正义的关系做了一个重要的区分，即区分为家庭内部的正义（intrafamilial justice）问题和家庭之间的正义（interfamilial justice）问题。② 家庭内部的正义问题主要是探讨家庭内部成员之间是否应当适用于约束社会的正义原则，而家庭之间的正义问题主要是探讨家庭与家庭之间的关系是否适用于正义原则。③ 就此两方面问题的探讨而言，女权主义的道德理论中对于家庭之间正义问题的关注要多于对于家庭内部正义问题的关注。④ 一般而言，所谓的家庭正义问题指的是家庭内部的正义问题，而非指的是家庭之间的正义问题，国家干涉的介入理论的基础也是指家庭内部的正义问题。有关家庭内部的正义问题大致涵盖如下一些方面的正义问题：一是，一个人是否有权利建立家庭可能被看成是一个正义问题。二是，夫妻之间正义问题，这个问题主要涉及夫妻之间权利义务分配的问题。三是，父母子女之间的正义问题，这个问题主要涉及的是父母和子女之间权利义务分配的问题，国家介入父母子女关系的理论主要是探讨父母子女之间的正义问题，也即探讨父母子女之间的权利义务分配问题。传统上对待家庭关系是尊重父母在家庭中的自治权，一般赋予父母生育子女和养育子女的

---

① See David William Archard, *Children*, *Family and the State*, Ashgate Publishing Company, 2003, p. 111.

② Ibid. , p. 105.

③ Ibid.

④ See Samantha Brennan, Robert Noggle, The Moral Status of Children：Children's Rights, Parents' Rights, and Family Justice, *Social Theory and Practice*, 1997, 23（1）, p. 1.

绝对权利，但当正义问题引入家庭之后，尤其是随着儿童权利观念的产生和发展，父母生育和养育子女的绝对权利便受到普遍的质疑和批判。

　　首先是父母生育的权利。生育冲动是一种自然本能，繁衍后代和种族绵延是人类的天性，生育权利来源于人之为人的事实。法治国家一般都会通过法律来确认这种人类的基本天性，赋予父母结婚、建立家庭和生育子女的权利。国家赋予父母生育权利往往有如下一些理由：一是，创造人类是有价值的，这种价值起源于人自身，同时又超越人自身的贡献。将一个人带到这个世界上是在创造一种原初的生命，而这个生命本身又是一个新价值的源泉。二是，生育后代是夫妻恩爱的目标和结果。当然，这个原因往往不会说服那些认为夫妻之间相爱的价值同他们生育子女的价值是相当不同的人，而且这种观点也是建立在一种十分不可靠的前提之上，即爱是通过生育新的生命而进行表达和实现的。三是，生育自己的子女可以确保父母子女之间关系的质量，因为，亲生子女比非亲生子女可以较好地激发生身父母对他们最大的爱和照顾。[①] 但是从子女的角度来看，这种法律确认却剥夺了孩子选择不出生和选择家庭的权利。正如费孝通先生所言："血缘所决定的社会地位不容个人选择。世界上最用不上意志，同时在生活上又是影响最大的决定，就是谁是你的父母。谁当你的父母，在你说，完全是机会，且是你存在之前的既存事实。社会用这个无法竞争，又不易藏没、歪曲的事实来做分配个人的职业、身份、财产的标准，似乎是最没有理由的了；如果有理由的话，那是因为这是安稳既存秩序的最基本的办法。"[②] 尽管如此，但从孩子长大成人，也有同等实现天性的机会的角度看，这种权利的确认既符合人类的天性，又是公平的。

　　从人类天性和公平的角度我们都无法否认父母生育子女的权利，但是我们会提出这样的质疑，是否存在着"错误的出生"的情况，或者说儿童有不出生的权利吗？这种质问实际存在着极大的困难，因为从子女的角度来质问儿童是否有不出生的权利，这在一定程度上是一个虚假

---

　　① See David William Archard, *Children*, *Family and the State*, Ashgate Publishing Company, 2003, pp. 79 – 80.

　　② 费孝通：《乡土中国》，江苏文艺出版社 2007 年版，第 76 页。

的命题，这种反事实的权利主张对于儿童来说是没有任何意义的，但是这个问题却可以转化为父母对子女所承担的责任的问题，因为这种质疑从制约父母生育权利的角度来说确是非常有意义的。无论如何，我们都不会否认父母有生育的权利，但是这种权利并非绝对的，生育权利一般应当受到两个推定义务的限制：一是，父母有义务确保孩子能够参与到他们合理地期望能够过一个值得过的生活之中。二是，父母有义务在创造一个额外的人类时，不能直接或间接地使任何人的生活变得极其糟糕。① 密尔就曾敏锐地提出父母和社会对将要出生的儿童所应承担的责任问题，他的观点暗示了需要对父母生育的权利给予一定的限制，这种限制就是密尔所说的因父母无法承担责任而导致的"错误的出生"的情形，密尔称这种"错误的出生"是父母"道德上的犯罪"。他在《论自由》中谈道："大家还没有认识到，把孩子带到世界上来，却对提供食物喂养他们的身体和教授、训练他们的心智没有合理的预计，这对于那个不幸的后代和整个社会而言，是一种道德上犯罪。"② 密尔的这种观点是他著名的"伤害原则"的体现，当父母在子女出生前无法承担养育责任时就是对子女的一种伤害，这个时候父母生育的权利就会受到一定的限制。乔尔·费因伯格（Joel Feinberg）也指出："父母不应当把孩子带到这个世界上来，除非最低条件的福利得到了满足，且某种基本的'未来利益'预先得到了保护，或者至少在一定程度上，满足这些利益的可能性是持续存在的。当一个孩子被生出来时，即便是这些要求没有被注意到，孩子也将会受到伤害……"③ 当然，这样来探讨父母的生育权利其实总是似是而非、模棱两可的，事实上，对于不出生的问题最好理解似乎是这样的，不出生不是征求孩子或父母愿不愿意出生或想不想要孩子，而是在于个体对生命和生存的理解。④ 这种理解深化了

---

① See David William Archard, *Children*, *Family and the State*, Ashgate Publishing Company, 2003, pp. 80 – 81.

② Michael Freeman, *The Moral Status of Children*: *Essays on the Rights of the Child*, Martinus Nijhoff Publishers, 1997, p. 167.

③ Ibid.

④ 参见王雪梅《儿童权利论——一个初步的比较研究》，社会科学文献出版社 2005 年版，第 121 页。

我们对父母生育权利以及父母对子女需要承担的责任的理解。

其次是父母养育的权利。这种权利根植于父母自治的传统，其来源的事实基础是子女的出生，但子女的出生并不当然地成为父母获得管理、教育子女权利的正当理由。正如洛克的观点，父母的权利既不是建立在父母对孩子拥有所有权的基础之上，也不是建立在孩子基于理性而同意父母对他们进行控制的基础之上。根据洛克的观点，父母的权力是为了孩子的福利，由此，父母才能获得高于孩子，从而控制孩子的权力。洛克论证，父母必须管理孩子，直到他们发展出理性的效用，从而有能力管理他们自己。依洛克的观点，父母管理、教育子女权利的基础是父母对孩子福利所承担的责任，这种权利的来源是基于孩子没有有效行使自己权利和作出理性决定的能力，这是一种被普遍接受的关于父母权利来源的理论。① 这种理论为父母自治的传统奠定了重要的基础，其基本的主张是生理的父母与他们的孩子有特殊的血缘联系，由于父母具有孩子所缺乏的成熟、经验以及作出棘手决定所需要的判断、理解和推理等理性能力，因此天生的亲情纽带将使父母的行为更有利于他们孩子的利益，他们总是能为孩子的利益着想，总是能为他们的孩子作出最好的决定。这种理论更深层次的理论预设有三：其一，假设父母与子女的福利是同一的，这种假设本身存在着很大的问题。事实上，父母与子女的福利常常是不一致的，甚至是对立的。因为对于父母来讲，生养子女的过程本身就是父母一生最大的福利，一般父母会视这一过程为人生完整、生命延续、希望达成等人生价值和意义的实现。而子女的福利是成为独立于父母的个体，独立地追求属于自己的人生价值，而非父母人生价值的延续和希望的载体。恰恰是这两种不同的福利，是父母子女关系冲突的最重要的根源。其二，假设父母和子女对何谓子女的福利的看法是同一的，这种假设的难题在于由于文化、经济、社会、宗教、教育等观点的影响，父母和孩子对孩子的福利理解有很大差异，这是父母和子女福利同一假设存在问题的进一步深化和表现。其三，假设父亲和母亲在子女的福利方面的认知和理解总是一致的，这种假设常常是虚幻的。

---

① See Samantha Brennan, Robert Noggle, The Moral Status of Children: Children's Rights, Parents' Rights, and Family Justice, *Social Theory and Practice*, 1997, 23 (1), p. 11.

在一个家庭中，父亲和母亲都是各自独立的理性个体，他们因为婚姻而结成利益的共同体，承担着家庭的生活重任，同时可能在家庭利益方面分享着同样的价值取向，但是在对于子女的福利认知方面往往存在着巨大的差异，这些差异引发的冲突往往在极其复杂的利益考量后作出一定的妥协以求得家庭的和睦和完整，正是这样的妥协让我们常常忽视了父亲和母亲在教育、养育子女方面的差异。以上的这些假设随着正义问题和儿童权利观念引入到家庭领域后便开始遭到普遍的怀疑和批判，这种批判指出了父母在家庭中对儿童的对待不总是充满善意、公平和公正的，他们常常可能对儿童进行严格的控制和压制以及实施各种形式的伤害，国家对此不能听之任之，而是应当为父母养育子女的行为设置必要的边界，这个边界便是子女的合法权利，这种反思开启了国家介入父母子女关系的重要理论面向。

干预主义的国家介入理论根本上源于对父母自治传统的批判，其追求家庭内部的正义，强调对子女权利的保护。这种理论不再把儿童视为父母永久的财产，而是强调儿童与成人一样都是独立的个体，儿童作为独立的个体在家庭中应当受到应有的尊重，儿童的权益和需要应当受到高度的重视，父母不是儿童权利的主人，而只是儿童权利的托管者，父母应当以儿童的福利为取向，尽心为儿童提供适当、优良的照顾。若父母不能提供适当的照顾时，政府有权将父母的受托权强制收回，高品质的替代照顾是绝对必要的。因此，国家干预的基本理念就是通过积极的立法和国家的权威对儿童的利益和发展给予充分的保障，该种理论在当代社会受到越来越普遍的接纳。

## 二 干预主义的国家介入理论的基本原则①

干预主义的国家介入理论强调政府公共权力介入父母子女关系的合法性和必要性，其主张政府要宽泛地、积极地、主动地介入家庭生活，要对父母的养育、教育和管理进行必要的监督和干预，以最大限度地维护子女的权利，促进子女的发展。因此，与自由放任的非介入主义者相

---

① 该部分梳理主要参见王雪梅《儿童权利保护的"最大利益原则"研究》，《环球法律评论》2002 年第 4 期；王洪：《论子女最佳利益原则》，《现代法学》2003 年第 6 期。

对的主张国家干预的介入主义者在对国家的介入行为上奉行儿童最大利益原则①（The Best Interests of The Child or The Best Interests Principle），该原则也是国际人权公约和相关国家立法确立的一项旨在增进儿童保护的重要原则。②

儿童保护的"最大利益原则"，最早由 1959 年《儿童权利宣言》确认为保护儿童权利的一项国际性指导原则。此后，这一原则在若干国际公约和区域性条约中多次得到重申，1989 年联合国《儿童权利公约》的制定和颁布是确立儿童最大利益原则的里程碑。③ 至此，该原则在《儿童权利公约》以及欧美各国被广泛地规定为处理儿童事务的最高指导标准。但是，至今没有任何一项国际文件对"最大利益"的内涵和外延加以明确的界定，因此，该原则也成为最为模糊，最为含混，最富争议的指导原则。"最大利益原则"是一个结果主义的标准，这个标准主要用来指导在监护和照顾事务中如何关注儿童的未来和福祉，即我们如何来最大限度地增进儿童未来的福利。这个原则与通常以儿童的"福利"作为评判标准的司法实践准则是不同的，"最大利益"不同于一般意义上的"福利"，它提出了更高的要求。正如澳大利亚学者菲利浦·奥斯通（Philip Alston）指出的，"最大利益"标准超出了传统的权利保护的概念，开辟了新的保护儿童权利发展方向和法理解释。这种非传统的概念和新的法理解释便是儿童作为权利个体的权利理念。④ 可见，"最大利益原则"在促进儿童权利的保护方面具有相当重要的意义，该原则突出了儿童作为权利主体的地位，强调了对于儿童利益和福祉的保护，并为国家在监督和介入父母管理和照顾子女的事务中如何行动提供了有益的指导。

但是，我们也看到，"最大利益"原则虽然在世界各国被普遍承认

---

① "The Best Interests of The Child or The Best Interests Principle" 在我国主要有两种译法，"最大利益"和"最佳利益"，为了与国际公约中文译本保持一致，本书取"最大利益"的译法。

② 参见王雪梅《儿童权利保护的"最大利益原则"研究》，《环球法律评论》2002 年第 4 期。

③ 同上。

④ 参见王雪梅《儿童权利论——一个初步的比较研究》，社会科学文献出版社 2005 年版，第 64 页。

为处理儿童事务的唯一最高准则，但其最大的争议就在于"最大利益"的界定问题。到底什么是儿童的最大利益？它的内涵和外延到底是什么？最大利益是什么性质的利益？基于不同的背景、理论和特殊事实，不同的学者和法官对这些问题的回答是完全不同的。正是由于该原则的内涵和外延上含有的不确定性和模糊性，其在理论上和实践上都受到了广泛的责难。

在理论上，诸如不确定性理论、能动自治理论、文化相对主义理论①等都向儿童最大利益标准提出了责难。首先，是不确定性问题，哈佛大学 R·穆诺基（Robert Mnookin）教授从价值观入手，论证最大利益标准的不确定性，其指出"使用一种不确定性的标准将导致家庭和国家之间责任分配的不合理。"② 其他一些学者都把最大利益标准的不确定性集中在选择标准的多样性上。③ 其次，是权利冲突问题。在"最大利益"原则的行使中，常常会发生诸如个人利益与社会利益，儿童权利与父母权利相冲突等问题。其中比较突出的理论是自治理论和客观化理论。牛津大学的 J. 依克拉（John Eekelaar）、J. 莱慈（Joseph Raz）教授都强调儿童的自治，在自治的适用中又受到发展理论的挑战。客观化则把重心转向认识儿童利益的客观进程，认为儿童在和周遭社会融和时可能需要指导，而不是受社会环境的自然调节和控制。④ 再次，是文化价值冲突问题。文化相对论者 A. 那依姆（Abdullahi An-Na'im）认为，最大利益原则不会得到一致接受也不会成为普遍的文化准则。不同的历史时期，不同的文化背景以及不同的地方特色会对最大利益作出不同的诠释。⑤

在实践上，该标准也遭遇到巨大的适用困难。由于"最大利益"原则的不确定性，许多法官在处理涉及儿童事务的案件时更多地是依据

---

① 此部分为王雪梅老师的归纳，参见王雪梅《儿童权利论——一个初步的比较研究》，社会科学文献出版社 2005 年版，第 64 页。

② 王雪梅：《儿童权利论——一个初步的比较研究》，社会科学文献出版社 2005 年版，第 67 页。

③ 参见王雪梅《儿童权利论——一个初步的比较研究》，社会科学文献出版社 2005 年版，第 67 页。

④ 同上。

⑤ 同上书，第 68 页。

个人主观的判断、不确定的想法、偏见和武断而作出判决，而当我们指责这些判决的任性和武断的时候，法官往往会引用"最大利益"原则解释到，这些判决恰恰是为了儿童的"最大利益"。这样，在一定意义上，"最大利益"原则就是没有标准和原则的原则，任何理由都可以冠冕堂皇地被冠以"最大利益"的美名。于是"有批评者尖酸地指出：法院采行子女最大利益原则的公平性，与由国家举办的投掷硬币决定（state-administered coinflip）相比，其实相差无几"。[①]为了解决"最大利益"原则适用上的困难，许多国家的法官和学者试图在儿童最大利益原则下衍生出一些较为明确、具体、容易遵循的标准。如美国学理上及各州法院进一步将"最大利益"原则发展为"共同监护""心理上的父母"和"主要照顾者"三种不同的推定原则。我国在立法与司法中对"最大利益"原则的体现是"儿童优先"原则。尽管如此，这些衍生出的各种推定原则仍然存在很大的适用困难。

基于以上的考察我们看到，干预主义的国家介入理论所奉行的儿童最大利益的介入原则虽然成为普遍接受的准则，但是其在指导国家对父母子女关系介入时仍然有着许多无法克服的困难，这需要我们进一步思考国家介入行为的边界，以期一方面可以最大限度地保护儿童的权利，促进儿童的发展，另一方面又可以避免介入的任意性和武断性可能对父母的权利造成严重的侵害。

# 第五节　国家介入父母子女关系理论所开放的问题

基于对自由放任主义的国家非介入理论和干预主义的国家介入理论的考察，我们看到，二者实际上都致力于对儿童的保护，只是在国家如何对家庭中的儿童进行保护的方式和手段上存在着巨大的分歧。自由放任主义的国家非介入理论主张国家最低限度的介入，即国家只应当在紧急情势下介入父母子女关系，尽可能避免由国家介入而造成对父母子女关系的稳定性和连贯性的破坏以及对儿童造成的伤害，这种理论并非是

---

① 王洪：《论子女最佳利益原则》，《现代法学》2003 年第 6 期。

完全的、绝对的不介入理论，确切地说，这是一种最低限度的介入理论，完全的、绝对的不介入是不可能的，也是不适当的。而干预主义的国家介入理论主张国家要积极、主动地介入家庭生活，即国家为了儿童的最大利益，应当将父母对子女的监管和照顾置于自己的监督之下，积极担负起保护儿童权利和促进儿童发展的责任。从以上的考察我们也看到，尽管在国家介入父母子女关系问题上存在着各种各样的理论争议，但是一个基本的趋势和共识是国家有必要和理由介入父母子女关系，即使是自由放任主义的国家非介入理论也并没有完全否认国家在紧急情势下的介入。实际上，他们都在试图处理和平衡两种重要的利益，即父母自治的利益和子女个人的利益，当然，不同的理论对于这两种利益的重视程度不同，有的侧重于父母自治的利益，有的侧重于子女个人的利益，有的试图兼顾两者的福祉。在价值体系的衡量和选择上，自由放任主义的国家非介入理论倾向于维护父母自治的利益，而干预主义的国家介入理论则倾向于保护子女个人的权益。事实上，他们最核心的争议并非在国家介入父母子女关系的合法性和正当性问题上，而是在国家介入的理据上、程度上和方式上的争议。

　　国家介入父母子女关系着实体现了一个巨大的矛盾体。一方面，国家权力的介入只有在这样一个强大的社会共识中才能得以运行，即父母和国家之间恰当的关系是，他们合力控制儿童的生活，而这种合力必须是有益于父母的主导地位的。另一方面，"国家亲权"的原则却要证明国家权力干预父母权利的正当性，甚至要终止父母的权利。[1] 面对这样的矛盾，我们必然会追问如下一些问题，国家到底应当在何种程度上介入父母子女关系？国家应当以怎样的方式和手段介入父母子女关系？是否有恰当的原则可以指导国家对于父母子女关系的介入，使得这种介入一方面可以对父母的权威给予应有的尊重，同时又能及时地挽救面临来自家庭侵害和有潜在侵害危险的儿童，使得子女的权利可以获得最有效的保护？事实上，国家介入父母子女关系的理论为我们开放了诸多具有价值的理论问题，这些问题将促使我们更好地理解儿童权利理论。

---

　　① See Hillary Rodham Clinton, Children Under the Law, *Harvard Educational Review*, 1973, (04), p. 489.

## 一　国家的角色问题

国家介入父母子女关系的理论实际上也是探讨国家、父母、子女三者之间关系的理论。国家、父母、子女三者的关系相当复杂，一方面，为保护儿童利益，国家有时不得不在一些方面涉足家庭事务；另一方面，国家在涉足家庭事务时，又要保护家庭和儿童的隐私及尊重双方的自主权。[①] 在国家、父母、子女三者的关系中，父母子女关系尤为紧密和特殊，父母子女关系是一种基于自然事实而形成的最自然、最亲密的直系血亲关系，同时它也是一种最稳定、最牢固的身份关系，它先于各种法律典章和规范，因此，我们在探讨国家对父母子女关系的介入问题时首先需要考察的便是，要介入到父母子女之间这种具有高度伦理性、亲密性和身份性的关系时，国家到底充当什么样的角色，这是国家介入父母子女关系理论为我们开放出来的一个相当重要的问题。在自由放任主义的国家非介入理论中，国家被赋予的角色是尊重父母自治的权利，对于父母养育子女的事务国家要尽可能止步，对家庭生活要做到最低限度的干预。而在干预主义的国家介入理论中，国家被赋予的角色是促进和保护儿童的权利，对于父母养育子女的事务国家要尽可能积极地介入，最大限度地保护儿童的利益。从自由放任主义的国家非介入理论和干预主义的国家介入理论对于国家角色的不同定位中我们看到，国家的基本角色就是要平衡和协调父母子女之间的矛盾和冲突，在这种平衡中需要我们思考的便是国家到底应当对父母和子女承担怎样的责任。国家对于父母和子女所承担的责任是不同的，这些不同的责任恰恰也体现了父母和子女权利之间存在的巨大张力。就国家对于父母的责任而言，这种责任主要体现的是国家对于父母生育和养育子女权利的保护，对于家庭稳定性和连贯性的维护，对于家庭隐私的基本尊重。此外，国家还可能需要承担对父母抚养子女提供必要的引导，对特殊家庭情势下无力抚养子女的父母提供必要的援助等责任。就国家对于儿童的责任而言，这种责任主要体现的是当儿童在家庭中受到父母的忽视、剥削或虐待等危

---

① 参见王雪梅《儿童权利论——一个初步的比较研究》，社会科学文献出版社 2005 年版，第 97 页。

害时，国家负有保护儿童不受侵害的责任。如若父母的侵害行为严重到需要终止父母权利的时候，国家负有替代父母对儿童进行养育和照顾，安置儿童到对其成长和发展有益的环境中的责任。不仅如此，国家可能还需要承担帮助和促进父母改善养育行为，避免儿童在家庭中受到压制和歧视而妨碍其自治潜能的发展等责任。国家就是这样对父母和子女承担着多重且常常是无法兼顾的责任，在父母和子女的权利之间进行艰难的平衡。

## 二　国家介入的限度问题

自由放任主义的国家非介入理论与干预主义的国家介入理论最为核心的争议主要集中在国家对于父母子女关系介入的限度问题上。自由放任主义的国家非介入理论最为警惕的便是，国家权力介入家庭生活可能会产生官僚的任性替代家庭的任性，从而造成对父母子女关系稳定性和连贯性的破坏和对儿童的伤害。其尖锐地批判干预主义的国家介入理论的基本预设，即国家作为代表儿童利益的主体，总是清楚地知道儿童的需要是什么，了解儿童的情感、利益、价值之所在，儿童借助国家的权力和法律的技术可以获得充分、有效和合理的保护，国家行动总是对儿童有利的。事实上，国家并不总是清楚地知道儿童需要什么，也并不总是清楚地知道儿童的真正利益在哪里，国家往往是以一种主流的意识形态来评估和判断父母对于子女养育方式的合理性，这往往会侵犯到父母的多元价值理念和多元生活方式。当我们无法确认国家是否可以对儿童的利益作出恰当的评估，无法确认国家是否可以凭借有效的手段和技术来介入家庭生活，且无法确认这种介入是否可以得到有效的监督和制约从而克服官僚的任性的时候，我们对于国家的介入必须要保有高度的谨慎和敏锐的警惕。自由放任主义的国家非介入理论对于国家介入行为的任意性和武断性的高度警惕确实让我们意识到，确定在什么情况下国家应当介入父母子女关系是非常困难的事情。尽管我们无法满意非介入理论的最低限度的干预策略，但是我们同样也会对干预主义的国家介入理论所主张的最大限度地保护儿童最大利益的策略感到不满意，因为由于多元文化信仰、多元文化理解以及多元价值立场等问题的影响，人们对于何谓儿童最大利益的理解很难达成一致。这一原则的模糊性和含混性实际上鼓励了国家在介入问题上的官僚任性，这将可能会使原本就很复杂的家庭关系变得更为复杂和棘手，同时也使得司法实践操作变得异常困难和尴尬。鉴于这样的困难，我们需要进一步思考如何将儿童最大利益原则转化为一些具有明晰性、确定性和可行性的操作准则来指导国家的介入行为，尽可能在最大程度上避免官僚的任性，从而使得国家的介入行为既可以有效地尊重父母的权威，同时又可以达致对儿童权利的有效保护。

### 三　国家介入的手段问题

国家如何以及凭借什么样的手段介入父母子女关系是国家介入父母子女关系理论为我们开放的又一个重要的问题。父母子女关系的特殊性决定了国家介入父母子女关系的原则、手段和方法不同于国家介入其他社会关系的常规手段，这就为国家的介入行为提出了新的课题和挑战。父母子女关系的特殊性就在于，一方面，父母子女关系因生物性联系而表现出高度的伦理性、身份性、稳定性、忠诚性、亲密性和兼容性，而另一方面，由于家庭所肩负的子女社会化的重要功能，又使得父母子女关系表现出渐进的分离性和独立性。正是这种特殊性，加之在父母子女关系的动态运行中，由于文化、社会、经济、宗教、道德等因素的涉入，尤其是父母与子女有关家庭、社会、工作、人生等问题的价值观的不同，使得父母子女关系常常表现出巨大的张力和冲突，而国家对于父母和子女之间冲突的平衡和协调较之国家对于其他社会关系冲突的平衡和协调更为棘手和困难。国家往往会被期待运用常规的法律手段介入父母子女关系，但是运用法律的手段介入父母子女关系常常会遭到如下的批判，如一些学者认为，法律系统没有能力监督家庭这种微妙、复杂的人际关系，因为法律系统无法敏锐地回应一个在成长中的儿童不断变化的利益诉求和需要。还有学者认为，试图通过为父母和子女配置权利的方式来处理父母子女之间的冲突的努力将会危害到家庭关系的亲密性，其结果只会制造更多的冲突与矛盾，而不是和谐与融洽。的确，由于父母子女关系更多的是涉及情感上和伦理上的判断，而法律主要强调的是理性上的判断，二者之间有很大的距离，当我们试图运用理性的方式去处理更多的是基于情感的纠纷时，就将是对法律的一个非常严峻的挑战。我们必须清楚地意识到，传统的法律手段和技术直接搬用到处理父母子女关系的冲突中往往会造成父母子女关系的严重失衡，对待一般社会成员的法律手段很难简单地套用在家庭内部的侵权关系中。由此，我们需要创新处理这种具有高度私密性、身份性、伦理性的父母子女关系的法律技术和操作标准，从而增加国家权力介入手段的可获得性和有效性。例如，在美国，有专家在涉及国家介入父母子女关系的问题上提出了对父母进行强制教育的措施，"法官林赛一再主张对父母也应当进行强制教育，要求他们出席依据学校董事会指令所做的关于纪律、卫生和饮食的学术讲座"。① 在美国的一些州政府也在探索国家对父母的支持和指导措施，"政府正在准备发布关于婚姻方面的建议和对父母责任的建议，并提议建立一个'全国家庭和父母机构'，除了其他一些方面的工作之外，机构的主要任务是'描述和传播诸如父母抚养和亲属抚养等方面的信息和良好举措。'……更引人注目的是，政府还表示：父母在履行他们的义务以及防止儿童和青少年走向犯罪方面需要支持和指导。为了帮助提供这些支持和指导，1998 年《犯罪和扰乱社会秩序法》（the Crime and Disorder Act）授权法院，即当儿童和青少年被判有违法行为之后，法院有权发布父母关心照管儿童的命令……这一命令包括要求父母出席建议和指导会议，在那儿父母将在如何对待他们的儿童方面得到帮助。例如，帮助父母对儿童设立和执行一致的行为标准。法院也可以发布要求对儿童的行为实施控制，在此，对父母进行强有力的指导是必要的、适当的"。② 因此，在国家介入父母子女关系的手段上，对父母进行强制教育的手段，或是对父母的治疗，以及国家对父母的支持和指导的手段等都是很有益的探索。

### 四 国家介入的保障问题

国家介入父母子女关系的问题显而易见是一个政治问题，因为儿

---

① ［美］玛格丽特·K. 罗森海姆等：《少年司法的一个世纪》，高维俭译，商务印书馆 2008 年版，第 301 页。

② 同上书，第 448 页。

童在家庭中的权利保护在根本上需要公共服务系统的支持，更为重要的是国家资源投入的保障。在终极的意义上，儿童权利问题的解决是分配正义的问题。① 对儿童权利的保护不应当被看成是一种想当然的社会事实，而应当被看成是某种社会系统的目标、价值、规范、习惯、传统以及意识形态等多元文化价值的反映，② 儿童权利保护的实现必须要考虑到一个国家的基本国情和物质生活条件的现实。一个社会不可能也没有能力保证人们所有的利益诉求和主张都可以获得满足，它只可能保障和满足那些比较重要和基本的利益诉求。因此，我们在国家介入行为的基本制度、法律规范和司法运作等方面的设计必须要考虑到国家有限的资源和能力，这是儿童权利获得保障的根本制约性因素，如果忽视这个问题，那么许多人对于儿童权利的保护主张就只能是一种善良的"营救幻想"而已。事实上，国家在对介入父母子女关系的问题上常常表现出保守的倾向，也即国家倾向于保护父母自治的权利其实有着非常重要的功利性的考量，这种考量便是，以生物基因联系为基础分配养育后代的责任，是公平、便利和有效率的。③父母基于血缘的联系一般会比较尽心地照顾和养育自己的孩子，他们会为孩子的生存和发展提供尽可能多的物质生活条件，这样儿童成长和发展的社会化过程更多的责任是由其父母来承担的，这种制度安排大大节约了社会总体的抚养成本。但是当国家介入到父母子女关系时，实则大大增加了社会的总体运行成本，因为国家对于父母子女关系介入行为的实施涉及制度的设计、国家的计划资金、公共服务系统、专业的工作人员、儿童被移出家庭的安置机构、专门的司法机构以及少年法庭提供等问题，这些救济和保障系统大大增加了社会的运行成本。由此我们看到，围绕儿童权利保护的系统计划和资金运作最终需要国家资源投入的保障，这也是制约国家能否有效介入父母子女关系最为重要的因素。

---

① See Michael Freeman, *The Moral Status of Children: Essays on the Rights of the Child*, Martinus Nijhoff Publishers, 1997, p. 30.

② See Robert J. Stachowiak, Peabody, Children's Rights: Social Reality or Utopian Ideal? *Journal of Education*, Vol. 50, No. 2 (Jan., 1973), p. 137

③ 参见苏力《制度是如何形成的》，北京大学出版社 2007 年版，第 6 页。

　　以上国家介入父母子女关系理论所开放出来的问题关系到我们对于儿童权利保护的理论和实践的深入理解，对于国家介入父母子女关系正当性和限度的探讨将直接制约我们是否能够真正地实现儿童权利保护的基本构想。

# 第六章　西方儿童权利理论在我国的当代价值

　　儿童权利的观念源自于西方，半个多世纪以来西方学者对其理论和实证上的研究已趋于成熟，但是在儿童权利的实际运作和制度构建层面始终存在着各种各样的问题和冲突，这些问题和冲突既有儿童权利概念本身的模糊性问题，又有多元文化的冲突问题。就儿童权利理论研究的发展趋势而言，由于多元文化价值和传统的冲突，对于儿童权利的理解以及儿童权利保护的实践在不同法域和文化之间存在着巨大的差异，学者们普遍认识到儿童权利观念只有较好地适应各国的文化传统与信仰才可能获得较好的认同与实施。因此，本书对西方儿童权利理论考察的真正目的不仅仅在于探讨西方理论本身，而更在于探究如何使儿童权利理论的基本价值和精神融入我国文化传统和基本国情之中，从而建构出既可以吸纳儿童权利理论精髓，又能适应我国国情的儿童权利保护法律体系和制度框架，也即探究西方儿童权利理论在我国的当代价值，才是本书研究的真正目的和意义之所在。

## 第一节　儿童权利与文化多元主义

　　由于对儿童权利的理解在多元文化价值和传统中存在着巨大的差异，为此，我们有必要先对儿童权利与文化多元主义进行必要的考察。法律同文化传统的关系非常复杂，二者常常处于潜在的冲突状态。传统文化、价值和惯例往往构成接纳和认同"进步"的法律和权利的障碍，这种潜在的冲突随着 20 世纪支持采纳国际规范标准的运动而变得更加紧张。①《儿童权利公约》在序言中就明明白白地表达了这种矛盾和冲突。一方面，公约明确要求各缔约国要确保儿童普遍的权利获得无差别的满足。公约宣布："本公约缔约国，考虑到按照《联合国宪章》所宣布的原则，对人类家庭所有成员的固有尊严及其平等和不移的权利的承认，乃是世界自由、正义与和平的基础。铭记联合国人民在《宪章》中重申对基本人权和人格尊严与价值的信念，并决心促成更广泛自由中的社会进步及更高的生活水平。认识到联合国在《世界人权宣言》和关于人权的两项国际公约中宣布和同意：人人有资格享受这些文书中所载的一切权利和自由，不因种族、肤色、性别、语言、宗教、政治或其他见解、国籍或社会出身、财产、出生或其他身份等而有任何区别。"然而，另一方面，公约却又对不同的文化传统作出了妥协和让步，指出要适当考察不同民族的不同文化传统。公约宣布："适当考虑到每一民族的传统及文化价值对儿童的保护及和谐发展的重要性。"这种在尊重儿童基本人权与认同文化多样性之间摇摆不定的表述还体现在公约的其他条款中。公约第24条第3款规定："缔约国应致力采取一切有效和适当的措施，以期废除对儿童健康有害的传统习俗。"这一条款体现了公约对儿童基本人权的尊重，并致力于采取一切有效手段保护儿童的基本人权。而公约第30条则规定："在那些存在有族裔、宗教或语言方面属于少数人或原为土著居民的人的国家之一。不得剥夺属于这种少数人或原为土著居民的儿童与其群体的其他成员共同享有自己的文化、信奉自己的宗教并举行宗教仪式或使用自己的语言的权利。"这一条款又体现了公约对各国的文化传统表现出最大的宽容性。《儿童权利公约》实际上是一个多样文化相互融通和妥协的产物，在很多条款中都可以看到这种融通和妥协的痕迹，公约在人权与文化之间寻求艰难的平衡。也恰恰是因为这一点，我们也就不难理解，为什么儿童权利解放运动的发源地，也是儿童权利理论和制度实践最为成熟的美国，是仅有的两个未加入《儿童权利公约》的国家之一。美国之所以没有加入《儿童权利公约》并非其不认同儿童的权利，而是公约中关于儿童权利的某些规定

---

①　See Gillian Douglas and Leslie Sebba, Children's Rights and Traditional Values, Aldershot/Brookfield/Singapore/Sydney: Ashgate, 1998, Editors' Introduction, p. xi.

与美国的传统政治理念、联邦主义的法律体系和传统家庭理念存在着冲突，其中争议最大的问题就是公约中有关儿童参与权的规定。由此，我们看到，《儿童权利公约》向各缔约国提出了一个十分具有挑战性的问题，即各缔约国如何保证儿童基本权利得到普遍的落实，同时又要尊重多元文化和传统的特殊性，这已经成为儿童权利实践领域最富有挑战性的世界性难题。

文化多元主义（cultural pluralism）的论述最早可以追溯到希腊历史学家希罗多德（Herodotus），之后有蒙田、维柯（Vico）、休谟（Hume）、孟德斯鸠（Montesquieu），孟德斯鸠或许是第一个试图解释文化差异的人。到了 20 世纪，学者们开始准确表达文化多元主义的概念。①

多元主义是关于价值根源的理论。多元主义者相信实现美好的生活依赖于许多合理的关于何谓一个好的生活的设想和标准，然而，诸多合理的美好生活设想和标准之间往往存在着冲突。政治伦理需要处理这些冲突，并努力解决那些为了实现美好生活所必需的不相容或不相称的价值所带来的困难。例如，信仰男女平等同信仰男性优于女性，这两种价值就是不相容的，实现其中一种价值，就要排斥另一种价值。不同价值之间因缺乏比较标准，往往无法进行比较。不可比较的价值之间不一定是不相容的，只是它们不能够并存。多元主义接受价值之间的冲突可以诉诸合理的价值位阶来解决。他们承认一个合理的多元性位阶是存在的。相反，普世主义（monism）或是普遍主义（universalism）致力于寻求到一个压倒性价值（overriding value）或是一系列价值，如果是一系列价值，理性的人们可能会通过某种方式进行比较后找到一个可以接受的排序方案。多元主义反对普世主义，因为它们无法接受存在着一个压倒性价值的观点，也无法接受一些考虑总是优先于其他一些考虑的观点。普世主义武断地处理发生道德冲突的情形，没有确定的标准可以合理地断言某种认识是唯一正确的认识。多元主义和普世主义一致之处在

①　See Michael Freeman, *The Moral Status of Children*：*Essays on the Rights of the Child*, Martinus Nijhoff Publishers, 1997, p. 136.

于，它们都需要寻求解决冲突的合理方法。①

多元主义不仅反对普世主义，它也反对相对主义，尽管相对主义是多元主义的重要理论来源。正是因为多元主义来源于相对主义，所以二者经常被混淆。文化相对主义是人类学中的一个重要概念，但它本身又是一个历史的观念，在不同理论语境中的含义并不完全相同。归纳起来，文化相对主义有两项基本要义：一是极力推崇自身的文化及价值；二是反对在不同文化之间做价值比较及排序。② 多元主义和相对主义都不承认压倒性价值，而是认为所有的价值都是有条件的，存在多元的价值，且它们之间是不相容和不相称的。它们都承认需要冲突解决方案，但是相对主义比多元主义走得更远，它认为所有的价值都是传统的。相对主义产生于文化的进化论，进化论者一般是欧洲人和种族主义者。文化相对主义同多元主义一样是一种关于评价或判断方式的理论，但对于相对主义者而言，评价是同文化背景相关的。因此，杰出的文化人类学家，相对主义的创始人之一鲁思·本尼迪克特（Ruth Benedict）认为，宽容是文化相对主义的一个关键因素。赫斯科维茨（Herskovits）指出，认识到"每一种习惯都有内在的尊严"是非常必要的。哲学家查尔斯·泰勒（Charles Taylor）也提到文化的平等价值推定。③

相对主义是极具吸引力的，因为它植根于平等主义（egalitarianism）、自由主义（liberalism）、现代主义（modernism）。它反同化主义（an-assimilationist）、反帝国主义（anti-imperialist），对民族优越感（ethnocentrism）怀有深深的敌意，它同情并想要保护传统和本土人的权利。它还具有一种以密尔的方式（Millian way）提升道德知识的价值，尽管这种方式假设在跨文化间有进行真实交流的可能性，当然这并不总是可能的。相对主义将所有价值都视作在特定传统中不断发展的习惯、惯例和信仰的产物。它们否认任何一种价值在他们的文化环境之外具有任何的权威，具有认识论和道德的意义。它们否认不同传统价值之

① See Michael Freeman, *The Moral Status of Children: Essays on the Rights of the Child*, Martinus Nijhoff Publishers, 1997, p. 136 – 137.

② 参见杨须爱《文化相对主义的起源及早期理念》，《民族研究》2015 年第 4 期。

③ See Michael Freeman, *The Moral Status of Children: Essays on the Rights of the Child*, Martinus Nijhoff Publishers, 1997, p. 137.

间的冲突可以以任何合理的方式得到解决，因为理性本身就是特定文化的一个产物。因此，它们要求我们不要质问像童婚、女性割礼、深闺习俗、妻子殉夫或多偶婚制等社会习俗度是不是能够被我们所奉行的道德标准所证明，而是要质问这些习俗能否通过相关的社会文化知识受到约束。但是，如果这样就意味着，一种文化只能通过内在的价值判断标准作出判断，那么外来文化的道德原则就没有任何合法性和道德性，它们只能成为习俗的奴隶，这样"应当"就得放弃它不得不批判"是"的先验性权力。而事实上，对于任何实践的论证必须要超越实践存在本身。一种文化允许童婚或女性割礼必须能够通过一个更强的论证或是一系列论证来支撑，而不是仅仅依赖社会共识。①

普世主义和多元主义都反对相对主义，因为普世主义相信一个实践可以被一个压倒性的价值所评判。而多元主义者主张存在很多独立于正在探讨的文化背景的价值，这些价值可以在冲突的解决中得到合理地诉求。毫无疑问，存在某些不会随着世俗更迭的需求，它们具有历史上或文化上的延续性，它们是任何地方的人们都有的需求。但这并不意味着，这些需求都要以同样的方式获得满足。例如，人们对于食物的需求，不只有通过对肉和蔬菜的获取而获得满足。人们对于居住的需求，不只有通过对独立房子的获取而获得满足。而且这些需求也不仅仅具有生理学上的意义，还有诸如对舒适、情感、友谊等心理学上的需求，以及对秩序、安全、尊严、尊重、隐私等社会学上的需求。存在人类福利最低限度的需求，无论如何定义何谓一个好的生活，也无论如何在任何特殊文化背景中有何特殊的价值需要保护，人类最低限度的需求必须获得满足。多元主义和相对主义在此产生明显的分歧。相对主义者不承认这些基本的价值，因为他们认为不存在可以独立于某种特殊文化的价值。而多元主义承认这些基本的价值，但多元主义认为这些基本价值主张之间可能存在冲突，在这种情况下需要将冲突置于它的文化背景中来确定哪种价值更具有优越性。与基本价值对应的特殊价值的意义就在于它能够使个人的生活变得更有意义，因为不同的特殊价值可以达致个人

---

① See Michael Freeman, *The Moral Status of Children*: *Essays on the Rights of the Child*, Martinus Nijhoff Publishers, 1997, pp. 138 – 139.

的生活目标，实现个人的生活价值。①

以上是文化相对主义、普世主义和多元主义的基本信条，弗里曼用实例证明了只有多元主义能够解决因文化的多样性而产生的不同社会对待儿童的福利和权利适用不同的价值之间的冲突。因此，学者们普遍认识到儿童权利观念只有与不同文化传统与信仰进行较好的融合，才能构建适合不同文化的儿童权利保护体系，这已经成为儿童权利研究领域一项前沿性、世界性的课题。

## 第二节　西方儿童权利理论对我国的现实影响

半个多世纪以来，西方学者围绕儿童权利最为核心的理论问题进行了深入的研究和探讨，形成了较为成熟的儿童权利体系和脉络，儿童权利理论启蒙了大众对于儿童道德地位的再反思，促使人们用新的眼光和视角对儿童的待遇和现实状况进行理性的思考，推动了儿童权利观念在制度和实践领域的实施与适用。当代儿童权利运动进步和儿童权利理论发展最大的成就莫过于被誉为儿童权利"大宪章"的联合国《儿童权利公约》的出台，这部迄今规范儿童权利内容最丰富、最全面、最为国际社会广泛认同的公约，旨在促使儿童权利的保护能够在各缔约国真正得到贯彻和落实，改善各缔约国儿童的生存状况，切实保护儿童的利益，促进儿童的发展。我国最早在儿童权利保护方面的行动，是从20世纪80年代开始的，可以说我国儿童权利保护的实践主要是由联合国《儿童权利公约》来推动的。从1980年起我国便积极参加起草工作组的工作，1989年在第44届联大上我国作为公约草案的共同提案国之一，积极参与公约的制定、签署和批准，1990年我国政府签署了《儿童权利公约》，1991年第七届全国人大常委会决定批准我国加入《儿童权利公约》，1992年3月2日，我国常驻联合国大使向联合国递交了中国的批准书，该公约于当年4月2日对我国生效。至此，我国儿童权利保护的国内立法和实践开始追求与《儿童权利公约》的全面接轨，越

---

① See Michael Freeman, *The Moral Status of Children: Essays on the Rights of the Child*, Martinus Nijhoff Publishers, 1997, pp. 139 – 140.

来越注重与《儿童权利公约》标准保持一致，也越来越重视对儿童权利观念的尊重和保护。

在我国，儿童权利的观念实际上是极度匮乏的，我国在加入《儿童权利公约》之前完全缺乏对于儿童权利理论和实践上的准备，我国儿童权利保护的起步和发展最初的目的只是为了履行我国对于《儿童权利公约》的承诺，而并非我国自身传统的内在要求和对儿童进行自觉理性反思的结果。可以说，是《儿童权利公约》启蒙了我国儿童权利保护的观念，开启了我国儿童权利保护的大门，敦促了我国儿童权利保护的实践。改革开放30多年来，在《儿童权利公约》的影响下，我国儿童权利保护的法律体系基本形成，儿童权利保护的社会机制逐步建立，儿童权利保护工作成效显著。到目前为止，我们基本上形成了以宪法为根本基础，以未成年人保护法为主体，以民法、刑法、婚姻法等基本法律为支撑，以预防未成年人犯罪法、母婴保健法、义务教育法、人口与计划生育法、收养法等为配套措施，以妇女权利保障法、残疾人保障法以及其他民事、刑事和行政法律法规、地方性法规和大量的司法解释性文件为补充的具有中国特色的儿童权利法律保护的制度框架和全面的综合性规范体系。[①]

就我国在儿童权利保护立法和实践领域所取得的成绩和发展的现状来看，《儿童权利公约》对于我国最主要和最根本的影响是立法方面的影响。我国在儿童权利保护方面极为注重立法的作用，1992年《儿童权利公约》对我国生效的当年，我国便颁布了《中华人民共和国未成年人保护法》试图与公约接轨，拉开了我国儿童权利保护立法的大幕，但是我们不无遗憾地说，我国法律关于儿童保护的规定仅体现了一个社会善待儿童的理想和姿态。[②] 由于我国儿童权利的观念极为匮乏，我国对儿童权利保护的水平还很低，真正落实《儿童权利公约》条款和精神的能力和条件还非常不足，公约的条款和精神在很多方面与我国的传

---

① 参见曹诗权《未成年人监护制度研究》，中国政法大学出版社2004年版，第16—17页；王雪梅《儿童权利论——一个初步的比较研究》，社会科学文献出版社2005年版，第51页。

② 参见王雪梅《儿童权利论——一个初步的比较研究》，社会科学文献出版社2005年版，第54页。

统是相冲突的，对此我国的理论研究也并没有做出解决这些冲突的努力和成果。因此，我国在儿童权利保护方面的国内立法与《儿童权利公约》的对接更多的是形式意义上的或说是条文对应条文意义上的，而缺乏对儿童权利的真正理解和有生命力的实现机制。当然通过《儿童权利公约》来推动我国国内儿童权利保护的实践或许是非常有意义的思路，但是我们也不得不清醒地意识到，我国这种在儿童权利保护方面的立法过于注重法律的系统性、完整性和形式性，而忽视法律的实体性、内生性和互动性的倾向，导致了我国儿童权利保护的实践陷入形式主义的窠臼，以至于《儿童权利公约》对我国儿童权利观念的发展以及儿童权利保护的实际效果方面的影响还是相当有限的。这种形式主义发展取向同我国改革开放 30 多年来的法律发展大势有密切的关系，这种大势简单地描绘就是立法中心主义的倾向，这种倾向的突出特点便是追求法律规范的制定、法律体系的构建和法律形式的完美，但却忽视立法理念被人们理解的程度和法律规范在实际运行中对其适用的人所产生的实际效果以及司法实践的具体运行面临的困境。

这种简单追求与《儿童权利公约》接轨的形式主义立法倾向，从根本上来说是将《儿童权利公约》作为儿童权利保护的标准样本，事先预设了其对我国适用的合法性与正当性，也即说，这种思维的逻辑是，只要我国的法律与《儿童权利公约》接轨便可以达致《儿童权利公约》的目标，只要将《儿童权利公约》转化为儿童权利保护的国内法律，司法机关和民众就会依照法律行动，那么儿童的权利便可以获得根本的保障，儿童的利益和福祉便可以获得充分的促进。这种逻辑的危害就在于其丧失了对西方儿童权利理论的批判精神，同时也丧失了进一步探讨儿童权利在我国适用的合法性问题的可能性。这种单纯移植法律制度和规范而没有消化法律精神的形式主义追求直接导致儿童权利的概念被严重的宣言化，儿童权利被当作一种口号，儿童权利的观念被错当成儿童权利保护的实践，这样《儿童权利公约》对改善我国儿童的现实处境，对我国儿童权利保护实践的促进作用就相当有限了。

基于以上的考察，我们看到，《儿童权利公约》对于我国的主要影响更多的是停留在立法意义上的，当然立法作为一种象征，标示国家对某种法律关系的规范与态度，其意义不能被低估，但是对儿童权利的理解和实践仅仅停留在立法的层面上是远远不够的。鉴于此，我们需要重新回到西方儿童权利理论的脉络中批判性地考察儿童权利的基本理论，而不是仅仅停留在对《儿童权利公约》的理解和诠释上面，才有可能真正挖掘儿童权利深层次的理论问题，也才有可能真正为儿童地位的提高、儿童境遇的改善、儿童利益的促进以及儿童权利的保护作出有益的贡献。当然回到西方儿童权利理论的脉络和传统并不是目的，真正的目的是通过研究西方儿童权利理论从而促进我国儿童权利理论的研究和实践。我们应当立基于中国的文化传统和基本国情，深入探究如何将中华文明的优秀传统与西方现代文明成果相结合，从而构建出适合我国国情并且能够与世界对话的儿童权利保护的法律体系和制度框架，这是西方儿童权利理论对我国儿童权利理论研究的基本意义之所在，也是我国儿童权利理论研究亟待解决的重要课题。为了纠正我国在儿童权利保护方面的形式主义倾向，真正推进我国儿童权利保护的实践，我国儿童权利的理论研究实则面临着两个基本的任务：一是要考察儿童权利观念与我国传统文化存在的矛盾和冲突，探讨西方儿童权利理论在我国发展的主要障碍与可能进路。二是要考察西方儿童权利理论自身的理论局限性，评估儿童权利理论对我国儿童权利保护实践影响的限度。

## 第三节　儿童权利在我国发展的文化传统障碍

从西方儿童权利对我国现实影响的考察来看，我国儿童权利保护的起步和发展完全是由《儿童权利公约》来推动的，我国传统文化并没有孕育出儿童权利的观念，也没有对于儿童道德地位和法律地位的自觉反思，这必然会促使我们质问这样一个问题，为什么我们国家没有孕育出儿童权利的观念呢？对于该问题我国的一些学者已经开始了较为自觉的反思，例如王雪梅老师在《儿童权利论——一个初步的比较研究》一书中就曾质问："和其他文明相比，中国传统文化中儿童的地位尽管不比其他文明中儿童的地位好，但至少不比其他文明中儿童的地位差，这可以从远古就有的尊老爱幼的传统和法律规定中窥见一斑，……但在这一爱幼恤幼的古老文明中为什么没有孕育出儿童权利的观念呢？这块土壤到底适不适合个体权利的生存呢？"① 在她看来："中华文明是具备个人权利生长的人性基础的，那么，为什么在过去几千年的漫长岁月里，儿童权利观念没有在这里破土而出呢？不是有了土壤就能长出植物，还要有水、阳光、空气等一整套利于植物生长的生态环境。儿童权利观念也如同植物的生长一样，之所以没有在漫长的古老岁月中发芽，是因为没有一套利于其生长的环境机制。除了政治、经济因素外，文化的、道德的价值观也是遏制儿童权利生长的重要因素。中国的封建家长制的形成深受儒家尊卑长幼伦理观的影响，父权至上的价值观一直占据主流，对儿童的关爱始终仅仅是从德和仁的角度出发的。……尽管中国素有爱护儿童的良好传统，但是，这种爱护仍是出于'爱护弱小'和'扶贫济弱'的传统道德观念，这样受到保护的儿童只能依附于成人，他们的价值似乎主要在于承载成人对于家庭和社会的期望。可见，传统的儿童观往往从社会和家庭的整体利益的角度认识儿童的价值。因此，在成人的眼中儿童必须依附大人，需要被雕琢，他们的自我意识和独立人格完全被忽视，更谈不上作为独立主体而应享有相应的权益了。"② 可见，我国传统文化特质对于儿童权利观念的排斥是儿童权利观念没有在中国孕育发展的重要原因，同时它也是儿童权利理论在我国生长和发展的主要障碍。那么要探讨儿童权利在我国的发展，我们首先需要对中国传统文化的特质进行基本的考察，以期寻求儿童权利观念可以在我国生长和发展的环境机制。

对于中国的文化传统，梁漱溟、钱穆等学者曾经撮要以言：中国文化实为"孝的文化"。③ 孝，乃人伦之本，道德之源，百善之先，百行之始，教化之根。在传统伦理道德体系中，孝道是最基本、最重要的道德，居于核心和基础地位，崇尚孝道是中国文化最突出的特征之一。孝道观念通过礼乐教化根植于民族文化之中，作为一种生活原则，经过几千年的演化与沉积，已经成为一种深刻的社会心理和行为习惯，对中国

---

① 王雪梅《儿童权利论——一个初步的比较研究》，社会科学文献出版社 2005 年版，第 47 页。

② 同上书，第 48—49 页。

③ 参见任不寐《中国当代儿童权利报告序言》（http：//blog. ifeng. com/article/1396763. html）。

社会产生了广泛而深远的影响，其不仅主宰了中国古代家庭代际伦理关系的基本秩序，而且在当代中国家庭生活关系和秩序中仍然具有强烈的支配性。

　　孝道着眼于"长幼"秩序，其基本要义如许慎在《说文解字》中所释："孝，善事父母者。从老省，从子，子承老也。"[①] 善事父母就是奉养父母，顺从父母，这就是孝。在传统"孝"的伦理规范下，父是子的根据、子是父的延续，共同凝成一个毫无独立人格的"大家"。[②] 由于我国文化具有浓厚的血缘宗法成分，加之礼乐教化以及政治统治的需要等因素，孝道文化形成了强烈的尊卑有序的道德秩序安排。当然传统的孝道观念更多地是调整成年子女同父母之间的关系，但是这种观念是世代延续的，且在子女未成年时就开始了这样的道德教化，所以，孝道所提倡的父母子女关系的秩序安排，是适用于未成年子女同父母之间的关系的。孝道文化博大精深，非一言半语可以将其基本内涵和历史传统讲述清楚，但是我们一般可以从两个方面把握孝道的基本含义：一是敬养父母，二是传宗接代。这种孝道文化的基本逻辑是，因为父母生养了你，所以你就应该孝顺父母。[③] 这种伦理实际上是在生养—孝顺之间建立起简单的勾连关系，在这种生养—孝顺的简单逻辑下，形成一种成人的道德秩序安排，这种安排的基本特质便是对儿童的压制和对儿童主体性的消解。这种伦理观可以大致等同于西方社会将儿童视为父母财产的观点，孩子在这种秩序安排中完全隶属于父母，没有独立的人格和价值，对于父母之命子女完全没有道德反抗的权利和道德自卫的能力，子女唯一获得道德褒奖的方式便是对父母无条件的顺从，这种文化特质形成对儿童的严重压制。陈独秀在批判儒学三纲五常等礼教时就曾尖锐地指出，儒学的道德，是宗法社会的道德，不适于现代生活，三纲之说，使臣、子、妻无独立人格，皆非主人道德，而属奴隶道德，"父为子

---

　　① 任不寐《中国当代儿童权利报告序言》（http：//blog. ifeng. com/article/1396763. html）。

　　② 参见熊英、牟哲勤《孝道与平权：冲突、融合中的家庭代际伦理构建》，《湖北社会科学》2010 年第 10 期。

　　③ 参见任不寐《中国当代儿童权利报告序言》（http：//blog. ifeng. com/article/1396763. html）。

纲，则子于父为附属品，而无独立之道德，阶级尊卑之制度矣"。"三纲"的实质是片面之义务，不平等之道德，阶级尊卑之制度。忠、孝、节三样旧道德，严重阻碍中国社会进步。① 危害在于："一曰损害个人独立自尊之人格；一曰窒碍个人意志之自由；一曰剥夺个人法律上平等之权利；一曰养成依赖性，戕贼个人之生产力。"② 具体而言，对于孝道文化压制儿童的特质进行的批判主要有如下观点：

首先，孝道文化对子女存在着极大的不公平性。这种文化将父母和子女的关系简化为施恩与报恩的关系，其基本的逻辑是，因为父母给予了你生命，养育了你，所以你就应当感谢他们，回报他们，而这种感恩的方式便是要无条件地听从父母的指令，顺从父母的安排，服从父母的管理。这种逻辑实际上是将父母应尽的责任等同于一种施恩行为，从而对子女造成严重的不公，因为这种施恩与报恩的关系是因血缘事实而被先定的，在这种关系中一方面子女完全丧失了选择性，另一方面又消解了父母对子女应当尽的责任。正如费孝通先生所言："血缘所决定的社会地位不容个人选择。世界上最用不上意志，同时在生活上又是影响最大的决定，就是谁是你的父母。谁当你的父母，在你说，完全是机会，且是你存在之前的既存事实。社会用这个无法竞争，又不易藏没、歪曲的事实来做分配个人的职业、身份、财产的标准，似乎是最没有理由的了；如果有理由的话，那是因为这是安稳既存秩序的最基本的办法。"③ 胡适先生在长子胡祖望出生时，曾写了一首题为《我的儿子》的诗也表达了父母子女之间的这种不公平性，该诗刊载在 1919 年 8 月 3 日《每周评论》第 33 号上。诗中写道："我实在不要儿子，儿子自己来了。'无后主义'的招牌，于今挂不起来了！譬如树上开花，花落偶然结果，那果便是你，那树便是我。树本无心结子，我也无恩于你。但是你既来了，我不能不养你教你，那是我对人道的义务，并不是待你的恩谊，将来你长大时，莫忘了我怎样教训儿子：我要你做一个堂堂的人，不要你做我的孝顺儿子。"该诗表达的观念，遭到汪长禄先生的批评。

---

① 参见肖群忠《孝与中国文化》，人民出版社 2001 年版，第 116 页。
② 陈独秀：《东西民族根本思想之差异》，《新青年》第 1 卷 4 号。
③ 费孝通：《乡土中国》，江苏文艺出版社 2007 年版，第 76 页。

之后，胡适先生又写了一封答汪先生的信，更加清晰地提出了他"父母于子无恩"的关于亲子关系的新观念。胡适认为："我想这个孩子自己并不曾自由主张要生在我家，我们做父母的不曾得他的同意，就糊里糊涂的给了他一条生命。况且我们也并不曾有意送给他这条生命。我们既无意，如何能居功？如何能自以为有恩于他？他既无意求生，我们生了他，我们对他只有抱歉，更不能'市恩'了。我们糊里糊涂的替社会上添了一个人，这个人将来一生的苦乐祸福，这个人将来在社会上的功罪，我们应该负一部分的责任……至于我的儿子将来怎样待我，那是他自己的事。我决不期望他报答我的恩，因为我已宣言无恩于他。"胡适的新诗《我的儿子》及其上述通信，首次把西方尊重个性、尊重子女权利之理念引入中国社会亲子关系中，对于中国社会代际关系观念现代化产生了积极而深远的影响。①

　　其次，孝道文化对子女的主体性进行了严重的消解。孝道文化坚持这样的逻辑：由于父母生养了孩子，所以子女需要以顺从的方式服从父母的教育和管理，依这种逻辑，孩子便沦为父母的附属品，依附于父母的权威，完全丧失了自己独特的生命价值和意义，子女的存在似乎只是父母生命价值的补充和延续，只有当孩子成为下一代的父母时其自身的生命价值才得以在下一代身上继续，由此延续后代就成为百孝之首，而无法延续后代就成为百恶之首。吴虞先生就曾尖锐地批评"不孝有三，无后为大"的格言可以引出"几种大病"来："（一）有后为孝，凡无子的人，无论他有养育子女的知识能力与否，都必不可不养子。（二）以有后为孝，凡无有养妻子的财力，早已娶妻，使数千万男女常陷于贫困，辛辛苦苦，苟全性命，以度无聊的生活。（三）以有后为孝，即必行一夫多妻和蓄妾的制度。（四）因崇拜祖先而以有后为孝，遂流于保守，使四万万人作亿兆死人之奴隶，不能自拔。"他还批评："父母在，不远游"的格言，指出传统孝道对于社会发展和个性发展起到了严重的阻碍作用。②孝道文化是一种长者本位思想，父亲的权利是绝对的权利，子女的义务是片面的义务，孝道的凶残主要表现在家长对子女独立

---

① 参见肖群忠《孝与中国文化》，人民出版社 2001 年版，第 118 页。
② 同上书，第 119—120 页。

人格的剥夺，家长不把子女当作具有独立人格、独立自主的人，而是当作自己的附属物。陈独秀先生认为，"忠孝节义，奴隶之道德也"。① 为了使青年人从礼教的束缚中解放出来，鲁迅发出了"救救孩子"的强烈呼声。孝道文化不符合生命进化的规律，它极大地压抑和剥夺了子辈的个性自由和独立人格，是不平等基础上的伦理道德。

再次，孝道文化往往以道德的名义美化了父母生育子女的诸多功利性目的。这种文化过度强调父母对子女无私的爱，对于这种生养之恩，子女应当以顺从和孝敬的方式来偿还，只有这样做的人才可以被称为有道德的人，否则将被视为无道德的人或是万恶之人。孝道一直以来都是以道德的面目出现的，它常常掩盖了父母生育子女是出于自我利益和需要的动机和考虑，仿佛父母生育子女完全是无私的。事实上，孝道伦理首先是成人的一种自卫行动，是为了成人自身利益的一种自私的道德安排。父母生育子女往往是出于父母对于养育子女的乐趣和自我福利的考虑，如子女常常被视作生存危机中必须投资的一个"期货项目"，投资的目的不是基于爱，而是基于回报。② 子女也常常被视为父母生命和基因的延续，比如延续香火的传统在我国就相当深厚，无后往往被视为最大的不孝。这种对于父母生育子女目的的美化实则是以道德的名义剥夺了子女进行道德自卫和反抗的权利，从而形成对儿童实质性的压迫。与其说孝道伦理是社会文明的结果，不如说是社会未能进入文明的结果。它是一种生物学和经济学上的伪伦理诉求，而不是宗教上的先验命令。有研究认为，孝道文化的产生同中国人独特的生存境遇密切相关。中国人生存于一个灾变环境中，生存资源的匮乏导致了生存危机。一方面是经济生产的危机，一方面是人的生产的危机。第一，经济危机使丧失劳动能力的老人面临死亡威胁，因此必须通过强调孩子的供养责任来自我保护。第二，必须选择"多子多孙"的生殖策略才能维持种的延续。第三，在一个为争夺生存资源而不断发生动乱和崩溃的社会里，这个社会的思想精英打算最后依靠生物学上的亲情本能来坚守一种秩序底线，

---

① 参见朱岚《中国传统孝道思想发展史》，国家行政学院出版社 2011 年版，第 364 页。

② 参见任不寐《中国当代儿童权利报告序言》（http：//blog. ifeng. com/article/1396763. html）。

以最后的一线希望来重建社会和平。① 孝道伦理很明显是成人的一种制度安排，更多的是从成人的利益出发为维护长者的地位而设置的秩序安排，从而剥夺了孩子的身体和精神自由，并以礼制说教不断强化这种秩序安排。这种秩序安排又同家族主义、专制主义紧密联系起来，教化人们恭恭顺顺地听从统治者的愚弄，制造顺民大工厂，因由孝道文化对统治的重要稳定作用，其被不断强化和美化，从而形成根深蒂固的孝道传统，对中国社会的影响极为牢固和深远。

## 第四节 儿童权利在我国文化传统中获得发展的可能进路

上文主要是针对孝道文化对儿童的压制和对儿童主体性消解的批判，当然我们也承认孝道文化中存在着合理的成分和优良的传统，即对于父母的敬爱和感恩，这也是我们需要维护的优秀民族文化因子。但是总体而言，孝道文化传统从子女的义务出发，注重对儿童的保护与控制，其基本特质是对儿童的压制和对儿童主体性的消解；而儿童权利观念从子女的权利出发，尊重儿童的自治与选择，其基本特质是对儿童独立人格和内在价值的崇尚。儿童权利的观念包含了人类对于儿童作为有独立人格和个性尊严的内在价值主体的一种普遍性的理性反思，但是这种反思不仅是有限度的，而且是不能够脱离文化传统的，其需要尊重并吸纳我国孝道文化传统中"慈""孝""爱""情"等促进亲子关系和谐的德性文化价值。为此，我们需要探究二者相互融合与互动的路径。笔者认为探索西方儿童权利理论在我国文化传统中获得发展的可能进路至少需要从以下两个方面着手。

### 一 强化儿童权利的"母体"观念，即权利的观念
儿童权利的观念是伴随着对于儿童和童年本质的认识而发展起来的，但是儿童作为权利主体的观念脱胎于权利的观念，可以说，权利的

---

① 参见任不寐《中国当代儿童权利报告序言》（http：//blog.ifeng.com/article/1396763.html）。

观念是儿童权利的"母体"观念。因此，儿童权利观念的生长和发展需要一个社会普遍建立起权利的理念和制度实践。就我国古代社会的政治文化发展而言，中国传统文化里没有包含如同西方文化初始就多少蕴含着的"平等""自由"等真正权利意蕴的权利制度或观念，即"观念权利"。① 但是在先秦时期百家争鸣的思想碰撞中，却有着很多朴素的民权民本思想：例如，《尚书》中的"民为邦本，本固邦宁"；《礼记》中"大道之行也，天下为公"；荀子所说的"天生之民，非为君也，天之立君，以为民也"；《孟子》中为人所熟知的"民为贵，社稷次之，君为轻"等。同时，古代中国亦有确定财产归属之私权观念。例如孟子言："无恒产而有恒心者，唯士为能。若民，则无恒产，因无恒心。苟无恒心，放辟邪侈，无不为己。"赵国慎到曾言："定赏分财必有法"，并提出规范物之归属是社会客观要求的思想。他形象地举例说："一兔走街，百人追之，分未定也；积兔满市，过而不顾，非不欲兔，分定不可争也。"秦国商鞅也在《商君书·定分》中表达了类似的思想。他说："一兔走，百人逐之，非以兔可分以为百也，由名分之未定也。夫卖兔者满市，而盗不敢取，由名分已定也。故名分未定，尧、舜、禹、汤且皆如鹜焉而逐之；名分已定，贪盗不取。……名分定，则大诈贞信，民皆愿悫，而自治也。姑夫名分定，势治之道也；名分不定，势乱之道也。"再如北宋苏轼言："且夫天地之间，物各有主，苟非吾之所有，虽一毫而莫取。惟江上之清风，与山间之明月，耳得之而为声，目遇之而成色，取之无禁，用之不竭，是造物者之无尽藏也。"② 但无不令人遗憾的是，古代中国并没有从实际的财产制度中抽象出私权神圣的观念，也没有从完备的契约制度中概括出平等、自由的契约精神以及一般的契约理论。追根溯源，这是因为中国古代历史缺乏权利观念形成的思想、传统和制度土壤。

首先，中国的传统思想，主张性善论，没有防恶之说，但是先秦及其后的学说里其实是既有性善又有防恶的。关键问题在于，此时的防

① 参见彭诚信《"观念权利"在中国古代的缺失——从文化根源的比较视角论私权的产生基础》，《环球法律评论》2004年秋季号，第332页。
② 同上。

恶，主要是用来防被治人之恶而不是防治人之恶的，这样就造成了两个预设的缺失：第一，是没有设定受治者有一些不可侵犯的权利；第二，是没有设定受治者有参与国家政治和社会管理的权利。正是这两种预设的缺失使得古代中国没有发展出精致的私权理论和"观念权利"。

其次，中国的"礼治""儒教"传统与"忍辱""服从"的"抑引"观念阻碍了权利观念的生成。"礼法"思想、"儒教"学说在政治体制上的反映是"专制"，是"公权力"至上。反映在对普通民众的思想控制上，就是"主体"观念的泯灭。"亲亲""尊尊"的"礼法"思想带给人们更多的是等级观念和服从的心理定式；而弘扬"仁""义""礼""智""信"的"儒教"学说带给人们的也是包含忍辱、服从的"抑引"观念。在思想受到压抑的社会，是不大可能激发出自由的理念的，"观念权利"也就缺乏其产生、生存的思想土壤。①

再次，中国的等级制度、宗族观念与身份束缚是"观念权利"缺失的制度原因。基于法律（权利）制度和政治制度的密不可分，在集权、专制的封建等级、特权社会中，私权利与政治权力紧密联系在一起。在受传统"礼治"思想、"儒教"学说影响产生的专制政治体制下，即使存在所谓的私有财产制度，存在着契约交易规则，这些权利也是不稳定的、不可预期的。可以说，古代中国从来就没有承认过纯粹的私人所有权以及自由契约。②

思想上的缺失、传统上的束缚、制度上的压制，使得古代中国始终没有出现主张平等、自由等个人主义思想的痕迹，"观念权利"在古中国法中总体上是缺失的。私权理论的出现与形成跟个人的自我主体意识以及法律对个人主体资格的承认与尊重程度密切相关。对于没有平等、自由等自我主体意识的人而言，不可能也没必要存在"观念"上的权利理论，因为他们本身就缺乏权利争取观念以及进取精神。而在一个不承认个人主体性的社会，无论有着多么丰富、完善的财产、契约等"实在"权利制度，必然不会产生"观念"上的权利理论。因为当人的

---

① 参见彭诚信《"观念权利"在中国古代的缺失——从文化根源的比较视角论私权的产生基础》，《环球法律评论》2004 年秋季号，第 333—334 页。

② 同上书，第 334 页。

主体资格得不到尊重和认可时，他的所有财产权利、契约权利都是不牢固、不可预期的。至此，私权的研究必须从主体性开始。具体表现为两点：一是在法律制度的层面上全面地承认主体资格、赋予主体参与制度（包括权利）创设的基本权利；二是在法律意识的层面上注重培育和树立主体意识。①

就我国改革开放 30 年来的政治发展和法治建设历程而言，权利观念逐渐被认同和接纳，并获得法律制度上的保障和维护。我国经历了由 1954 年宪法确立的两权分立到实际政治过程的权威主义，再到目前向民主化回归的循环式发展过程。总的来说，当前我国正处在社会转型的一个至关紧要的时期，这是一个利益博弈的时代，也是一个权利与权力博弈的时代。总体态势是，权利与权力明显地不平衡，公共权力过度扩张，因越位和缺位而侵权，权利往往处在被侵犯的境地。中国政治发展仍然处于权力本位向权利本位过渡的艰难过程中。② 可以说，伴随着我国法治建设所取得的成就，我国公民的权利意识得到普遍的加强，但是我们不得不说我国公民的权利意识仍然不够成熟和健全，国家对公民权利的保障仍然不尽如人意，我国仍然没有为权利的普遍化发展创造出良好的社会条件。从西方权利观念的发展来看，权利观念形成的一般社会条件是强调个人与国家、个人和社会的适度分离，但是我国当前正处于从传统政治形态向现代政治形态转型的过程中，我国的政治发展呈现出以下特征：国家与社会由原来的一体化到二分；政治体系的合法性主要不是建立在权力基础上的人治，而是建立在权利基础上的法治；公共权力从私人理性向公共理性刚刚迈出步伐；政治体系内部的结构功能在逐步调整，部分实际权力在由党内向政府转移；政治体制的制度化、法律化程度在提升，政治体系的规则化水平在提升；在利益分化、利益冲突加剧，社会多元化情况下，公民的自主程度在发展，公民政治参与的数量扩张，但质量还较低。③ 可见，适于权利观念发展的社会条件仍不成

---

① 参见彭诚信《"观念权利"在中国古代的缺失——从文化根源的比较视角论私权的产生基础》，《环球法律评论》2004 年秋季号，第 342—343 页。

② 参见刘雪焕、李涛《从权力本位迈向权利本位——关于"政治发展与政府创新"诸多热点问题的研究综述》，《北京日报》2007 年 10 月 15 日第 18 版。

③ 同上。

熟，权利本位的基本法治格局还并未真正建立起来，中国大众的权利意识仍有待进一步的加强和培育，那么当公民普遍的权利意识还不够成熟和发育的时候，儿童权利观念的生长和发展就无法获得有力的保障了。儿童权利观念的萌发需要权利观念的推动，因此，要培育出适宜儿童权利观念生长和发展的机制我们需要进一步培育权利的观念，加快以权利为本位的法治进程和步伐。

### 二　改造我国的孝道文化传统

中国传统孝道的历史发展源远流长，从殷周孝观念的形成到先秦儒家孝道的确立，从汉代封建孝道的理论建构，至封建社会后期孝道趋于绝对化、愚昧化，传统孝道在不同历史时期呈现出不同的时代特征，但在封建制时代孝道一直处于核心和基础地位。① 孝道传统自身蕴含着巨大的矛盾，一方面，它具有促进家庭关系亲密、代际关系和谐的正向价值；另一方面，它又具有否定个人价值、压制个性自由的负向价值。② 正是孝道文化传统的两面性，使得我们有必要在批判孝道文化负向价值的同时，继承孝道文化的正向价值，改造我国的孝道文化传统，整合孝道伦理中敬爱父母的成分，剔除压制儿童的成分，在我国文化传统中培育出适合儿童权利观念生长和发展的机制。

近代孝道经历了文化批判者对其猛烈的批判，至现代新儒家对孝道重建的历史命运。对于孝道文化的批判始于五四文化运动，作为孝道保障的家族本位和皇权专制的终结，是传统孝道在近代社会遭受批判的根本原因。以陈独秀创办的《新青年》为代表的知识界对孝道进行了全面的批判。③ 陈独秀、胡适、吴虞、鲁迅等是批判孝道的代表人物。陈独秀是新文化运动的发起者和组织者，也是批评儒学的主要学术代表，其奠定了对孝道批判的基本基调。胡适对旧孝道的批判以及建立新型父子关系作出了重要的理论贡献。而对孝道做了较为深入探讨和猛烈批判

---

① 参见朱岚《中国传统孝道思想发展史》，国家行政学院出版社 2011 年版，前言第 3 页。

② 同上书，第 359 页。

③ 同上书，第 360—361 页。

的当属吴虞和鲁迅先生。①　这些文化批判者对孝道的批判，主要集中在以下方面：一是批判宗法家族制度。宗法家族制度是孝道的社会基础，作为伦理规范的孝，其直接目的就是维护家族制度的稳固。《新青年》把"以自身为本位"作为旗号，对家族本位、社会本位、国家本位进行了广泛的批判。二是批判忠孝合一。忠孝合一是君主专制制度的理论基础，这是陈独秀、吴虞批判孝道的重点。三是批判国民劣根性。鲁迅对国民劣根性进行了最猛烈的鞭挞，他认为，中国国民的盲目顺上敬长、逆来顺受、不敢为天下先的麻木和卑怯等奴性道德的形成与孝道是有直接关系的，孝道的目的就是扼杀人的主体意识，让活人做死人的奴隶。四是批判愚孝。两汉之后，为配合"孝治天下"的实施，封建孝道被百般神化，于是吸疮舔粪、恣蚊卧冰、割肝取肾之类背离人道、泯灭人性的愚孝行为屡见史册。宋元之后，对于愚孝的提倡更是变本加厉。文化批判者对愚孝进行了猛烈的批判。五是批判纲常礼教吃人的本质。三纲是封建礼教的根本，"父为子纲"又是三纲的根本，孝道的推行，也主要靠名目繁多的礼教来维持。鲁迅在《狂人日记》中十分精辟地用"吃人"二字来揭示传统礼教扼杀人性的实质。

　　总的来说，以陈独秀、胡适、吴虞、鲁迅等为代表的五四知识分子不仅是旧孝道的叛逆者，也是新孝道的探索者。他们在批判的同时，也提出了建立新型父母子女关系的想法。胡适是首次把西方尊重个性、尊重子女权利之理念引入中国社会亲子关系的先声。吴虞在新型父母子女关系上，提出了自己的看法："我的意思，以为父子母子，不必有尊卑的观念，却当有互相扶助的责任。同为人类，同做人事，没有什么恩，也没有什么德，要承认子女自有人格，大家都向'人'的路上走，从前讲孝的说法，应该改正。"②　鲁迅在建立新型父母子女关系上，认为应当变报恩为"爱"，爱应成为新型父子关系的基础，"这样，便是父母对于子女应该健全的产生，尽力的教育，完全的解放。"扩充这种爱，一要理解，以孩子为本位；二要指导，而非命令、呵责；三是解

---

①　参见肖忠群《孝与中国文化》，人民出版社 2001 年版，第 116—119 页。

②　同上书，第 120—121 页。

放，使子女成为一个独立的人。[①] 上述文化批判者对建立现代新型父母子女关系提出了很好的建设性意见，这主要包括父子平等、解放子辈、变恩为爱、变权为责的现代思想。他们关于新型父母子女关系的观点，奠定了现代代际和亲子关系的思想基础，其影响和作用是持久的、深刻的。

现代新儒家是 20 世纪 20 年代以来所产生的以接续儒家道统为己任，力图弘扬和发展儒学并以此来吸纳西学，谋求现代化的一种学术思潮和流派，他们对孝道进行了重新阐发和重建。现代新儒家思想的发展大体上经历了三个阶段：20 年代至中华人民共和国成立为第一阶段，这一阶段的代表人物有梁漱溟、马浮、冯友兰。梁漱溟是现代新儒学思想的奠基人。他对孔学的孝道尤为重视，将孝看成是中国文化的特征，是孔子宗教的要旨，其指出："说中国文化是'孝'的文化，自是没错。"[②] 马浮对孝道的新诠释主要集中在他的《孝经大义》一书中。他极力推崇《孝经》，把《孝经》拔高到真善美人文教化之根本的崇高地位。马浮认为，孝为至德要道，在心为德，行之为道，德是人人本有之良知，道为人人共有之大路。[③] 冯友兰则从历史的必然和反驳民初人的观点的视角出发，维护了儒家孝道在传统伦理中的中心地位。[④] 第二阶段为 20 世纪 50 年代至 70 年代末，这一时期代表人物出现在港台，有唐君毅、谢幼伟。唐君毅肯定了孝在中国人之道德生活中的核心地位以及孝在中国人文主义文化中的社会、形上、宗教意义。[⑤] 谢幼伟认为，"孝是中国文化与中国社会的特殊产物。为其他文化和社会所缺少或不重视的"，"中国文化乃是以孝为主，以孝为根本的文化"。"孝的伦理，在中国社会或任何社会，均有应该存在的理由。"谢幼伟的孝道包含如下含义：（一）亲亲；（二）敬长；（三）返本；（四）感恩。"孝治"就是以上四种意义发展出来的孝德去治天下。[⑥] 第三阶段为 20 世纪 70

---

① 参见肖忠群《孝与中国文化》，人民出版社 2001 年版，第 123—124 页。
② 梁漱溟：《中国文化要义》，学林出版社 1987 年版，第 307 页。
③ 参见肖忠群《孝与中国文化》，人民出版社 2001 年版，第 128 页。
④ 同上。
⑤ 同上书，第 130 页。
⑥ 同上书，第 131—132 页。

年代末以来，代表人物出现在海外，杜维明、成中英等对孝道精神均作出了重要的诠释阐发。杜维明对孝道的阐发，是从儒家心性论的自我修养、自我实现的角度来谈的。孝并不是子女对父母简单的"社会适应"与盲从，而是自我修养、自我实现的途径和方式。① 成中英对孝道的反思、阐发不再是五四时期面对西学的冲击与挑战，而是面对现代化的挑战。他指出，儒家伦理哲学史以人心、人性为德行的根源，而西方伦理则是以权责关系为基础，父慈子孝是一种"对应德行"，它不同于"交互权责"，这是中西伦理思想传统的重大差异。传统的儒家孝道伦理是以父母为价值核心的，而现代西方家庭权责伦理则是以子女为价值核心的。在此基础上，成中英提出了孝的现代模式，一方面可以避免现代西方社会及家庭伦理趋向权利化的极端，另一方面可以避免步入传统儒家孝道伦理侧重家族利益的极端。②

可以说，文化批判者对孝道的批判与新儒家对孝道的弘扬，反映了思想界两种具有代表性且对立的态度。在社会文化与民众实践中，也同样表现出对孝道文化的继承与批判交替或同时并存的矛盾状态。但总体而言，很多伦理学家、社会学家、教育学家们都在尝试对传统的孝道文化进行整合和扬弃，他们试图剔除传统孝道文化中"父权支配"、"父为子纲"、"长幼尊卑"等带有明显等级色彩的伦理成分，而继承孝道文化中促进亲子关系亲密、互爱、忠诚等反映人类普遍性和共同性的道德要求。③ 这种对传统孝道文化的整合试图达到的目标是，将子女从依附于父权和家庭的地位中解放出来，形成尊重子女的独立人格和个性价值的能够最大程度促进子女成长和发展的新的孝道伦理和家庭秩序。正如鲁迅先生所希望的"子女有其独立的人格，是独立的人，应从父权的束缚中解放出来。"④ 这种新的孝道观与传统孝道观的最根本的区别就在于，它用一种新的视角来看待儿童，儿童不再被视为父母和家庭价

---

① 参见肖忠群《孝与中国文化》，人民出版社 2001 年版，第 133 页。

② 同上书，第 133—134 页。

③ 参见熊英、牟哲勤《孝道与平权：冲突、融合中的家庭代际伦理构建》，《湖北社会科学》2010 年第 10 期。

④ 熊英、牟哲勤：《孝道与平权：冲突、融合中的家庭代际伦理构建》，《湖北社会科学》2010 年第 10 期。

值的补充和延续，而是被视为具有独立价值的主体，他们具有独立的人格、独特的需求和潜在的能力，他们在家庭中的地位不因年龄、辈分、能力、作用等因素而有所差异，他们同父母一样具有同等的道德地位。这种新的孝道伦理对于家庭秩序的基本安排是，子女要敬爱父母，这种敬爱是建立在父母对于子女承担养育责任的基础之上的，是子女对于父母给予子女超越角色和责任的爱和情感的感激，是子女对于父母为其创造良好的成长和发展环境的感恩，是子女对于父母人格上的尊重和精神上的慰藉；与之对应的是，父母要爱护子女，这种爱护是建立在父母对于子女福利所承担的责任基础之上的，父母要尊重子女的独立人格和个性需求，善于倾听子女的声音，确保有主见能力的子女有权对影响到其自身的所有事项自由发表意见，对儿童的意见应按照其年龄和成熟程度给予适当的重视。只有对传统的孝道文化进行如上的改造，它才可以容纳儿童权利理论关于儿童与成人具有同样的道德地位，儿童具有独立于家庭和父母的意象，父母教育和管理子女是为了最大限度地促进子女的利益和福祉等现代儿童权利的理念。也只有这样，才能在我国培育出适于儿童权利观念生长和发育的社会文化环境，儿童权利的观念才能真正融入我国的传统文化和公民的基本理念之中。

## 第五节　西方儿童权利理论自身及其在我国适用的限度

西方儿童权利理论及《儿童权利公约》对我国真正的价值和意义在于可以对我国儿童权利保护的理论和实践产生实质性的影响，其关键的问题是，如何在我国具体的文化背景下解读儿童权利，并合理解决儿童权利具体运作中的冲突，促进具体文化背景下儿童权利的发展。[①] 同时我们还必须要考察儿童权利理论自身的局限性，这种局限性将直接制约儿童权利理论在促进儿童利益和发展方面的效度，为此，我们需要从以下几个方面来思考儿童权利理论本身及其在我国适用的限度问题。

---

① 参见王雪梅《儿童权利论——一个初步的比较研究》，社会科学文献出版社 2005 年版，第 4 页。

## 一 儿童权利话语的限度问题

儿童权利的话语来源于权利的话语,儿童权利的倡导者往往都是坚定的权利的信仰者,他们坚信对于儿童的保护诉诸权利的话语可以真正地促进儿童的利益和福祉,社会需要认真地对待权利,同样也应当认真地对待儿童的权利。"在权利话语主宰当代政治法律思维的时候,似乎尊重和保护权利具有绝对的价值正当性。其他一切非权利角度的考虑,例如,经济、宗教、风俗、安全等角度的考虑,似乎都只能被看作对权利的某种限制并因此缺乏与生俱来的合法性,需要进一步的论证才能成立。"① 同样,在将权利话语引入到对儿童利益保护的方面,儿童权利的信仰者也往往极为强调儿童权利的绝对价值,而其他一些具有道德意义的价值,诸如爱、友谊、忠诚、服从、依赖、同情、利他主义等,由于被看作是对儿童权利的限制或是与儿童权利相冲突的,从而遭到排斥。事实上,我们必须要看到,尊重和保护儿童的权利并不是一件单纯对儿童有益的事情,对儿童的保护诉诸权利的主张实际上会带来极为复杂的冲突和矛盾。客观上儿童被赋予权利之后,他们会开始抱怨自己所受的待遇,会提出自己合法的主张和要求,会开始挑战权威和习惯,随之而来的就是儿童权利在适用和实践过程中产生各种各样的冲突。例如,以权利冲突表现出来的儿童权利与父母权利的冲突,以文化价值冲突表现出来的儿童权利和传统文化、习惯和风俗的冲突等。② 对这些冲突进行价值的评判是相当复杂和困难的事情。我们必须要认识到,对儿童的利益进行法律上的建构,以期用法律的手段促进儿童的利益是有限度的,同时也必然会产生一些负面的效应和无法预知的后果。例如,在家庭关系中,父母的权威可能会受到挑战,从而增加父母子女关系的紧张和冲突,离散家庭的亲密性;在学校关系中,教师的教育权和惩戒权可能会受到极大的挑战,从而增加教育管理的难度;在少年司法领域,为贯彻保护儿童的原则,会过度宽容儿童的犯罪,可能会使社会公众对

① 夏勇《中国民权哲学》,生活·读书·新知三联书店 2004 年版,第 348 页。
② 参见王雪梅《儿童权利论——一个初步的比较研究》,社会科学文献出版社 2005 年版,序第 2 页。

少年犯罪产生极大的恐慌等。鉴于儿童权利话语本身的限度问题，我们需要正视儿童权利保护机制对于改善儿童境遇和促进儿童福祉的有限性，并且需要对其产生的负面效果进行有效的评估，在寻求权利话语的同时我们也不能放弃和排斥其他具有道德价值和意义的话语来促进儿童的利益和发展。

## 二　儿童权利概念的内在冲突问题

儿童权利是一个极富争议的涉及多重面向的复杂概念，其在解释和运作过程中也总是出现混乱和模糊，这在根本上是由于儿童权利概念本身的内在冲突所导致的，这种冲突直接制约了儿童权利理论本身的效度和儿童权利保护实践的实际效果。儿童权利概念基本涵盖了保护和自治两种价值面向，一方面由于儿童缺失理性的能力和成熟的经验，他们需要受到成人社会的保护和照顾，即儿童有受到保护的利益主张；另一方面由于儿童也是具有独立人格的价值主体，它们有自我决定自身事务和进行生活选择的要求和利益，即儿童有自治的利益主张，这两个方面构成了儿童权利的基本内容，也构成儿童权利体系安排和制度设计的根本基础。然而，儿童保护和自治这两种利益主张之间却存在着巨大的张力，它们之间的矛盾和冲突造成了儿童权利概念本身的含混和模糊，也造成了儿童权利制度设计的巨大困境以及儿童保护实践的无所适从。不仅如此，由于不同文化传统对于儿童这两种利益诉求的理解也是相当不同的，从而也造成在某种特定文化背景中如何有效平衡和协调这两种利益诉求，如何配置这两种权利主张变得异常的复杂。例如，中国和美国儿童对于依赖和自治利益的诉求程度和倾向性就存在着巨大的差异，一些心理学和人类学的研究表明，美国和中国体现了不同的价值体系，美国社会信奉自立的价值，强调自我表现，个性独立和自我满足；相反，中国社会重视一种依赖关系，强调群体的团结、社会的等级和个性的谦逊。基于此种文化差异的影响，中国的儿童较比美国的儿童更多地表现出对依赖利益的诉求，而较少表现出对自治利益的诉求，这种依赖诉求主要的特点是重视社会的责任、道德的正确性和权威的影响。① 这些实证研究提示我们由于不同文化传统对于儿童保护和自治两种利益的诉求和理解是相当不同的。那么如何有效平衡这两种利益诉求,寻求符合某种特定文化传统的权利配置和制度设计的原则、规范和标准就变得相当重要。因此,对于儿童权利概念内在的冲突以及儿童权利冲突在不同文化传统中的不同表现进行有效的考察,可以让我们对儿童权利理论和儿童权利保护实践效果进行有效的评估,从而可以找到恰当地配置儿童权利的机制和方法。例如,就儿童权利的价值而言,我国儿童权利的法律构建应当立基于中国的文化传统,对于保护、养育和福利的利益诉求应当给予更多的关注,而对于自治、自主和公平的利益诉求要给予一定的抑制,要充分考虑父母自治利益、家庭整体利益和文化传统习惯与风俗,否则会出现权利滥用和泛化的现象,最终会危害到儿童的根本利益。就儿童权利的体系而言,我国儿童权利的法律建构应当对涉及儿童基本利益的权利、受保护利益的权利、发展利益的权利、自治利益的权利四种类型权利依据有效区分层次、合理划分层级、适用不同原则、运用不同方法进行规范。在四种权利类型中对于涉及基本利益的权利、受保护利益的权利、发展利益的权利方面的立法保障,应当以强制性的义务为立法导向;而对涉及自治利益的权利应当以引导和鼓励性的原则为立法指导,采用相对软性的立法导向和模式谨慎对待国家权力对家庭关系的介入。

## 三　儿童对于自身权利的理解问题

儿童权利的倡导者主张儿童应当被视为权利的主体,而不是权利的客体或是成人的教导对象,期待用权利的话语和法律的建构达致对儿童利益的保护和促进,然而这种研究并不是站在儿童的视角来考察和理解儿童权利的。英国学者夏洛特·哈德曼(Charlotte Hardman)就曾尖锐地指出,对儿童权利有兴趣的人最常忽视的是把儿童假设为"用他们自

---

① See Qi Wang, Michelle D. Leichtman, Same Beginnings, Different Stories: A Comparison of American and Chinese Children's Narrative, *Child Development*, Vol. 71, No. 5 (Sep. - Oct., 2000), p. 1329.

己的权利来研究，而不是仅仅作为成人教导的对象物来研究的群体。"①
可见，儿童权利的研究者往往忽视了一个重要的问题，即他们所主张的
儿童权利其实并非儿童自己争取来的权利，而是成人赋予儿童的，那么
我们便会质问这样一些问题，儿童是否能够以一种理性和有意义的方式
来理解他们的权利？儿童到底在多大程度上有能力概念化他们的权利？
儿童什么时候能够有意义地参与到一个法律体系中来保护他们自己的权
利？② 我们对于儿童权利的研究和法律建构是否能够被儿童内化到自己
的实际生活中？这些质问在根本上是在质疑一种研究视角，也即在质问，
到底我们的研究是应当站在儿童的视角，以儿童对自身权利的理解程度
和状况来达致我们对儿童权利的理解，从而为儿童权利的内涵、规范、
原则等寻找到恰当和可行的配置方式，还是应当站在成人的视角，以成
人的理性判断来探讨儿童权利问题，然后将研究成果通过宣传或是教育
的方式传达给儿童，以帮助他们理解自身所拥有的权利，从而引导他们
实现和行使自己的权利主张。这显然是两种不同的研究进路，当然它们
也是无法截然分开的，我们既需要依靠成人的理性认识去达致对儿童权
利问题的理解，又不能撇开儿童自身对权利问题的理解来研究儿童权利。
然而令人遗憾的是，虽然很多学者在儿童权利研究方面确实在有意识地
避免将儿童作为成人的教导对象来研究，但是却无意识地忽视了儿童自
身对儿童权利的理解问题。如果儿童无法理解成人为其设定的权利的性
质，甚至认为成人为其设定的权利对于其自身是没有任何意义的，那么
再美妙的权利设置和制度设计都将是华而不实、空洞多余的。因此，儿
童对于自身权利理解的程度直接制约了儿童权利保护的实际效果和儿童
利益的实际获得性，这是我们必须要注意的一个儿童权利理论限度。

---

① 王雪梅：《儿童权利论——一个初步的比较研究》，社会科学文献出版社 2005 年版，
第 38 页。

② Gary B. Melton, Children's Concepts of Their Rights, *Journal of Clinical Child Psychology*,
1980, p. 186.

# 结　语

对于儿童权利问题的思考实际上已经远远超出了法学的思考，其背后更为深刻的思考是对于人性价值和意义的再反思，这是对成人主宰世界秩序和安排社会规则的一种深层次的批判和反思。对于儿童作为有独立人格和个性尊严的内在价值主体的反思无疑将人类自我存在的反思推向了更深入的层次，是每个人都应当被以尊严相待原则最彻底的贯彻。我们如何看待儿童，如何对待儿童实际上代表了我们对于未来的态度，这种态度是折射我们自身理性反思能力和社会文明发展程度的一面镜子。

通过对西方儿童权利理论的整体考察，我们看到，西方儿童权利的理论研究和制度实践均取得了一定的成绩，但是，由于儿童权利概念本身存在的内在张力和冲突，以及儿童权利主体本身的特殊性，加之儿童权利在适用中遇到的多元价值冲突等问题，这些都造成了儿童权利体系的构建和制度规范，以及儿童权利保护的实践面临着的巨大挑战，可以说，儿童权利理论和实践的研究仍任重而道远。此外，我们还要看到，对于儿童权利理论研究的意义不仅仅局限于儿童权利研究领域本身的价值，由于儿童权利及其实现机制有别于成人权利的实施和操作机制，那么对于儿童权利问题的研究将有可能催生出新的适用原则、法律技术及操作标准等，这将推进法律制度的整体发展。儿童权利理论的研究是一个极具广阔发展空间的领域，值得我们为之付出更多的科研努力和精力。

就本书的研究思路而言，主要是对西方儿童权利理论研究的梳理、解析和述评，这种研究思路决定了本书的研究是一种概述性和宽泛性的考察，对于儿童权利理论本身的限度、理论困境和制度实践等方面更为细致和深入的探讨还相当缺乏，这也是以后研究中有待进一步加强的方面。不仅如此，笔者一直在强调一个问题，即对于西方儿童权利理论体系和脉络的考察并不是真正的目的，真正的目的是希望通过对西方儿童权利理论的考察可以对我国儿童权利理论的研究和实践产生实质性的影响。但是我们看到，我国以"孝"为核心的文化传统在本质上是压制儿童，消解儿童主体性，排斥儿童权利观念的，那么如何使儿童权利理论的基本价值和精神融入我国文化传统和基本国情之中，从而建构出既可以吸纳儿童权利理论精髓，又能适应我国国情的儿童权利保护法律体系和制度框架将是我国儿童权利理论研究的真正目的和价值之所在。遗憾的是，本书还只是停留在勾勒西方儿童权利理论发展的整体面貌以及儿童权利理论对我国产生的影响这一抽象的层面，而对于儿童权利理论如何在我国获得发展，如何融入我国的传统文化，以及在我国的具体制度设计和运作过程中如何体现儿童权利保护的理念等问题还缺乏深入的研究，可以说本书只是向这个方向迈出的第一步。

# 参考文献

## 一 普通图书

曹诗权：《未成年人监护制度研究》，中国政法大学出版社 2003 年版。

曹方林：《孝道研究》，巴蜀书社 2000 年版。

丁海东：《儿童精神：一种人文的表达》，教育科学出版社 2009 年版。

房传珏：《现代观护制度之理论与实际》，（台北）三民书局 1977 年版。

费孝通：《乡土中国 生育制度》，北京大学出版社 1998 年版。

宫晓卫：《孝经：人伦的至理》，上海古籍出版社 1997 年版。

郝卫江：《尊重儿童的权利》，天津教育出版社 1999 年版。

黄京平：《限制刑事责任能力研究》，中国政法大学出版社 1998 年版。

纪红光：《呵护权利：未成年人权益保护法律实务》，群众出版社 2004 年版。

康树华、赵可：《国外青少年犯罪及其对策》，北京大学出版社 1985 年版。

康树华、向泽选：《青少年法学新论》，高等教育出版社 1996 年版。

李林：《人权与 21 世纪》，中国法制出版社 2000 年版。

李双元：《儿童权利的国际法律保护》，人民法院出版社 2004 年版。

李志敏：《比较家庭法》，北京大学出版社 1990 年版。

梁漱溟：《中国人：社会与人生》，中国文联出版社 1996 年版。

梁漱溟：《中国文化要义》，上海人民出版社 2005 年版。

鲁迅：《鲁迅全集》，人民文学出版社 1981 年版。

莫洪宪、康均心：《未成年人权益保护及救济理论与实务》，武汉大学出版社 2001 年版。

宁业高等：《中国孝文化漫谈》，中央民族大学出版社 1995 年版。

瞿同祖:《中国法律与中国社会》,中华书局 1981 年版。

瞿同祖:《中国法律之儒家化》,中国政法大学出版社 2004 年版。

史尚宽:《亲属法论》,中国政法大学出版社 2000 年版。

苏力:《制度是如何形成的》,北京大学出版社 2007 年版。

佟丽华:《未成年人法学》,法律出版社 2007 年版。

王雪梅:《儿童权利论——一个初步的比较研究》,社会科学文献出版
社 2005 年版。

王玉德:《孝:中国家政伦理平议》,广西人民出版社 1997 年版。

王玉德:《〈孝经〉与孝文化研究》,崇文书局 2009 年版。

夏勇:《走向权利的时代》,中国政法大学出版社 2000 年版。

夏勇:《人权概念的起源——权利的历史哲学》,中国政法大学出版社
2001 年版。

夏勇:《中国民权哲学》,生活·读书·新知三联书店 2004 年版。

肖波:《中国孝文化概论》,人民出版社 2012 年版。

肖群忠:《孝与中国文化》,人民出版社 2001 年版。

姚大志:《现代之后》,东方出版社 2000 年版。

叶光辉、杨国枢:《中国人的孝道》,重庆大学出版社 2009 年版。

於兴中:《法理学检读》,海洋出版社 2010 年版。

於兴中:《法治东西》,法律出版社 2015 年版。

张晋藩:《中国法律的传统与近代转型》,法律出版社 1997 年版。

张文显:《二十世纪西方法哲学思潮研究》,法律出版社 2006 年版。

张文显:《法哲学范畴研究》,中国政法大学出版社 2001 年版。

朱岚:《中国传统孝道思想发展史》,国家行政学院出版社 2011 年版。

朱胜群:《少年事件处理法新论》,(台北)三民书局 1976 年版。

朱智贤、林崇德:《儿童心理学史》,北京师范大学出版社 2002 年版。

〔奥〕曼弗雷德·诺瓦克,《民权公约评注:〈联合国公民权利和政治权
利国际公约〉》(上、下),毕小青等译,生活·读书·新知三联书店
2004 年版。

〔德〕鲁道夫·冯·耶林:《为权利而斗争》,郑永流译,法律出版社
2012 年版。

〔德〕马克斯·韦伯:《论经济与社会中的法律》,张乃根译,中国大百

科全书出版社 1998 年版。

［法］卢梭：《爱弥尔：论教育》（上、下卷），李平沤译，商务印书馆
　　1983 年版。

［法］安德烈·比尔基埃等：《家庭史》，袁树仁、姚静、肖桂译，生
　　活·读书·新知三联书店 1998 年版。

［英］A. J. M. 米尔恩：《人的权利与人的多样性——人权哲学》，夏勇、
　　张志铭译，中国大百科全书出版社 1995 年版。

［英］伯特兰·罗素：《婚姻革命》，靳建国译，东方出版社 1988 年版。

［英］大卫·帕金翰：《童年之死》，张建中译，华夏出版社 2005 年版。

［英］詹姆斯·格里芬：《论人权》，徐向东、刘明译，译林出版社
　　2015 年版。

［英］洛克：《政府论》，叶启芳等译，商务印书馆 1982 年版。

［英］鲁道夫·谢弗：《儿童心理学》，王莉译，电子工业出版社 2010
　　年版。

［英］梅因：《古代法》，沈景一译，商务印书馆 1984 年版。

［英］约翰·密尔：《论自由》，许宝骙译，商务印书馆 1959 年版。

［美］阿伦·德肖维茨：《你的权利从哪里来?》，黄煜文译，北京大学
　　出版社 2014 年版。

［美］贝思·J. 辛格：《实用主义、权利和民主》，王守昌译，上海译
　　文出版社 2001 年版。

［美］费因伯格：《自由、权利和社会正义——现代社会哲学》，王守昌
　　译，贵州人民出版社 1998 年版。

［美］杰克·唐纳利：《普遍人权的理论与实践》，王浦劬等译，中国社
　　会科学出版社 2001 年版。

［美］J. 罗尔斯：《正义论》，何怀宏、何包钢、廖申白译，中国社会
　　科学出版社 1988 年版。

［美］J. 罗尔斯：《政治自由主义》，万俊人译，译林出版社 2000 年版。

［美］卡尔·威尔曼：《真正的权利》，刘作翔等译，商务印书馆 2015
　　年版。

［美］路易·亨金：《权利的时代》，信春鹰、吴玉章、李林译，知识出
　　版社 1997 年版。

［美］罗纳德·德沃金：《认真对待权利》，信春鹰、吴玉章译，中国大百科全书出版社 1998 年版。

［美］玛格丽特·K. 罗森海姆等编：《少年司法的一个世纪》，高维俭译，商务印书馆 2008 年版。

［美］玛丽·安·格伦顿：《权利话语——穷途末路的政治言辞》，周威译，北京大学出版社 2006 年版。

［美］纳坦·塔科夫：《为了自由——洛克的教育思想》，邓文正译，生活·读书·新知三联书店 2001 年版。

［美］尼尔·波兹曼：《童年的消逝》，吴燕莛译，广西师范大学出版社 2004 年版。

［日］大须贺明：《生存权论》，林浩译，法律出版社 2001 年版。

Anuradha Vittachi. Stolen Childhood：In Search of the Rights of the Child ［M］. Cambridge：Polity Press，1989.

Asher Ben-Arieh etc. Measuring and monitoring Children's Well-being ［M］. Dordrecht/Boston/London：Kluwer Academic Publishers，2001.

Barry C. Feld. Justice for Children：The Right to Counsel and the Juvenile Courts ［M］. Boston：Northeastern University Press，1993.

Bob Franklin. The Rights of Children ［M］. New York：Basil Blackwell，1986.

Bob Franklin. The New Handbook of Children's Rights：Comparative Policy and Practice ［M］. London and New York：Routledge，2001.

C. A. Wringe. Children's rights：A Philosophical Study ［M］. London/Boston/Henley：Doutledge & Kegan Paul，1981.

Claire Breen. The Standard of the Best Interests of the Child：A Western Tradition in International and Comparative Law ［M］. The Hague/London/New York：Martinus Nijhoff Publishers，2002.

David William Archard. Children，Family and the State ［M］. Hampshire：Ashgate Publishing Company，2003.

Deirdre Fottrell. Revisiting Children's Rights：10 Years of the UN Convention on the Rights of the Child ［M］. The Hague/London/Boston：Kluwer Law International，2000.

Dolly Singh. Child Rights and Social Wrongs: An Analysis of Contemporary Realities [M] . New Delhi: Kanishka Publishers, 2001.

Freeman Michael D. A. The rights and the wrongs of children [M] . London: Dover, N. H. F. Pinter, 1983.

Geraldine Van Bueren. The International Law on the Rights of the Child [M] . Dordrecht/Boston/London: Martinus Nijhoff Publishers, 1995.

Gillian Douglas and Leslie Sebba. Children's Rights and Traditional Values [M] . Aldershot/Brookfield/Singapore/Sydney: Ashgate, 1998.

Group for the Advancement of Psychiatry. How old is Old Enough? The Ages of Rights and Responsibilities [M] . New York: Brunner/Mazel Publishers, 1989.

Howard Cohen. Equal Rights for Children [M] . Ohio: Littlefield, Adams & Co, 1980.

James R. Tompkins etc. Child Advocacy: History, theory and Practice [M] . Durham: Carolina Academic Press, 1998.

Jane Fortin. Children's Rights and the Developing Law [M] . Reed: Reed Elsevier (UK) Ltd, 2003.

Jeremy Rosenblatt. International Conventions Affecting Children [M] . The Hague/London/Boston: Kluwer Law International, 2000.

John T. Pardeck. Children's Rights: Policy and Practice [M] . New York/London/Oxford: The Haworth Social Work Practice Press and An Imprint of The Haworth Press, 2002.

Joseph Goldstein etc. The Best Interests of the Child: The Least Detrimental Alternative [M] . New York/London/Toronto/Sydney/Singapore: The Free Press, 1996.

Joseph Goldstein, Anna Freud, and Albert J. Solinit, Before the Best Interests of the Child, New York: The Free Press, 1979.

Joseph M. Hawes. The Children's Rights Movement: A History of Advocacy and Protection [M] . Boston: Twayne Publishers, 1991.

Judith Ennew. The Sexual Exploitation of Children [M] . Cambridge: PolicyPress, 1986.

Kathleen Alaimo, Brian Klug. Children as Equals: Exploring the Rights of the Child [M]. Lanham/New York/Oxford: University Press of America, 2002.

Laurence D. Houlgate. Children's Rights, State Intervention, Custody and Divorce [M]. Mellen: The Edwin Mellen Press, 2005.

Mary Ann Mason. From Father's Property to Children's Rights: The History of Child Custody in the United States [M]. New York: Columbia University Press, 1994.

Mary John. A Charge Against Society: The Child's Right to Protection [M]. London/Bristol: Jessica Kingsley Publishers, 1997.

Michael Freeman. Children's Rights: A Comparative Perspective [M]. Aldershot/Brookfield/Singapore/Sydney: Dartmouth, 1996.

Michael Freeman. The Moral Status of Children: Essays on the Rights of the Child [M]. The Hague: Martinus Nijhoff Publishers, 1997.

Michael Freeman, Philip Veerman. The Ideologies of Children's Rights [M]. Dordrecht/Boston/London: Martinus Nijhoff Publishers, 1992.

Philip Alston. The Best Interests of the Child [M]. Oxford: Clarendon Press, 1994.

Philip E. Veerman. The Rights of the Child and the Changing Image of Childhood [M]. Dordrecht/Boston/London: Martinus Nijhoff Publishers, 1992.

Robert H. Mnookin, D. Kelly Weisberg. Child, Family and State: Problems and Materials on Children and the Law [M]. Boston/New York/Toronto/London: Little, Brown and Company, 1995.

Robert Audi. The Cambridge dictionary of philosophy [M]. Cambridge: Cambridge university press, 1999.

R. Dworkin. Taking Rights Seriously [M]. Cambridge: Harvard University Press, 1978.

Sharon Detrick. A Commentary on the United Nations Convention on the Rights of the Child [M]. The Hague/London/Boston: Martinus Nijhoff Publishers, 1999.

Thomas A. Nazario etc. In Defense of Children：Understanding the Rights，Needs and Interests of the Child ［M］. New York：Charles Scribner's Sons，1998.


二　学位论文

刘莉：《儿童权利初论：〈联合国儿童权利公约〉探析》，吉林大学法学院 2003 年。

刘同江：《论人权的普遍性》，山东大学法学院 2007 年。

刘颖：《论子女最佳利益原则》，厦门大学法学院 2007 年。

施嵩：《论儿童人权的法律保障》，山东大学法学院 2006 年。

沈宝漾：《当代西方儿童与成人平权争议之探讨》，硕士学位论文，（台北）"国立中央"大学哲学研究所 2007 年。

郑智航：《论法律内在逻辑的基调演变》，吉林大学法学院 2010 年。


三　期刊中析出的文献

安维复：《社会建构主义评介》，《教学与研究》2003 年第 4 期。

陈苇、谢京杰：《论"儿童最大利益优先原则"在我国的确立——兼论〈婚姻法〉等相关法律的不足及其完善》，《法商研究》2005 年第 5 期。

陈怡琴：《对家庭中儿童权利保护的调查与思考》，《雁北师范学院学报》2003 年第 8 期。

方新军：《权利概念的历史》，《法学研究》2007 年第 4 期。

郭翔：《我国对儿童权利的法律保护——兼析联合国〈儿童权利公约〉与我国〈未成年人保护法〉等法律的相关性》，《政法论坛》1997 年第 6 期。

贺颖清：《中国儿童参与权状况及其法律保障》，《政法论坛》2006 年第 1 期。

贾云：《论儿童观的范式转型——社会建构主义视野中的儿童观》，《南京师范大学学报》2009 年第 3 期。

李晓蓉：《浅析父母子女关系的立法发展——兼论未成年子女权益的保护》，《遵义师范学院学报》2004 年第 3 期。

李早：《少年司法如何保护儿童权利》，《理论学习》2008 年第 7 期。

刘保：《作为一种范式的社会建构主义》，《中国青年政治学院学报》2006 年第 4 期。

刘莉：《儿童权利保护的实践——苏格兰儿童听证制度（SCHS）》，《新西部》2007 年第 8 期。

陆士桢、常晶晶：《简论儿童福利和儿童福利政策》，《中国青年政治学院学报》2003 年第 1 期。

潘剑锋：《论孝道文化》，《湖南社会科学》2003 年第 6 期。

彭诚信：《"观念权利"在中国古代的缺失——从文化根源的比较视角论私权的产生基础》，《环球法律评论》2004 年秋季号。

皮艺军：《儿童权利的文化解释》，《山东社会科学》2005 年第 8 期。

冉启玉：《英美法"儿童最大利益原则"及其启示——以离婚后子女监护为视角》，《河北法学》2009 年第 9 期。

施义慧：《近代西方童年观的历史变迁》，《广西社会科学》2004 年第 11 期。

孙笑侠、郭春镇：《美国的法律家长主义理论与实践》，《法律科学》2005 年第 6 期。

谭旭东：《论童年的历史建构与价值确立》，《涪陵师范学院学报》2006 年第 11 期。

汪寿松：《孝道文化浅析》，《半月谈》2008 年第 3 期。

王本余：《儿童权利的基本价值——一种教育哲学的视角》，《南京社会科学》2008 年第 12 期。

王崇兴：《美国拒绝批准〈儿童权利公约〉原因探析》，《青少年犯罪问题》2006 年第 1 期。

王歌雅：《离婚背景下儿童权利的法律救济》，《人权》2008 年第 3 期。

王洪：《论子女最佳利益原则》，《现代法学》2003 年第 12 期。

王婧：《确立父母权威与儿童权利之间的平衡点》，《教育导刊》2008 年第 12 期。

王雷：《从"小"成人到"大"儿童——西方童年观发展历程谫议》，《济宁学院学报》2008 年第 4 期。

王雪梅：《儿童权利保护的"最大利益原则"研究》（上），《环球法律评论》2002 年第 4 期。

王雪梅:《儿童权利保护的"最大利益原则"研究》(下),《环球法律
　评论》2003 年第 1 期。

韦禾:《儿童的权利——一个世界性的新课题》,《教育研究》1996 年
　第 8 期。

魏胜强:《论人权概念》,《河南省政法管理干部学院学报》2007 年第
　6 期。

许晓玲:《中国儿童权利保护中存在的问题——儿童权利的实现与父母
　利益的选择之博弈》,《宜宾学院学报》2008 年第 4 期。

熊英、牟哲勤:《孝道与平权:冲突、融合中的家庭代际伦理构建》,
　《湖北社会科学》2010 年第 10 期。

徐显明:《对人权的普遍性与人权文化之解析》,《法学评论》1999 年
　第 6 期。

杨雄、郝振:《上海市儿童权利家庭保护的现状与挑战》,《社会科学》
　2008 年第 6 期。

杨须爱:《文化相对主义的起源及早期理念》,《民族研究》2015 年第
　4 期。

易国锋:《孝道文化新理念的构建——从法治角度审视》,《江西社会科
　学》2008 年第 11 期。

曾燕波:《当代儿童的生存状况与未来发展——"为了孩子"国际论坛
　综述》,《当代青年研究》2003 年第 6 期。

朱岚:《中国传统孝道内在矛盾辨析》,《齐鲁学刊》2004 年第 1 期。

朱岚:《传统孝道的宗教意蕴及现代孝道的重建》,《西北师范大学学
　报》(社会科学版) 2014 年第 5 期。

[美] 路易斯·亨金:《人权概念的普遍性》,王晨光译,《中外法学》
　1990 年第 4 期。

[日] 林光江:《中国独生子女及儿童观研究综述》,《学海》2003 年第
　2 期。

Amy Gutmann. Children, Paternalism, and Education: A Liberal Argument
　[J]. Philosophy and Pubic Affairs, 1980, 9 (4): 338 – 358.

Bandman, Do Children Have Any Natural Rights? Proceedings of 29th Annual Meeting of Philosophy of Education Society, 1973.

Caroline Sawyer. Conflicting Rights for Children: Implementing Welfare, Autonomy and Justice within Family Proceedings [J]. Journal of Social Welfare and Family Law, 1999, 21 (2): 99 – 120.

C. R. Margolin. Salvation versus Liberation: The Movement for Children's Rights in a Historical Context [J]. Social Problems, 1978, 25 (4): 441 – 452.

David Archard. Paternalism Defined [J]. Analysis, 1990, 50 (1): 36 – 42.

David J. Rothman, Sheila M. Rothman. The Conflict over Children's Rights [J]. The Hastings Center Report, 1980, 10 (3): 7 – 10.

David S. Tanenhaus. Between Dependency and Liberty: The Conundrum of Children's Rights in the Gilded Age [J]. Law and History Review, 2005, 23 (2): 351 – 385.

Elizabeth S. Scott, N. Dickon Reppucci, Jennifer L. Woolard. Evaluating Adolescent Decision Making in Legal Contexts [J]. Law and Human Behavior, 1995, 19 (3): 221 – 244.

Felicia B. Leclere, Brenda Marsteller Kowalewski. Disability in the Family: The Effects on Children's Well-Being [J]. Journal of Marriage and the Family, 1994 (56): 457 – 468.

Ferdinand Schoeman. Protecting Intimate Relationships Children's Competence and Children's Rights [J]. Ethics and Human Research, 1982, 4 (6): 1 – 6.

Ferdinand Schoeman. Rights of Children, Rights of Parents, and the Moral Basis of the Family [J]. Ethics, 1980, 91 (1): 6 – 19.

Francis Schrag. The Child in the Moral Order [J]. Philosophy, 1977, 52 (200): 167 – 177.

Francis Schrag. The Child's Status in the Democratic State [J]. Political Theory, 1975, 3 (4): 441 – 457.

Gary A. Debele. Reviewed Work: A Century of Juvenile Justice by Margaret K. Rosenheim [J]. The American Journal of Legal history, 2004, 46

(4): 500 – 501.

Gary B. Melton. Children's Concepts of Their Rights [J]. Journal of Clinical Child Psychology, 1980: 186 – 190.

Geoffrey Scarre. Children and Paternalism [J]. Philosophy, 1980, 55 (211): 117 – 124.

Hillary Rodham Clinton. Children Under the Law [J]. Harvard Education Review, 1973, 43 (4): 487 – 514.

Joel Feinberg, Duties, Rights and Claims, American Philosophical Quarterly, 1966 (23).

John Eekelaar. The Emergence of Children's Rights [J]. Oxford Journal of Legal Studies, 1986, 6 (2): 161 – 182.

John Eekelaar. Are Parents Morally Obliged to Care for Their Children? [J]. Oxford Journal of Legal Studies, 1991, 11 (3): 340 – 353.

John Eekelaar. The Importance of Thinking That Children Have Rights [J]. International Journal of Law and the Family, 1992 (6): 221 – 235.

John Eekelaar. Access Rights and Children's Welfare [J]. The Modern Law Review, 1988, 51 (5): 629 – 634.

John Eekelaar. The Interests of the Child and the Child's Wishes: The Role of Dynamic Self-Determinism [J]. International Journal of Law and the Family, 1994 (8): 42 – 61.

John Kleinig, Mill, Children and Rights, Educational Philosophy and Theory, 1976 (8).

Jude L. Fernando. Children's Rights: Beyond the Impasse [J]. Annals of the American Academy of Political and Social Science, 2001 (5): 8 – 24.

Kurt Luescher, Karl Pillemer. Intergenerational Ambivalence: A New Approach to the Study of Parent-Child Relations in Later Life [J]. Journal of Marriage and Family Relation, 1998, 60 (2): 413 – 425.

Martin D. Ruck, Rona Abramovitch, Daniel P. Keating. Children's and Adolescents' Understanding of Rights: Balancing Nurturance and Self-Determination [J]. Child Development, 1998, 69 (2): 404 – 417.

Michael Freeman, The Moral Status of Children Essays on the Rights of the Child, Martinus Nijhoff Publishers, 1997.

Michael S. Wald. Children's Rights: A Framework for Analysis [J]. University of California, Davis, 1979 (12): 255 - 282.

Michael S. Wald. Thinking about Public Policy toward Abuse and neglect of Children: A Review of Before the Best Interests of the Child [J]. Michigan Law Review, 1980, 78 (5): 645 - 693.

Michele Peterson-Badali, Rona Abramovitch. Grade Related Changes in Young People's Reasoning about Plea Decisions [J]. Law and Human Behavior, 1993, 17 (5): 537 - 552.

Onora O' neill. Children's Rights and Children's Lives [J]. Ethics, 1988, 98 (3): 445 - 463.

Patrick Parkinson. Child Protection, Permanency Planning and Children's Right to Family Life [J]. International Journal of Law, Policy and the Family, 2003, 17 (2): 147 - 172.

Per Miljeteig-Olssen. Advocacy of Children's Rights: The Convention as More than a Legal Document [J]. Human Rights Quarterly, 1990, 12 (1): 148 - 155.

Qi Wang, Michelle D. Leichtman. Same Beginnings, Different Stories: A Comparison of American and Chinese Children's Narrative [J]. Child Development, 2000, 71 (5): 1329 - 1346.

R. A. Wasserstrom, Rights, Human Rights and Racial Discrimination, Journal of Philosophy, 1964 (61).

Richard Bourne, Eli H. Newberger. "Family Autonomy" or "Coercive Intervention"? Ambiguity and Conflict in the Proposed Standards for Child Abuse and Neglect [J]. Boston University Law Review, 1977, 57 (4): 670 - 687.

Richard Farson, Birthrights, Harmondsworth: Penguin, 1978.

Robert J. Levy. The Rights of Parents [J]. Brigham Young University Law Review, 1976: 693 - 707.

Robert J. Stachowiak. Children's Rights: Social Reality or Utopian Ideal?

[J]. Peabody Journal of Education, 1973, 50 (2): 135 – 141.

Samantha Brennan, Robert Noggle. The Moral Status of Children: Children's Rights, Parents' Rights, and Family Justice [J]. Social Theory and Practice, 1997, 23 (1): 1 – 26.

Shirley L. Zimmerman. More than a Mater of Parent's versus Children's Rights: Response to Crutchfield [J]. Family Relation, 1981, 30 (2): 179 – 181.

Stuart N. Hart. From Property to Person Status [J]. American Psychologist, 1991, 46 (1): 53 – 59.

Tom D. Campbell. The Rights of the Minor: As Person, As Child, As Juvenile, As Future Adult [J]. International Journal of Law and the Family, 1996 (6): 1 – 23.

Victor L. worsfold. A Philosophical Justification For Children's Rights [J]. Harvard Education Review, 1974, 44 (1): 142 – 157.


### 四　电子文献

任不寐:《中国当代儿童权利报告序言》, 2010 年 2 月 23 日, http://blog. ifeng. com/article/1396763. html。


### 五　报纸中析出的文献

李娟娟:《西方儿童观的发展》,《光明日报》2011 年 7 月 12 日第 14 版。

刘雪焕、李涛:《从权力本位迈向权利本位——关于"政治发展与政府创新"诸多热点问题的研究综述》,《北京日报》2007 年 10 月 15 日第 18 版。

王雪梅:《认真对待儿童权利》,《中国社会科学报》2010 年 6 月 1 日第 12 版。

# 后　记

　　本书是在笔者博士学位论文《西方儿童权利理论研究》的基础上，进一步研究形成的理论成果。本书的出版受到教育部人文社会科学研究青年基金和辽宁省高等学校杰出青年学者成长计划的资助，在此笔者深表谢意。

　　笔者多年来一直关注并潜心于儿童权利理论问题及儿童权利保护实践问题的研究，笔者坚信儿童权利理论和实践问题的研究是一个极具广阔发展空间的领域。本书的主体部分是在博士阶段完成的，回首整个博士历程，一幕一幕跃然眼前：还记得自己考上博士时的兴奋和喜悦，那份喜悦几乎可以融化每一颗抑郁的心灵；还记得自己攻读博士期间深度失眠，焦虑抑郁，号啕大哭地说不想读博士时的绝望，那种绝望几乎可以粉碎每一颗怀揣希冀的心灵；还记得自己写作博士论文期间的困顿疲惫，压抑不安，那种痛苦几乎可以毁灭每一颗拥有学术梦想的心灵……这本书的主体部分就是在这样充满了欣喜和艰辛的历程中诞生的，虽然是一篇让人无法满意的拙作，但它却是满载着关心、帮助、鼓励和爱的印记。博士学位论文奠定了我后续研究的主要方向，后续的研究不仅是对博士论文的深化，同时也在尝试在我国孝道文化的传统下研究儿童权利，试图将西方儿童权利观念同中国的孝道文化传统结合起来，寻求二者相互融合的进路，期望探索出具有中国特色的儿童权利保护体系和制度构建。

　　该书的完成和出版离不开恩师、同学、朋友和家人的鼓励与支持，在此一一表示感谢。

　　感谢我的导师黄文艺教授，在职攻读学位期间，黄老师从选题的确定，到资料的搜集，再到整个论文的写作都给予了我最为悉心的指导，正是这样耐心细致的指导使得我能够在规定的时间内顺利完成整个论文的写作。在该书的出版过程中，恩师仍然给予了大力的鼓励和支持，师恩难忘！

感谢吉林大学哲学社会学院的姚大志教授，在博士入学的第一年里便有幸旁听姚老师的西方政治哲学课程，姚老师渊博的学识、严谨的治学、和蔼的态度都给我留下了深刻的印象。姚老师将我引入了神圣、璀璨的哲学殿堂，让我对哲学产生了浓厚的兴趣，这不仅为我的法哲学研究奠定了重要的基础，而且也让我懂得了尊重知识，热爱智慧，敬仰伟人。

感谢邓正来教授，虽然邓老师已经仙逝，但是邓老师对我的影响是难以推估的，是邓老师让我懂得了如何以最为严厉和最为挑剔的目光审视自己的思维和灵魂，虽然这是最为痛苦的学术训练，却已然使我变得更加热爱，更加敬畏，更加忠诚学术。

感谢张文显教授，是张老师充满慈爱的鼓励让我变得更加坚定和自信。同时在此一并感谢姚建宗教授、杜宴林教授、霍存福教授、李拥军教授等对我的生活和学业提供的诸多帮助。

感谢中国社会科学院法学研究所的王雪梅老师，感谢其接待我的来访，回复我的信件，解答我的问题。王雪梅老师是中国研究儿童权利的前沿学者和专家，其在我博士论文选题和写作方面都给出了很多有价值的意见和指导，而且还善意地提醒我在中国研究儿童权利是需要很大的勇气的，其对我的鼓励给予了我莫大的安慰和鞭策。感谢广西大学法学院的魏敦友教授，一位自诩从哲学鱼塘蹦到法学鱼塘的一名游击战士，其严谨的治学态度和远大的学术抱负，以及对我的帮助和鼓励让我深深铭记在心。

特别感谢刘岩、翟波、李昱三位挚友对本书繁重、细心的校对工作，这份厚重的友情我将永远铭记于心。另外还要感谢张伟涛、于家富等好友在该书出版过程中给予的支持与帮助。

感谢我的丈夫矫文治，世上最好的爱就是陪伴，感谢他一直以来的陪伴，感谢他给予的大力理解、支持和关爱，正是这种爱的力量支撑我一直走到了今天。

感谢我的母亲多年来一直在背后默默的付出、关注与支持。尤其是父亲的去世，母亲表现出无比的坚强，正是有这样一位平凡、坚强、独立的母亲，才使得我有更多的精力投入到工作和写作中。该书出版的时候，大约也是父亲去世一周年的时候，所以也谨以此书献给我在天国的父亲，愿他安息，希望他可以为我而感到骄傲。

最后，感谢中国社会科学出版社的编辑许琳，感谢她耐心和细致的帮助，感谢她在该书出版过程中付出的辛苦和汗水。

这一时刻，千言万语汇成一句感谢，激起我内心深处无限的温暖与感动……